反电信网络诈骗

守住你的钱袋子

主　编　刘磊
副主编　罗伟　舒明

Combating Telecom and Online Fraud
To Safeguard Your Assets

法律出版社 LAW PRESS · CHINA
—北京—

图书在版编目(CIP)数据

反电信网络诈骗：守住你的钱袋子／刘磊主编. -- 北京：法律出版社，2024
ISBN 978-7-5197-8372-3

Ⅰ. ①反… Ⅱ. ①刘… Ⅲ. ①电信－诈骗－预防犯罪－基本知识－中国②互联网络－诈骗－预防犯罪－基本知识－中国 Ⅳ. ①D924.334

中国国家版本馆 CIP 数据核字（2023）第 184312 号

反电信网络诈骗
——守住你的钱袋子
FAN DIANXIN WANGLUO ZHAPIAN
—SHOUZHU NI DE QIANDAIZI

刘 磊 主 编
罗 伟
舒 明 副主编

策划编辑 毛镜澄
责任编辑 毛镜澄
装帧设计 汪奇峰

出版发行 法律出版社
编辑统筹 法治与经济出版分社
责任校对 王 丰
责任印制 吕亚莉
经 销 新华书店

开本 787 毫米×1092 毫米 1/32
印张 13.125 **字数** 257 千
版本 2024 年 3 月第 1 版
印次 2024 年 3 月第 1 次印刷
印刷 固安华明印业有限公司

地址:北京市丰台区莲花池西里 7 号(100073)
网址:www.lawpress.com.cn
投稿邮箱:info@lawpress.com.cn
举报盗版邮箱:jbwq@lawpress.com.cn
销售电话:010-83938349
客服电话:010-83938350
咨询电话:010-63939796

书号:ISBN 978-7-5197-8372-3 **定价**:86.00 元
凡购买本社图书,如有印装错误,我社负责退换。电话:010-83938349

刘　磊

北京盈科（上海）律师事务所高级合伙人，数字经济法律事务部主任，“数字经济与金融科技团队”负责人，法学硕士。同济大学人工智能创新中心兼职研究员、甘肃政法大学人工智能法治研究院研究员、GLG格理集团专家库成员。

专注区块链、虚拟货币、NFT、Web3.0、跨境支付、数据合规等数字金融领域的法律实务与理论研究工作。曾发表《司法实务中私人“数字货币”属性的认定困境及对策分析》《论电信网络诈骗中瑕疵被冻结人的保护》《侦查权力与公民权利的冲突与平衡——“断卡行动”中的公民财产权保障路径》等论文；出版书籍《数字货币与法》《数据合规：实务、技术与法律解码》。

曾受邀为海南大学博士研究生“人工智能”课程和中央财经大学法律硕士“区块链与法律”课程、甘肃省青年律师领军人才培训班、海南省涉外法律服务律师培养班授课。曾获2021年盈科全国青工委“十佳未来之星”、2022年度盈科总部“优秀刑事律师”、盈科（上海）“十青年”代表、“青年英才”等荣誉。所带领的“数字经济与金融科技法律服务团队”曾获盈科（上海）“2022年度精品团队”称号。

罗　伟

重庆市巴南区人民检察院党组书记、检察长，西南政法大学法学硕士。曾任重庆市云阳县人民法院院长、党组书记，重庆市第一中级人民法院审判员，重庆市第五中级人民法院民事审判第一庭庭长、办公室主任，重庆市第三中级人民法院党组成员、审判委员会委员、副院长。

曾打击多起涉黑、涉恶案件，组织开展“断卡反诈”专项行动以及整治打击养老诈骗专项活动，并取得了显著成效。

舒　明

湖北省随州市随县文化和旅游局副局长。曾任湖北省随州市随县洪山镇派出所副所长。曾获"湖北好人"、"湖北好警察"、"荆楚楷模"、随州市第四届道德模范、"感动随州2014年度人物"、"随州好人"、"抢险勇士"、"政法好干警"等荣誉称号，荣立个人三等功7次。

擅长短视频拍摄和制作，运营的"小明正能量"新媒体账号在抖音、快手、微视频等平台合计拥有粉丝量超过2700万人，位列全国警务自媒体粉丝量第一名，发布反电信网络诈骗宣传短视频1000余条，曾被中国长安网、国家反诈中心等多个平台转发，点赞量超过2亿次。其账号被公安部评为"最佳警务自媒体"，被中央政法委评为"四个一百"优秀账号。

编写委员会

主　编　刘　磊

副主编　罗　伟　舒　明

成　员　张夏明　张海鹏　李　祥

冯志磊　李小麦

序一

一、电信网络诈骗犯罪是现代社会的破坏性因素

近年来,移动互联网和信息技术的不断发展,境内居民生活网络化程度显著提高,使境内犯罪结构也呈现巨大变化,其中首屈一指的就是电信网络诈骗犯罪。电信网络诈骗手段层出不穷,跨境电信网络诈骗居高不下,通过线上非接触式的诈骗成为刑事财产类犯罪中占比较大的犯罪类型。电信网络诈骗犯罪深刻威胁人民群众的财产安全。目前,电信网络诈骗的治理困境体现在:线上非物理性、跨地域性接触作案,给公安侦查工作带来困难;境内公民个人信息贩卖、租借、盗用、泄露等,为电信网络诈骗犯罪分子提供了“马甲”身份,扰乱侦查视线;受限于国际间跨境执法的条件,诈骗犯罪分子隐匿在境外对境内公民实施诈骗行为被打击的难度大大增强;为诈骗资金提供“洗钱”服务的下游产业链进一步完善,尤其是利用虚拟货币的匿名性、非物理性、全球变现程度高,导致诈骗赃款资金隐匿能力和隐匿效率显著

加强。

随着互联网以及电信技术的持续发展而演变进化，据统计，电信网络诈骗犯罪已成为当前发案最高、损失最大、群众反映最强烈的突出犯罪，多发、高发态势难以被有效遏制。电信网络诈骗犯罪所带来的受骗人群体的广泛性和分散性、犯罪方式和手段的多变性和灵活性，以及犯罪的隐蔽性和短期性，导致以电信网络诈骗为代表的新型网络犯罪已然成为主流犯罪，电信网络诈骗犯罪也已成为全球性的打击治理难题。

二、电信网络诈骗的流程剖析

从犯罪端看，电信网络诈骗的流程从“料农”“卡农”到“话术”再到“水房”，环环相扣，展现出从源头、准备环节、实施诈骗等一系列流程，甚至形成一定产业链的特征。具体分析，电信网络诈骗的流程可以从电信端、网络端和资金端三个方面分析其犯罪流程和治理逻辑。

第一，电信治理。个人信息尤其个人金融信息往往是电信网络诈骗的一手资料。个人信息的窃取、买卖、泄露、过度使用等不当行为，催生了“料农”这一从事收集、筛选和销售各种个人信息的人或组织的“灰色”乃至“黑色”产业。这些个人信息包括电话号码、电子邮件地址、身份信息、银行卡信息，甚至工作单位、职称、兴趣爱好等。电信网络诈骗犯罪无论采取何种类型的手段和措施，基本都与电信网络诈骗供应链上游的侵犯公民个人信息行为关系密切，目前已出现的几十种电信网络诈骗模式中，与个人信息被窃取或者泄露相关的电信网络诈骗达到72.7%。大数据时代，个人信息的价值不断增加，其与个人人身、财产安全的关联程度也更紧密，个人信息的完备程度成为电信网络诈骗成功率的有力支撑。信息端的个人信息保护和治理是电信网络诈骗治理的前端治理和源头治理，完善个人信息相关的法律法规、合理界定个人信息权利边界以推动数据市场合规发展、借助隐私保护和数据脱敏等手段加强个人信息保护的技术治理，将成为治理电信网络诈骗这一顽疾的第一剂良药。

第二，网络治理。互联网的发展带来了信息传递媒介和技术的变革，深刻渗入国家、社会和组织的生活中去。截至2023年9月，根据QuestMobile的数据，中国的五大新媒体平台去重活跃用户规模达到了10.88亿，全网渗透率达到了88.9%。由于互联网的技术中性特征，互联网带来极大生产力变革的同时，这一技术手段也会被不法目的的个人或组织用于违法犯罪。通过互联网的线上无接触式互联互通，电信网络诈骗分子可以匿名化接触众多不特定群体，通过信息关联、广告宣传、场景搭建、链接跳转、第三方验证等手段实施诈骗行为。其中,为电信网络诈骗犯罪分子提供网络服务的主体需要承担“看门人”的责任,包括提供互联网接入服务的主体、提供网络地址代理和转换服务主体、网络地址注册和空间租用服务主体以及网络用户账号的管理主体。作为互联网参与主体,如何推动反电信网络诈骗的互联网治理,需要从各参与主体在反电信网络诈骗过程中承担的责任出发,落实参与主体责任体系,避免互联网参与主体成为电信网络诈骗的帮助者。

第三,金融治理。电信网络诈骗是典型的侵犯财产类犯罪,这些犯罪的结构和司法机关打击的重点就是资金链的追溯、监测取证和打击。由于资金链较长,产生了诸多电信网络诈骗中“帮助”的角色,例如,向诈骗犯罪分子提供资金账户协助转移赃款的“卡农”,进行资金取现,进而断开、转移资金链路的“跑分”团伙;以及“明知或应知”诈骗所的赃款资金,向其销售作为“洗钱工具”的虚拟货币承兑商(OTC 币商)。诈骗资金通过一级账户向二级、三级账户流转,并向外拆分资金进行快速“洗白”,以及犯罪分子洗钱的方式多样化,如第三方支付、聚合支付、“跑分”、虚拟货币、贸易对冲等方式,导致公安机关的打击难度显著提高,进而给市场交易秩序、金融管理秩序和人民的财产安全带来威胁。强化电信网络诈骗“资金链”的治理成为发挥刑罚作用的重要基础,也是深化电信网络诈骗金融治理的重要基础。在强化技术措施应用的同时，需要完善商业银行与公检法等执法和司法机关的良性联动机制，加强存量账户的清查与规范管理，为电信网络诈骗犯罪“资金链”治理提供支撑。

三、完善打击电信网络诈骗的法治回应

2022年正值我国《反电信网络诈骗法》颁布并正式施行一周年，《反电信网络诈骗法》这一专门法律的制定和出台是我国反电信网络诈骗领域的里程碑式事件，标志我国在新型犯罪的治理能力和治理水平上都取得了显著进步。数字化时代传统犯罪全面触网，电信网络诈骗犯罪的技术化、产业化、链条化嬗变致使传统事后回应型治理模式失灵。表现在技术方面、信息和资金链方面以及执法手段等方面的失灵。对此，《反电信网络诈骗法》确立了自上而下、纵横深入的电信网络新型犯罪治理体系。在内容上，立法机关穿透电信网络犯罪并抓住其关键链条，在不同的链条明确责任主体，将宏观的治理目标分解为中观的金融治理、电信治理和网络治理三大治理过程，每个治理过程内分别对应治理主体、治理对象、治理范围、治理手段、治理形式、责任分配、合规管理等内容，从而将电信网络诈骗的资金链、信息链、人员链和经济面、社会面与心理面等多方因素串联起来。《反电

信网络诈骗法》的制定和实施，提高了该领域法律运用的位阶，实现了前置化的打击和风险预防型的管理，从事后、事中走向事前，从“亡羊补牢”逐渐走向“未雨绸缪”。

作为一部综合性、针对性的专门法，《反电信网络诈骗法》的出台，有助于充分发挥电信网络诈骗“看门人”的预防性治理的角色；其快速精准、可操作性强的特点，有助于帮助立法、执法和司法机构加强电信网络诈骗的综合治理、源头治理和全链条治理，贯通国家、社会和个人的全面综合治理体系，完善我国电信网络诈骗的法治体系，提升法治水平。

四、全方位推进电信网络诈骗的打击和治理

电信网络诈骗的打击和治理是一个多元化、多维度和多面向的问题，其治理不仅需要多主体之间的合力，也需要法律规范、社会制度、道德机制、行业自律、基层组织的协同治理以及技术、经济、文化等因素的综合发力。电信网络诈骗的打击治理需要以下几方面的努力：

第一，长期不懈地加强反诈宣传工作：增强跨境打击电信网络诈骗的力度，提升公众对诈骗手段的识别力，特别是对新型诈骗手法的了解，可以有效降低境内居民被诈骗的概率，进而有效遏制电信网络诈骗的发展。

第二,完善和加强公民个人信息的保护机制:完善个人信息保护的相关法律法规,明确个人信息的定义、收集、处理、存储和传输的法律界限。设定严格的个人信息保护标准,对违法收集、使用公民个人信息的行为设置严厉的法律责任。

第三,促进反诈中心与金融机构以及电信运营商的合作:金融机构和电信运营商作为电信网络诈骗的关键环节,加强不同机构之间的合作和信息共享,可以有效阻断电信网络诈骗产业链条中的某一环节。

第四,完善跨境打击电信网络诈骗的法治环境,提升公安机关跨境打击电信网络诈骗的执法能力:完善国际间的相关法律法规,明确跨境法律责任和执法程序。推动签订双边或多边的执法合作协议,包括引渡条约、司法互助等,以便于跨境追踪、调查和起诉犯罪分子;加强与其他国家和国际组织的合作,建立稳定的信息交换和案件协调机制。参与或建立国际反诈骗联盟,协同打击跨国电信网络诈骗。加强国际间反诈合作,对我国反诈事业这一阶段性的胜利作出了巨大贡献。

序二

随着互联网和移动通信的普及，电信网络诈骗这种新型犯罪变得无孔不入，当前电信网络诈骗犯罪已经出现了明显的组织化、专业化、跨境化以及迭代快的特征，不仅给公安机关境外取证增加难度，也给普通群众识别、防范带来了极大挑战。电信网络诈骗不仅对人民群众的财产和心理健康构成威胁，还对社会和经济产生广泛而深远的危害，俨然成为社会的一颗“毒瘤”。加强打击和治理电信网络诈骗，成为新时期提升我国治理能力和治理水平的关键因素。

触目惊心

电影《孤注一掷》上映短短一周票房便突破 27 亿元，煊赫一时，迅速引发广大民众的热议。这部影片以纪实的镜头还原出一个个触目惊心的诈骗案件，深刻揭露了电信网络诈骗的产业链内幕，以及电信网络诈骗背后黑暗和残忍的真相,具有极其强烈的警示和教育意义。

现实中的电信网络诈骗相较电影可能更加令人触目惊心。电信网络诈骗致使不少人散尽家产,身心遭受巨大荼毒,物质财富“孤注一掷”的同时,人生同样“孤注一掷”。受骗人的共同特点在于都被犯罪分子利用了人性的弱点,如高薪、贪图赚“快钱”、逃避现实压力,以及对陌生人缺乏戒心等,由此诈骗团伙对受骗人实施更高程度的“心理控制”,这种“心理控制”不同于普通的欺骗,甚至比欺骗的程度更深,人性的贪婪在面对电信网络诈骗时被无限放大,内心的挣扎与矛盾暴露得淋漓尽致。

具体分析当前电信网络诈骗犯罪猖獗的外部原因。一是离不开科技进步与诈骗手段的升级。互联网技术的不断进步,为电信网络诈骗提供了便利条件。诈骗分子利用先进的技术手段,如伪基站、虚拟电话、网络平台等,实施各种诈骗活动。同时,诈骗手段不断升级,从最初的冒充公检法人员、亲友借款,发展到虚假投资、网络购物、兼职招聘等多种形式,使受骗者防不胜防。二是个人信息泄露严重。部分企业,特别是互联网企业在收集、使用个人信息过程中,未采取严格的安全措施,个人信息保护不力,导致大量个人信息泄露。网民在网络参与中,自我保护意识淡薄,随意点击不明链接等“高风险”行为时有发生,也容易导致信息泄露。三是法律法规滞后,打击力度不够。虽然我国已经出台了一系列打击电信网络诈骗的法律规范,但由于诈骗手段不断更新,部分法规滞后于犯罪形势。此外,电信网络诈骗犯罪分子多利用境外地区“掩护”,受限于执法权限,执法部门对电信网络诈骗的侦查能力、打击力度极大受限,部分犯罪分子仍然逍遥法外。四是社会治理体系不健全。一些居民对电信网络诈骗的危害认识不足,容易上当受骗。社区、学校等基层组织在防范电信网络诈骗方面发挥作用有限,缺乏有效的宣传和教育措施。电信网络诈骗已经深入社会“毛细血管”,成为渗透率高、危害大的犯罪形态。

危害无穷

电信网络诈骗的环节和主要角色,包括“狗推”“水房”“骑手”等,他们各司其职,巧借股票、外汇、虚拟币“杀猪盘”、诱导拉新、网络赌博等系列名头,通过寻找目标、建立信任、诱导投资直至最终骗取财产完成全套流程。电影中几幅富有张力的反差画面给人留下了深刻印象:受骗者被伤害得“鲜血淋漓”的惨状与诈骗者的狂欢盛况形成鲜明对比;诈骗团伙内少数人的清醒与多数人的麻木形成鲜明对比;受骗人坐在电脑面前紧张等待“中奖”结果与诈骗团伙“虔诚”拜佛形成鲜明对比;公安干警在一线的奋力拼搏与幕后老板的暗中操控形成鲜明对比。这几组鲜明对比将电信网络诈骗的危害程度展现得淋漓尽致。综观电信网络诈骗的整个流程和全链条,我们发现该犯罪不同于传统的刑事犯罪,具有以下特征:

电信网络诈骗犯罪是一种立体包围式的犯罪,网络和电信等技术创新使电信网络诈骗犯罪成为一种非线性犯罪,犯罪人不与受骗人进行面对面接触,而是借助电话、网络设计骗局,使受骗人置身于虚假信息的全方位、立体式的包围中,在虚假"逼真"的环境中,通过隔空操纵,让受骗人"自愿"交付财产。该罪表现为犯罪覆盖面的"扩张"和受骗人范围的逐步"收缩",甚至诈骗集团还对受骗人提供全方位、立体式的"服务",以区别于传统的点对点的单向犯罪活动。

电信网络诈骗犯罪是一种强操控式犯罪。诈骗分子对受骗人的操纵从起初的技术操纵、言语操纵,发展到心理操纵、社会关系网络操纵,犯罪分子可以通过技术手段,对受骗人的电话、短信、电子邮件等进行拦截、篡改、伪造,从而达到诈骗、敲诈勒索等目的。例如,犯罪分子可以利用伪基站发送虚假短信,让受骗人被精细设计的诈骗剧本和程序所操控,配合其完成指令传输和转账汇款等行为。

电信网络诈骗是一种回应式犯罪。尽管电信网络诈骗的犯罪结构复杂,但受骗人的最终回应是诈骗完成的关键环节。受骗人轻信诈骗分子的骗术,"积极参与"诈骗进程,从而使诈骗犯罪顺利完成，抑或是受骗人基于畏惧、怕事、厌讼等心理，消极地“配合”犯罪人完成诈骗行为，均为犯罪分子提供了便利。

电信网络诈骗还是一种综合性犯罪，这种综合性体现在犯罪本身牵涉多个领域，需要多主体、多维度、多途径综合施策。单一领域的法制完善和漏洞填补无法从根源解决问题，电信、网络和金融等领域的漏洞，法律体系不健全以及司法管辖方面的不足都为电信网络诈骗犯罪的发生提供了潜在条件。

由于电信网络诈骗的独特属性，使卷入该领域的犯罪嫌疑人数增多，相应的受骗人数增多且财产损失增大，司法机关对犯罪人处罚过程中可能存在打击范围界定模糊、刑罚裁量轻缓不当等问题，不仅会导致受骗人的损失无法追回，同时会让部分犯罪人侥幸逃脱法网。

在电信网络诈骗的国际合作打击中也存在诸多问题，各国对电信网络诈骗执法标准以及重视程度不同，我国司法和执法机关在办理跨境电信网络诈骗犯罪案件时，经常遇到取证难、抓捕难、遣返难、追赃难等问题；有的犯罪分子在境外地区长期居住，甚至加入了居住地国籍，在司法协助制度相对不完善的情况下，利用法律漏洞逃避抓捕后的引渡和制裁。此外，部分受骗人在发现财产受损后，为了“面子”，通常不太愿意报案，使犯罪嫌疑人得以逃避法律追究。

任重道远

新型网络犯罪已成为近年来主流犯罪类型。2022 年全国公安机关破获电信网络诈骗犯罪案件 46.4 万起,缉捕电信网络诈骗犯罪集团头目和骨干 351 人,工信部累计拦截诈骗电话 21 亿次、短信 24.2 亿条,处置涉案域名网址 266 万个。中央网信办封堵境外涉诈网址 79.9 万个、IP 地址 3.8 万个,中国人民银行协助公安机关紧急拦截涉案资金 3180 余亿元。2023 年,截至 11 月,全国共破获电信网络诈骗案件 39.1 万起。电信网络诈骗多点高发的态势,加上产业化、集团化和国际化的显著特征,并催生了网络赌博、偷渡、人口贩卖等一系列违法犯罪行为,给广大人民的人身、财产安全和国家社会稳定带来重大安全隐患。

如何治理电信网络诈骗?考虑事后打击具有明显的滞后性和局限性,针对电信网络诈骗犯罪这种可防性犯罪,关口前移、预防为先是一个有效路径。即在整个电信网络诈骗操作程序中,只要有一个环节中断或阻断,或只要被骗人能及时认识到诈骗行为,并不予回应,被骗人就可以免于财产损失。这种方式从预防角度看,投入成本最低。在实际治理实践中,需要创新电信网络诈骗事前预防方式方法,唤醒民众的预防意识,加强宣传教育,构建全民反电信网络诈骗格局,提升人民群众的识骗防骗意识和能力。增强反电信网络诈骗意识,关键是"守住自己的钱袋子",让民众知道通常诈骗犯怎么说话、要怎么应对,遇到类似情况的,能及时唤醒自身的预防机制进行应对。第一,要提醒民众保护好个人信息和安全规范使用银行卡,及时识别"跑分""刷单"骗局,降低信息被恶意利用的潜在可能性;第二,应多宣传揭示骗术,让民众认识到只要不回应,犯罪人就不能得逞;第三,要培养受骗人随时摆脱诈骗锁链的能力,激发、训练受骗人审慎思考和知法用法的能力和场景识别的敏锐度,减少财产损失。

结合《反电信网络诈骗法》提出的三方面治理维度高站位启示我们,在诈骗端,要多措并举完善全流程跟踪,减少上游的个人信息、银行卡账户供给,严厉打击"跑分"和利用虚拟货币进行电信网络诈骗、网络赌博和洗钱等犯罪,注重惩治"客服引流""虚拟货币洗钱"等新型关联犯罪,推进"云剑""断卡""断流"等专项行动常态化开展,全力斩断违法犯罪链条。通过跨层级、跨部门的协同合作,强化我国打击电信网络诈骗的管辖权,与相关国家深入开展司法和警务合作,提升我国电信网络诈骗治理的法治化水平。在被诈骗端,各层级政府,电信、金融和网络平台以及基层社区等组织要加强反电信网络诈骗、反洗钱风险教育,提高安全意识,同时广大民众也要时刻保持警惕心,防止落入诈骗分子的心理陷阱,切不可被蝇头小利诱惑,盲目入场。

说一千道一万,打击治理电信网络诈骗不仅是立法、执法和司法机关的职责,更是每个公民的责任。为了自己和亲友,从自我做起,下载“国家反诈中心 App”,助力创造良好的电信和网络生态环境,筑牢金融护城河,维护社会安宁稳定。

警钟长鸣,反电信网络诈骗一直在路上!

目录

第一篇 电信网络诈骗的历史过程

第二篇 警惕"料农"收集信息做"鱼饵"

第三篇 警惕“卡农”收集“两卡”做马甲

第五篇 加强对电信网络诈骗的“资金链”治理

第六篇 十大典型诈骗套路

第七篇　电信网络诈骗的法规解读与治理分析

第八篇 如何防范电信网络诈骗

第一篇

电信网络诈骗的历史过程

电信网络诈骗，是指以非法占有为目的，通过电话、网络和短信等方式，编造虚假信息，设置骗局，对受骗人进行远程、非接触性诈骗，达到诈骗公私财物目的的犯罪行为。[①]诈骗分子[②]会以假冒他人或者仿冒、伪造各种合法外衣的方式达到欺骗的目的。在了解电信网络诈骗的概念之后，我们有必要对电信网络诈骗在我国的历史形成作一个梳理。

---

① 参见孟君：《新形势下电信网络诈骗犯罪成因及其防治对策》，载《网络安全技术与应用》2020 年第 9 期。

② 本书参考人民网对诈骗相关人员或组织的表述，统一使用“诈骗团伙”一词指代组织层次的犯罪主体，统一使用“诈骗分子”一词指代个体层次的犯罪主体。

一、早期电信网络诈骗的由来

自20世纪90年代以来,互联网技术的浪潮席卷全球,从2G、3G的网页互联网到4G、5G的移动互联网,我国已经挺立在潮头。一方面,信息技术的发展,使在线支付逐渐取代现金支付,方便了大众的转账交易;另一方面,电信网络诈骗事件也在逐渐泛滥。

本书将电信网络诈骗在我国的发展分为3个阶段:第一个阶段是电信网络诈骗在我国台湾地区的兴起,在这个阶段中,诈骗团伙的地域分布和目标对象主要局限于我国台湾地区,[①]该阶段的电信网络诈骗具有公司化的发展特征;第二个阶段是电信网络诈骗逐渐向全国蔓延,该阶段电信网络诈骗呈现家族化和地域化分布特征;在第三个阶段中,随着诈骗团伙逃窜海外,诈骗窝点也向海外转移,诈骗分子在境外通过先进技术手段诈骗我国居民和国外居民。

(一)电信网络诈骗的兴起(1990~2002年)

电信网络诈骗,最早于20世纪90年代在我国台湾地区出现。由于电信网络诈骗的成功率较高,且不劳而获的金额

① 参见毛飞飞、赵峰、汤强:《电信网络诈骗犯罪演化趋势及侦防对策研究》,载《江苏警官学院学报》2021年第6期。

较大，因此很快就成为我国台湾地区频繁出现的犯罪形式之一。这一时期，诈骗分子进行电信网络诈骗的主要手段是利用发放传单和使用“王八卡”电话(冒名申请的电话卡)的方式，告知受骗人中奖或者退税。例如，诈骗分子声称受骗人中刮刮乐和“赌马”等大奖，但在领奖前必须先寄出一定额度的税金。在受骗人汇出第一笔钱后，诈骗分子再以律师费、手续费、公证费等名目，一次又一次要求受骗人汇钱，直到受骗人醒悟或钱财被榨干为止。

该时期的电信网络诈骗的特点是公司化、产业化程度高。诈骗团伙各部分分工明确，从人员的安排、资金的转移到诈骗的实施，诈骗的各个环节都有专人负责，实施公司化管理，诈骗“员工”受到严格的绩效考核，并实行相应的奖惩激励制度。这些诈骗团伙不仅以诈骗金额核定诈骗“员工”业绩，而且定期组团前往东南亚度假胜地进行团建，并在该过程中做检讨总结。由于各个部分之间替代性很高，打掉其中一个部分对犯罪集团来说往往问题不大，抓到的大多是底层人员，核心诈骗领导很难落网。部分诈骗团伙被打击之后，在诈骗分子的组织下，一个全新的电信网络诈骗组织可以很快重新组建起来，针对电信网络诈骗犯罪的打击也很难有成效，因此电信网络诈骗案件的犯罪率不断升高。

2002 年前后，在我国台湾地区有关执法部门的打击下，多数诈骗集团开始“产业外移”。我国台湾地区的移动电话业务开始在福建省建立信号台。由于在我国东南沿海地区可以接收到台湾地区的移动电话信号,而且当时两岸没有建立共同打击电信网络诈骗犯罪的机制,因此,电信网络诈骗犯罪团伙找到了“新路线”。他们利用两岸没有司法互助条款的空档,将诈骗基地转移至福建省。福建省成为台湾地区诈骗集团的第一个集散地,诈骗分子继续利用“王八卡”对我国台湾地区的民众进行诈骗。

第一批来到福建省的诈骗团伙为了节约成本,雇用了有语言优势的福建安溪人充当打电话、取钱的马仔。[①] 这些诈骗集团一般以台商公司名义运作,一个“公司”一般有雇员40余人,内部管理严密,层级分明。除少数主管外,基层人员都采取军事化管理措施,严格限制外出。这些基层人员在实际操作电话行骗前,都会接受“公司”内部的严格培训,每人都要熟记工作话术后才能上岗操作。公司每天都要召开检讨会议,对每一套剧本和话术、每一个“客户”的反应都要斟酌并优化,其版本迭代速度非常快。

直到2009年4月26日《海峡两岸共同打击犯罪及司法互助协议》的签订,两岸在司法协助等具体事务上进行合作,共同打击电信网络诈骗犯罪,我国台湾地区的电信网络

① 参见陕西省反电信网络诈骗中心:《电信诈骗:起源于台湾,崛起于大陆,并向境外扩散》,载微信公众号“陕西省反电信网络诈骗中心”2021年2月26日,https://baijiahao.baidu.com/s?id=1692723233102228103。

诈骗犯罪案件的犯罪率才逐渐降低。

（二）电信网络诈骗的快速增长（2003～2008年）

2002年,我国台湾地区的诈骗团伙招募福建安溪等闽南地区的无业人员,协同实施电信网络诈骗犯罪,由两岸不法分子勾结起来的跨区域、跨法域的电信网络诈骗模式也涌现出来,我国大陆最早的电信网络诈骗团伙也在2003年前后出现。有了犯罪团伙,警方必然要打击,随着警方对福建安溪地区的重点整治,安溪县诈骗团伙又逃到深圳。[①] 当时的深圳,来自全国各地的人鱼龙混杂,电信网络诈骗在深圳传播速度较快,并很快像病毒一样扩散至全国,呈现明显的地域特征,且每个地区的诈骗手法各有特色。

诈骗团伙呈现明显的家族化和地域化特征。地域化,是指电信网络诈骗犯罪案件在一些地区密集多发,作案手段不断翻新,逐渐形成一整套专业性很强的操作流程。家族化,是指诈骗分子均是以宗族乡里联结而成的团伙,由于其以血缘与宗族势力为核心的关系,可以最快速构建信任,核心成员和骨干分子一般都会招揽亲友加入诈骗团伙,从而产生辐射效应。因此,诈骗团伙往往是一个家族或者村落,而且往往抓到一个就能端掉一个诈骗窝点。[②] 诈骗分子往往通过

---

① 参见王大为、温道军:《预防与打击两岸电信网络诈骗犯罪问题研究》,载《中国人民公安大学学报(社会科学版)》2012年第2期。

② 参见刘冠军:《新技术条件下电信网络诈骗治理研究》,载《山东农业工程学院学报》2019年第11期。

冒充医务人员、公检法执法人员继续诈骗，例如，诈骗分子称事主身份信息被盗用，且涉嫌洗钱、涉黑或诈骗等犯罪，要求对事主的银行账户进行处理，从而对事主进行诈骗。之后，还有冒充银行工作人员、社保部门工作人员，编造银行卡透支要还款、有社保金领取等虚假信息行骗。

最早进行电信网络诈骗的诈骗分子半数来自福建省安溪县，但真正形成中国电信网络诈骗江湖格局的却是后来这些新的地域，它们是中国七大典型的电信网络诈骗重点地区：河北省丰宁县的“假冒黑社会诈骗”、福建省龙岩市新罗区的“淘宝诈骗”、湖南省双峰县的“PS 诈骗”、广东省茂名市电白区的“猜猜我是谁（假冒熟人和领导）”、海南省儋州市的“机票退改签诈骗”、广西壮族自治区宾阳县的“QQ”诈骗（假冒 QQ 好友）、江西省余干县的“重金求子诈骗”。[①] 这些诈骗行为虽然骗术不一样，但是背后的组织形式高度相似，组织诈骗的往往是一个宗族或者村落。由于诈骗的低投入和高回报，引诱一批又一批诈骗分子参与到电信网络诈骗的骗局中。

国内电信网络诈骗的泛滥成灾引起了公安部门的高度重视，为坚决遏制电信网络诈骗犯罪快速上升的势头，公安部部署全国各级公安机关始终保持严打高压态势，全链条打击电信网络诈骗及关联犯罪，深入开展“斩链”“清源”“利

---

① 参见孙少石：《电信网络诈骗协同治理的制度逻辑》，载《治理研究》2020 年第 1 期。

剑”等电信网络诈骗犯罪专项行动，抓获了一大批违法犯罪人员，破获了一大批诈骗案件，有效地遏制了电信网络诈骗犯罪高发态势，切实维护了人民群众的财产安全和合法权益。

（三）电信网络诈骗向境外转移

2009年4月，随着《海峡两岸共同打击犯罪及司法互助协议》的签署，电信网络诈骗被列为我国海峡两岸共同打击的犯罪类型。随着两岸合作加大执法力度，中国境内犯罪团伙难以生存，逐渐将犯罪窝点转移到缅甸、菲律宾、印度尼西亚等东南亚国家以及日本、韩国等东亚国家。诈骗团伙企图利用不同区域、不同国家之间的法律漏洞，来达到逃避打击的目的。

目前，电信网络诈骗的话务窝点80%在境外，集中于一些未与我国达成国际（区际）刑事司法合作协议的国家、武装冲突地区或是由民族地方武装控制区域。① 其中，缅北地区克钦邦、掸邦、金三角等地区尤其泛滥，中缅边境聚集了上万名电信网络诈骗犯罪人员，专门从事针对中国大陆居民的诈骗犯罪活动。由于当地政局动荡，执法力度弱，诈骗团伙又得到当地地方割据势力的武装保护和支持，国内的犯罪侦查就变得极为困难，“出不去、打不了、带不回、控不住”，电

① 参见谢玲：《跨国电信网络诈骗犯罪聚集地空间迁移分析——大湄公河流域样本定性研究》，载《中国人民公安大学学报（自然科学版）》2021年第4期。

信网络诈骗面临着投入成本高、被害人资金追回率低、境外执法困难等问题。

2005～2015年，电信网络诈骗案件每年以20%～30%的速度快速增长，[①]电信网络诈骗已经成为影响社会稳定和群众安全的突出犯罪问题。针对越来越猖獗的电信网络诈骗，全国各省市从各个层面开展了一系列打击治理电信网络诈骗专项活动。例如，自2020年10月国内实施“断卡”行动以来，用于输出诈骗信息的电话卡、转移资金和洗钱的银行卡、对公银行账户等犯罪工具的成本急剧升高，部分境外诈骗窝点甚至出现“卡荒”。

此外，我国积极与东南亚国家进行合作，联手打击境外电信网络诈骗犯罪团伙，我国警方多次组织相关地方公安机关赴老挝、柬埔寨、缅甸等国家开展执法合作，捣毁了一大批电信网络诈骗犯罪窝点，并押解犯罪嫌疑人回国接受审讯。东南亚国家也积极配合，2019年8月18日，柬埔寨首相洪森下令，要求停止颁发网络赌博执照，禁止在柬埔寨从事线上博彩活动。[②] 这一禁令对于在柬埔寨从事电信网络诈骗的不法分子来说是致命一击，从事洗钱、网赌、电信网络诈骗的人员闻风而逃。据当地媒体报道，禁令颁布后的7日内就逃

① 参见吕美琛：《电信网络诈骗犯罪预防理论研究——以情景犯罪预防理论为视角》，载《北京警察学院学报》2020年第5期。

② 参见董纯朴：《习近平社会治安思想与实践研究》，载《江西警察学院学报》2020年第3期。

走了9万人之多,街道上也明显冷清了很多,知情人称为"西港818大逃亡"。[①]

随着我国警方与东南亚各国合作打击犯罪的力度逐渐加强,电信网络诈骗分子在东南亚的生存空间也被进一步压缩,诈骗集团又开始向非洲、中东地区、大洋洲、美洲等地扩展。目前,全球流窜的电信网络诈骗集团以我国台湾地区的诈骗团伙居多。他们在日本、韩国、斯里兰卡、土耳其等亚洲国家架设机房,甚至远赴欧洲希腊、非洲埃及、肯尼亚、南非,就连美洲的美国、加拿大、多米尼加、尼加拉瓜、巴拿马、萨尔瓦多、巴拉圭等国也都有中国的诈骗团伙在当地架设电信机房,以跳接方式躲避查缉。由于公安机关对电信网络诈骗的跨境打击成本较高和成效较低,电信网络诈骗团伙往往通过跨境来躲避公安机关的打击,目前我国公安机关对电信网络诈骗犯罪的打击还是以境内为主。

二、当今电信网络诈骗的现状

近年来,随着电信网络诈骗的犯罪数量持续上升,犯罪金额也触目惊心,2015~2020年,以电信网络诈骗为主的诈

① 参见企业聚焦点:《诈骗发展简史:30万骗子藏身东南亚,已进化到3.0阶段》,载腾讯网2022年10月1日,https://new.qq.com/rain/a/20220209A098MX00。

骗案件立案数依次分别为104万件、97万件、92万件、115万件、143万件、191万件,2020年电信网络诈骗的犯罪数量甚至超过盗窃罪,成为中国当前第一大犯罪。[①] 电信网络诈骗有别于传统诈骗,这种违法行为既侵害了普通公民的财产权合法权益,也对网络信息安全造成严重危害。[②]

(一)犯罪团伙产业化

21世纪以来,移动通信网络和线上金融业务不断发展,新的技术成果、通信网络工具和互联网项目被应用到电信网络诈骗中,诈骗团伙借助新技术积极进行犯罪工具革新和骗术升级,犯罪分工也逐渐精细化,催生了为电信网络诈骗提供帮助和支持的黑灰产业。电信网络诈骗活动的实施和完成需要借助一定条件,因此形成了以电信网络诈骗为中心的多个关联犯罪团伙,例如,专门策划骗术、拨打电话的直接诈骗团伙,盗卖个人信息团伙,提供非实名电话卡、银行卡团伙,提供网络和通信技术支撑团伙、洗钱团伙等。[③] 这些产业群体故意违反国家法律规定,从信息传递、技术提供、赃款转移等方面为电信网络诈骗提供相关帮助,进而形成了分工明确、利益共享、彼此依赖的产业链条。

电信网络诈骗产业化的特点是,电信网络诈骗产业链环

---

① 参见单勇:《数字平台与犯罪治理转型》,载《社会学研究》2022年第4期。
② 参见吴加明:《"电信网络诈骗"的概念界定与立法运用》,载《学海》2021年第3期。
③ 参见庄永廉、刘艳红、郑新俭:《电信网络诈骗治理难题与破解》,载《人民检察》2021年第11期。

环相扣，每个产业链条具有高度的可替代性，不同类型的黑灰产业公司之间有精细的分工，公司彼此之间在结构上是相互依存但是在功能上又相互独立，[①]一个公司服务于众多电信网络诈骗团伙的诈骗业务，即使电信网络诈骗的任何一个环节出现问题，也可以替换成其他公司，并不影响该电信网络骗局的整体运行，这像是一个个辅助机器运行的齿轮，即使其中的一个齿轮坏了，只要换一个齿轮即可，并不影响机器的正常运行。这种环环相扣的黑灰产业链为电信网络诈骗的实施创造了巨大的便利，降低了犯罪的门槛，增强了犯罪的隐蔽性，因此对于电信网络诈骗的打击也变得十分艰难。

诈骗团伙的组织形式是高度严密的，具有高度的专业化和产业化特征。诈骗产业可以分为上游、中游和下游的不同业务模式。首先，上游环节主要是电信网络诈骗的准备环节，该环节为诈骗团伙提供技术工具和犯罪资料。[②] 收集资料的角色是“料农”和“卡农”，“料农”负责收集姓名、身份证、工作、购物偏好等信息，“卡农”负责收集电话卡和银行卡等个人联系方式和金融信息，然后他们将这些个人信息通过特殊渠道提供给诈骗团伙，为诈骗团伙提供用于诈骗的术

① 参见秦帅、钟政、漆晨航：《电信网络诈骗犯罪产业化现象与侦查对策》，载《政法学刊》2022 年第 3 期。

② 参见高源：《论链条化犯罪：界定、类型与应对》，载《江苏警官学院学报》2019 年第 4 期。

语清单、语音包等资源。还有一些犯罪团伙提供通信线路、网络服务、桥接设备、应用程序等通信连接渠道，为诈骗团伙提供稳定的网络传输、便捷的通信工具、以假乱真的应用程序等。

其次，是中游环节的话务员负责实施诈骗，他们专门编辑话术本并与受骗人联系，使受骗人上当受骗。诈骗团伙会在国内统一招募话务人员，然后以出国旅游的方式，统一为他们办理出国手续，统一组织集体出境。诈骗首脑建一个海外机房，大约要人民币四五十万元。在话务员到达诈骗窝点时，统一对他们进行食宿管理，组织业务培训，分配工号上岗，并对他们统一发放工资。这些话务员根据事先写好的“剧本”，对国内受骗人进行诈骗。

最后，是下游环节。诈骗完成后，诈骗团伙为了逃避侦查打击，及时并安全地获得赃款，通常需要运用非法渠道对涉案钱款进行转存、支付、结算、取现等处理，负责资金结算的下游环节便产生了。下游环节是利用各种支付通道“洗白”现金，这里有专门的“地下钱庄”提供转移“洗白”赃款服务，有专门的人员通过转账、支付等各类平台转移拆分赃款，有专门的企业非法经营资金类业务，甚至还有专门的背包客通过跨境取现送达的方式为诈骗团伙提供资金流转的帮助。

以中奖诈骗为例，诈骗分子首先会搭建一个网站平台，然后话务员会通过“卡农”和“料农”获得银行卡、电话卡、身份证等信息。获得这些信息后,话务员先通过网络电话将10张银行卡信息报给“水房”,“水房”收到银行卡信息后,立即对银行卡进行全程监控,等待话务员通知。话务员会根据手机号拨打国内受骗人电话,告诉其获得某一电视娱乐节目栏目组的奖品,登录某个网址输入个人信息并缴纳一定的手续费。该受骗人相信并将手续费转账到前文提到的银行卡中,转账成功后,“水房”会马上开始操作账户,将诈骗得来的钱迅速拆分成不同的数额,向可以直接提现的银行账户转移,并通知街头负责取现的“马仔”,他们取完钱后根据指示将钱送到指定地点,会有专人将钱取走。

(二)目标对象精准化

根据公安部相关数据显示,2021年4月至2022年7月,全国已经破获电信网络诈骗59.4万起。[①] 案件高发的背后,个人信息是网络犯罪链条中的关键环节。电信网络诈骗在实际实施过程中,往往会取得很高的成功率,而成功率如此之高的关键在于诈骗分子已经掌握了受骗人的信息。个人信息的泄露已经成为精准实施诈骗的关键因素和重要前提。[②] 根据《个人信息保护法》对个人信息的定义,个人信息是以电子或者其他方式记录的与已识别或者可识别的自然

---

① 参见孙轲:《电信网络诈骗立案数连续14个月同比下降》,载央视网2022年8月18日,http://news.china.com.cn/2022-08/18/content_78377871.htm。

② 参见张扬、邓志源:《电信网络诈骗犯罪态势分析与体系化应对》,载《湖北警官学院学报》2021年第6期。

人有关的各种信息，不包括匿名化处理后的信息。个人信息主要包括：(1)姓名、性别、年龄、身份证号码、电话号码及家庭住址等在内的个人基本信息；(2)网银账号、第三方支付账号、社交账号、邮箱账号等账户信息；(3)通信录信息、通话记录、短信记录、聊天记录、个人视频、照片等隐私信息。[①]这些个人信息本应该安全地被保存在企业和有关公共服务部门的数据库中，但不幸的是，个人信息已经通过各种渠道被泄露。一份来自《腾讯2016年第二季度反电信网络诈骗大数据报告》披露的数据显示，2016年第二季度，全国共接用户标记超4.6亿条诈骗电话，收到诈骗短信人数3亿人次，诈骗团伙一个季度拨出电话18.8亿次。[②]

与之前广撒网、随机式电信网络诈骗不同，如今的电信网络诈骗是精准诈骗，即诈骗分子在实施诈骗之前，已经掌握了受骗人的个人信息，其所设计的骗局都是为受骗人量身定做的，根据受骗人的年龄、职业、经济状况进行分类，施行不同的话术。例如，冒充公检法、熟人或领导、电商物流客服等虚假身份的电信网络诈骗，打电话的诈骗分子在拨打电话之前已经了解了受骗人的姓名、手机号、身份证号，甚至一些私人的社会关系和最近的网络痕迹，因此在与受骗人电话交

---

① 参见杨海宁：《江苏开放大学数字资源库互联网＋在线平台的开发方案》，载《电脑知识与技术》2016年第16期。

② 参见纪润博、许子先：《构建立体防控体系治理电信诈骗》，载《现代电信科技》2017年第1期。

流的时候能够熟练地说出受骗人的信息,能够快速获得受骗人的信任,从而提高诈骗成功的可能性。

受骗人的信息是如何泄露的?主要原因有以下3条途径:一是个人对自己的个人信息疏于管理,在填报信息数据时,过量提供个人信息,或者将带有自己个人信息的文件随意丢弃;二是企业内部有人利用职务之便,将一些个人数据非法出售给诈骗分子,以此牟利;①三是一些违法犯罪分子利用"钓鱼"网站、恶意电话和短信、病毒和木马软件等方式非法获得大众的个人数据。

我们从"徐某玉案"的真实案例可以了解个人信息是如何被诈骗分子获得和利用的。2016年8月19日,山东省临沂市高考录取新生徐某玉被诈骗分子冒充教育、财政部门工作人员诈骗9900元。② 案发后,经公安机关全力侦查,查明了电信网络诈骗团伙情况和信息泄露源头。经侦查发现,犯罪嫌疑人杜某利用技术手段攻击了"山东省2016高考网上报名信息系统"并在该网站植入木马病毒,获取了网站后台登录权限,盗取了包括徐某玉在内的大量考生报名信息。2016年7月初,犯罪嫌疑人陈某在江西省九江市租住房屋设立诈骗窝点,通过QQ搜索"高考数据群""学生资料数

---

① 参见娄永涛、唐祥:《大数据时代电信网络诈骗犯罪的防控反思》,载《重庆理工大学学报(社会科学)》2020年第3期。

② 参见卞文志:《电信诈骗频发:应加强对青少年学生开展挫折教育》,载《青春期健康》2016年第21期。

据”等聊天群,在群内发布个人信息购买需求后,从杜某手中以每条0.5元的价格购买了1800条当年高中毕业学生资料。[①] 同时,陈某雇佣郑某、黄某等人冒充教育局、财政局工作人员拨打电话,以发放助学金名义对高考录取学生实施诈骗。2016年8月19日16时许,该团伙诈骗徐某玉9900元,在徐某玉向诈骗分子冒用他人身份证开设的银行卡账户汇款6分钟后,陈某立即操控在福建泉州的诈骗分子郑某某组织熊某、陈某某等人在泉州市一银行ATM上取走赃款。经公安机关进一步查明,犯罪嫌疑人彭某通过网络多次向陈某犯罪团伙售卖非实名手机卡,供犯罪团伙作案使用。[②]

(三)犯罪区域跨境化

移动通信和支付技术的普及,为人们提供便利的同时,也被电信网络诈骗分子滥用。诈骗分子利用这些信息技术和金融科技手段,可以不受时间和空间的限制,无须同受骗人在现实中接触,足不出户便可实施诈骗行为,这些诈骗行为呈现明显的犯罪区域的跨境化趋势。[③] 犯罪区域跨境化指的是诈骗团伙的犯罪窝点地、受骗人所在地和取款地往往不在一个地区或国家,诈骗团伙头目开始更多地依托提供跨

---

① 参见吴勇:《通信网络诈骗犯罪现状及情境预防探析》,载《法制与社会》2016年第32期。

② 参见卞文志:《电信诈骗频发:应加强对青少年学生开展挫折教育》,载《青春期健康》2016年第21期。

③ 参见王世卿、杨富云:《新技术条件下我国跨境有组织经济犯罪研究——以电信诈骗和银行卡犯罪为视角》,载《中国人民公安大学学报(社会科学版)》2012年第4期。

境汇兑服务的金融机构以及互联网技术,跨省乃至跨境遥控指挥,其间的窝点布置、网络维护、拨打电话、转账、取款等细节操作大多发生在不同的国家(地区)。[①] 除网络通信技术普及的因素外,导致犯罪区域跨境化的其他因素也表现突出,例如,随着公安机关打击力度的不断加强,诈骗团伙在境内的犯罪空间进一步被挤压,境内窝点向境外迁移的趋势越发明显等。

以"9·28"特大跨境电信网络诈骗案为例,2011年9月28日,公安部统一指挥大陆10省区市公安机关,联手台湾地区警方,与印度尼西亚、柬埔寨、菲律宾、越南、泰国、老挝、马来西亚、新加坡等东盟8国警方采取集中统一行动,成功摧毁了两个特大跨国跨两岸电信网络诈骗犯罪团伙,抓获犯罪嫌疑人828名。[②] 同时捣毁拨打诈骗电话、转账洗钱、开卡取款和诈骗网络平台等犯罪窝点162处,缴获银行卡、电脑、手机、网络平台服务器等一大批作案工具和赃款,破获电信网络诈骗案件1800余起。[③] 从公安部介绍的情况可知,这两个犯罪集团均由我国台湾地区的诈骗分子组织策划。其中一个诈骗团伙从2011年年初开始,在广东等地以小额贷款名义实施电信网络诈骗。该诈骗团伙将诈骗电话窝点设在

---

① 参见郝家英:《电信网络诈骗犯罪跨境追赃与国际刑事司法合作》,载《北京警察学院学报》2021年第2期。

② 参见李建军:《电信网络诈骗打防对策探究》,载《辽宁警专学报》2014年第6期。

③ 参见杨加宇:《跨境电信网络诈骗犯罪的发展历程与发展趋势研究》,载《法制与社会》2018年第2期。

中国部分地区以及菲律宾等地，转取赃款窝点设在中国境内，改号平台设在上海、广东，专门针对中国境内居民实施诈骗，涉案金额高达 1.2 亿元。另一诈骗团伙从 2011 年 4 月开始，在浙江金华等地，假冒执法机关实施电信网络诈骗。该诈骗团伙诈骗电话窝点设在印度尼西亚、柬埔寨、菲律宾、越南、泰国、老挝、马来西亚、新加坡东盟 8 国，转取赃款窝点设在我国台湾地区及印尼、马来西亚、泰国，改号平台设在山东、福建、广西及台湾地区，专门针对大陆居民实施诈骗，涉案金额达 1 亿多元。①

跨境电信网络诈骗的出现，体现了我国境内执法部门打击电信网络诈骗的成效，公安机关对电信网络诈骗犯罪始终保持严打高压态势，坚决遏制电信网络诈骗违法犯罪多发高发态势。公安部按照"四专两合力"②工作思路，集合全国优势资源，组织相关警种部门和专业力量成立"国家队"，采取"定向研判、统一指挥、集中打击"的模式，在全国重点省市开展区域会战，全面打击清理各类电信网络诈骗新型违法犯罪窝点和人员。在国家执法部门的严厉打击下，国内电信网络诈骗分子的犯罪空间进一步被压缩，于是开始向境外转移。

与此同时，东南亚等境外地区也为电信网络诈骗的转移

① 参见李建军：《电信网络诈骗打防对策探究》，载《辽宁警专学报》2014 年第 6 期。

② "四专两合力"：专题研究、专门队伍、专案攻坚、专业技术，抓好内部合力、促成外部合力。

提供了足够的条件。首先,东南亚地区与中国地理位置相近,西南地区与东南亚多个国家接壤,我国边民只需边境通行证即可在中老、中缅、中越等边境自由来往,这样就方便了诈骗分子的偷渡行为,便于诈骗分子从国内向境外的转移以及境内外诈骗分子的交流。诈骗分子通常以旅游的方式来回国内外,在多国之间进行电信网络诈骗活动。其次,国外部分国家对于电信网络诈骗的量刑较宽松。在泰国,成功实施电信网络诈骗将被判 6 年有期徒刑,如果诈骗分子自首,刑罚将会减半,诈骗不成功将不会接受惩罚。国外对电信网络诈骗的量刑宽松,吸引了我国国内的电信网络诈骗分子,其可以最大限度上逃避法律制裁。最后,反电信网络诈骗跨境执法难度大、成本高。一些证明力较强的证据难以获取,跨境电信网络诈骗犯罪案件的核心证据都存储在电磁介质中,不容易被感知,且易于被篡改、加密,也容易被毁灭,而这些核心证据又存储在境外,这就导致侦查机关在境外取证的过程中,难以获取证明力强的证据。跨境电信网络诈骗犯罪案件的涉案人员往往人数众多,且高度分散于境外许多国家与地区,所以对侦查机关来讲,将所有涉案成员一网打尽是比较困难的。[①] 具体表现为以下两方面:一是难以抓捕到诈骗团伙头目。诈骗团伙头目通常藏于境外,并在幕后指挥犯

---

① 参见杨加宇:《跨境电信网络诈骗犯罪的发展历程与发展趋势研究》,载《法制与社会》2018 年第 2 期。

罪，同时只单线与某一涉案环节的负责人联系，侦查机关很难查明诈骗团伙头目具体藏于何处，这就导致我国警方在境外很难将诈骗团伙头目抓捕归案。[①] 二是部分诈骗窝点涉案成员难以抓捕归案。诈骗窝点散布境外许多国家与地区，在冲击诈骗窝点的过程中，可能会因为境外工作组行动不统一，或者行动前走漏风声等，部分诈骗窝点涉案成员提前知晓情况而迅速逃离诈骗窝点，这样就导致部分境外工作组在冲击诈骗窝点过程中，出现“扑空”的情况。[②]

（四）犯罪手段智能化

随着最近10多年移动智能终端的迅速普及，我国进入了万物互联的网络3.0时代，通过个性化、互动化、精准化的应用服务，网民之间、网民与平台之间在生活、工作、娱乐等方面实现了紧密结合。[③] 与此同时，互联网的快速发展和不断创新，给了电信网络诈骗更加丰富的场景以及更加广阔的发展空间。随着打击治理力度的加大，电信网络诈骗违法犯罪的手段也不断“进化”，并且日趋专业化、智能化、科技化，违法犯罪手法不断“花样翻新”，欺骗性、针对性更强。[④] 在

① 参见杨加宇：《跨境电信网络诈骗犯罪的发展历程与发展趋势研究》，载《法制与社会》2018年第2期。

② 参见杨加宇：《跨境电信网络诈骗犯罪的发展历程与发展趋势研究》，载《法制与社会》2018年第2期。

③ 参见庄永廉、刘艳红、郑新俭：《电信网络诈骗治理难题与破解》，载《人民检察》2021年第11期。

④ 参见傅昌波、耿颖超：《深化电信网络诈骗综合治理的建议》，载《中国行政管理》2017年第10期。

低成本、高收益的巨大诱惑下，诈骗分子不断翻新手法、迭代技术、细化分工，使电信网络诈骗呈现出新的行为样态和法益侵害特性。[①] 例如，“杀猪盘”“兼职刷单”“微商推广”“网络赌博”“平台网贷”“身份冒充”“虚假二维码”“木马链接”“恶意退货”等电信网络诈骗行为在陷阱设置、对象选择等方面变得更加智能化，依靠新的电信网络技术手段，此类犯罪呈现高度的智能化和隐蔽化、犯罪场景虚拟化和平台化、侵害流程跨地域化和非接触化、诈骗方式产业链条化和集团职业化等特点。[②] 电信网络诈骗行为总会借助不断更新的电子通信、互联网、大数据与人工智能等科技应用而翻新犯罪手段，这便是“电信网络诈骗犯罪与网络科技发展的迭代共生规律”，科学技术的“双刃剑”效应是不可能被完全避免的。

电信网络诈骗活动包含精准信息获取、诈骗脚本设计、通信联络诱导、资金支付转移 4 个关键环节。[③] 人工智能技术 4 个关键环节均被诈骗分子恶意利用，这更加剧了电信网络诈骗向精准化、拟人化、自动化方向蔓延发展，具体表现在：

第一，在精准信息获取环节，人工智能加剧了隐私泄露

---

① 参见袁胜：《打击电信网络诈骗任重而道远》，载《中国信息安全》2019 年第 9 期。

② 参见庄永廉、刘艳红、郑新俭：《电信网络诈骗治理难题与破解》，载《人民检察》2021 年第 11 期。

③ 参见魏薇、尚铁力、周帅：《人工智能对电信网络诈骗治理的影响及应对思路》，载《信息通信技术与政策》2020 年第 4 期。

风险。诈骗分子利用智能恶意软件等隐蔽窃取聊天记录、家庭关系等敏感信息,基于人工智能技术的热门应用又增加了用户生物特征信息泄露风险,越来越多的语音交互产品让声纹更容易被收集,例如,换脸、换声应用软件需要用户在使用时提供面部特征等核心信息,这些核心信息一旦被泄露或滥用将不可逆且带来极大风险。①

第二,在诈骗脚本设计环节,人工智能被用于设计定制化脚本、精准选取受骗人,通过对特定人群行为特征的训练学习,人工智能系统可产生出千万个定制化的诈骗脚本。②以俗称"杀猪盘"的交友赌博类诈骗为例,诈骗分子通过智能分析公众发布的信息,根据骗术对人群进行筛选,精准选取金融、社交等目标人群,提高诈骗成功率。

第三,在通信联络诱导环节,人工智能使联络更加隐蔽,信息传播更快。智能化的电信网络诈骗技术设备不断出现,智能群呼设备可远程操控、机卡分离,从而实现诈骗呼叫异地落地。智能聊天机器人可同时操控几十个通信端口,在微信、婚恋网站中仿冒成美女聊天交友,批量谈恋爱,进而实施诈骗;换脸、换声产品可信度高、迷惑性强,2019 年英国曝出诈骗分子利用人工智能语音模仿软件冒充某能源公司高层,

---

① 参见魏薇、尚铁力、周帅:《人工智能对电信网络诈骗治理的影响及应对思路》,载《信息通信技术与政策》2020 年第 4 期。

② 参见魏薇、尚铁力、周帅:《人工智能对电信网络诈骗治理的影响及应对思路》,载《信息通信技术与政策》2020 年第 4 期。

骗取子公司 CEO 22 万欧元。①

第四,在资金支付转移环节,人工智能带来盗刷盗用等风险。智能语音支付、智能理财机器人、人脸支付、无感支付、刷脸取款等在实现金融服务的智能化同时也带来冒刷等风险。例如,诈骗分子通过获取的用户面部特征、虹膜、声纹、指纹等生物特征信息,冒充用户身份盗刷、盗用他人账户资金。②

与此同时,技术手段的迭代升级,也降低了犯罪成本,增大了抓捕难度。借助于信息技术的发展,电信网络诈骗犯罪的手段方式也在日益发展。例如,曾经流行的利用伪基站发送诈骗短信,利用嗅探设备非法获取手机号码和验证码实施诈骗,随着防范技术升级,使用范围已经逐步缩小,取而代之的是许多新型违法犯罪工具和作案平台,这进一步降低了诈骗犯罪成本,增加了打击难度。③ 例如,GOIP 设备可以同时运行上百个手机卡,实现网络信号和电话信号的转换,诈骗分子能够躲藏在境外遥控指挥,这使侦查抓捕难度加大。

(五)受害群体年轻化

根据《2021 年电信网络诈骗治理研究报告》数据显示,

---

① 参见魏薇、尚铁力、周帅:《人工智能对电信网络诈骗治理的影响及应对思路》,载《信息通信技术与政策》2020 年第 4 期。

② 参见魏薇、尚铁力、周帅:《人工智能对电信网络诈骗治理的影响及应对思路》,载《信息通信技术与政策》2020 年第 4 期。

③ 参见庄永廉、刘艳红、郑新俭:《电信网络诈骗治理难题与破解》,载《人民检察》2021 年第 11 期。

50 岁以下的年龄群体占比高达 92%，是电信网络诈骗最主要的受害群体(见图 1－1)。而不同年龄上当受骗的电信网络诈骗类型也不一样。20 岁以下的年轻群体多为在校学生以及刚步入社会的年轻人，经济能力有限，安全意识缺乏，容易陷入网络游戏产品虚假交易诈骗和虚假购物、服务和刷单返利等诈骗陷阱；20～29 岁的群体更容易受刷单返利、贷款和信用卡诈骗、网络婚恋交友、冒充电商物流客服和公检法及政府机关、“杀猪盘”等诈骗陷阱；30～49 岁的群体容易被冒充领导或熟人、冒充公检法及政府机关、“杀猪盘”等诈骗；老人占受骗人数的比例较少(见图 1－2)。

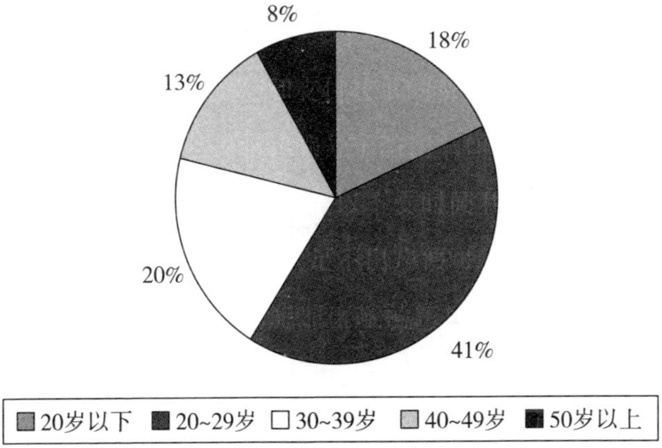

图 1－1　2020 年电信网络诈骗受害人的年龄分布

资料来源：守护者计划等：《2021 年电信网络诈骗治理研究报告》，载原创力文档 2022 年 2 月 26 日，https://max.book118.com/html/2022/0224/5320001021004143.shtm。

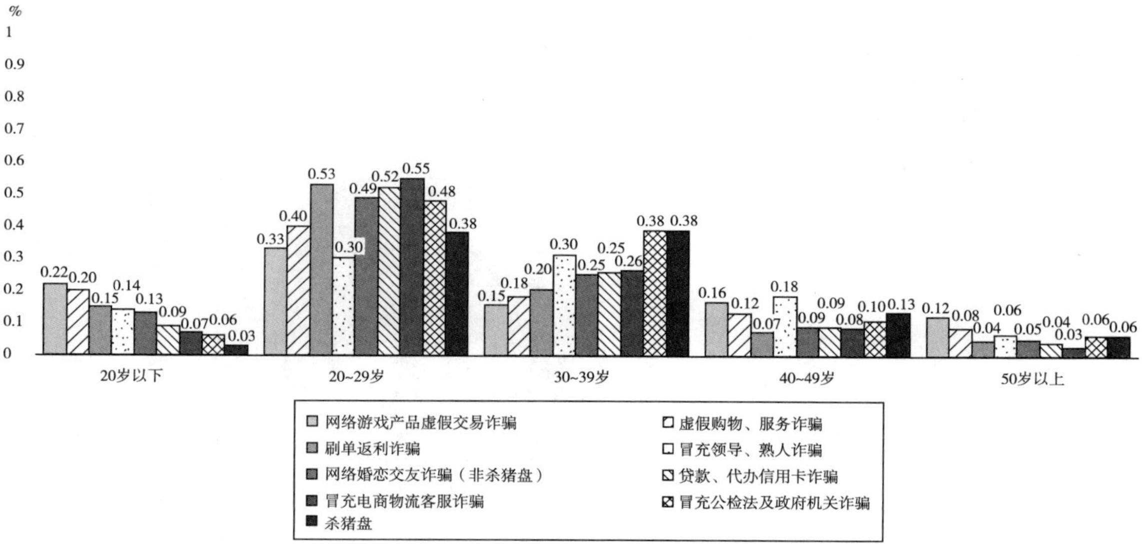

图1-2　2021年电信网络诈骗受害人的年龄和类型分布

资料来源：守护者计划等：《2021年电信网络诈骗治理研究报告》，载原创力文档2022年2月26日，https://max.book118.com/html/2022/0224/5320001021004143.shtm。

为什么年轻人更容易被骗？原因有以下几点：一是年轻人的信息更容易暴露。年轻人使用网络时间长，留下的信息多，信息更容易暴露，从而更容易被诈骗分子盯上。有很多针对年轻人“量身定制”的诈骗剧本，当对方精准地说出年轻人生活中的每一个行为、习惯后，骗局就变得难以辨识。二是年轻人本身社会经验不足，防骗意识缺乏。一方面由于经济能力不稳定，但是消费又多，所以想要赚快钱，因此落入刷单返利等陷阱。另一方面具有较强的情感需求，容易被网络婚恋和交友诈骗。三是年轻人爱面子，遇到处理不了的事情不愿意求助，因此落入了诈骗分子的陷阱。

三、电信网络诈骗的严重后果

（一）个人隐私泄露，影响正常生活

电信网络诈骗的源头是个人信息的泄露，诈骗分子通过各种渠道获得居民的信息，对居民实施精准诈骗。电信网络诈骗的泛滥，激发了诈骗分子对大众居民的个人信息数据的需求。大数据时代，个人信息是“权”也是“利”。越大的平台公司，越是拥有海量的数据，蕴含丰富的个人信息，对于企业自身和行业来说，这是一笔潜在的巨额财富。企业利用搜集到的个人信息开发产品反馈用户，是互联网共享和开放的

体现。而过多地索权和后台的活跃,对个人信息无底线收集和侵害,已经让互联网的共享和开放变了味道。

目前,针对个人信息的犯罪已经形成了一道灰色产业链,在这个链条中,有3类群体:第一类是专门从事个人信息收集的团体,他们或者是公司内负责存储平台用户数据的部门人员,或者是专门攻击个人电脑和公司网站获得数据库的黑客;第二类是收购和出售个人信息数据的中间商团体,他们共享和传播各种数据库;第三类是使用数据进行违法犯罪的群体。这3类个人信息的利益相关群体推动了个人信息的泄露与买卖,这些通过盗取、非法收购等渠道得来的个人信息在汇总打包后,几经辗转到达信息买卖产业链中游的诈骗分子手中,后者再对信息主体进行识别与分类,经过分析后拨出诈骗电话,等待受骗人上钩。

个人信息的泄露,使个人隐私暴露于诈骗分子的眼皮底下,这些诈骗分子利用这些个人信息对受骗人实行骚扰和诈骗,对受骗人生活造成困扰,甚至对其身心健康造成恶劣影响。主要有以下危害:一是受骗人会经常收到垃圾短信和推销电话。诈骗分子获得受骗人的手机号和邮箱等联系方式之后,会对受骗人发送大量的垃圾短信、垃圾邮件和骚扰电话,受骗人被推销各种个人用品和家庭用品,严重扰乱受骗人的生活节奏,每天需要清除大量的垃圾短信和邮件,被骚扰电话影响正常作息,这些垃圾短信和推销电话影响了受骗人的日常生活,扰乱了受骗人的日常生活秩序。二是个人信息会被诈骗分子滥用。如申请贷款和被人恶意办卡,诈骗分子通过利用受骗人信息注册的信用卡进行恶意消费,之后银行会将欠款的催款单寄给身份证的主人,让受骗人为他人的消费买单。三是人身安全遭到威胁。诈骗分子会利用个人信息,如家庭住址、个人照片和开房信息等,进行跟踪偷拍、设计陷阱、酒店录像窃取等行为,要挟和勒索钱财,给受骗人的人身安全和家庭稳定造成极大隐患。[①] 四是增加上当受骗的概率。在电信网络诈骗中,诈骗分子掌握了受骗人的身份信息、家庭信息、工作单位、就读学校时,就可以假冒该人的家人、同事、同学或政府机关人员,获取该人的信任,使该人和周围的亲人朋友上当受骗。

(二)造成财产损失,赃款追回困难

电信网络诈骗案件涉案资金重大,动辄就是几百万元、上千万元,诈骗金额触目惊心。2019 年 1 ~ 10 月全国电信网络诈骗案件损失金额高达 150.9 亿元,受骗人单日被骗最高金额是 1.17 亿元,仅 2020 年一年,全国电信网络诈骗案件涉及财产损失就达 353.7 亿元。[②] 近年来,我国电信网络诈骗案件每年以 20% 左右的速度快速增长,全国接到诈骗

① 参见董纯朴:《公民个人信息安全犯罪防控研究——以多元体参与信息时代保护公民隐私为视角》,载《公安研究》2014 年第 5 期。

② 参见孙满桃:《去年全国电信网络诈骗案涉及财产损失达 353.7 亿元》,载光明网 2021 年 6 月 22 日,https://legal.gmw.cn/2021-06/23/content_34941256.htm。

信息的人数高达4.38亿人，相当于每3个人中就有一个受到诈骗信息的“骚扰”，严重地影响了广大人民群众的财产安全和合法权益。

诈骗分子在非法占有受骗人财物之外，还会对受骗人的心理和家庭关系造成恶劣影响。受骗人在受到财产损失之后，产生懊悔、愤怒等不良心理状态，严重的甚至产生自我否定心理，认为是自己的愚蠢导致被骗，将错误归结到自己身上，这种错误的心理倾向如果得不到及时的疏导，就可能引发抑郁、自杀等极端事件。例如，2016年的“徐某玉被诈骗案”，徐某玉本身家庭拮据，9000余元学费还是到处借来的，这笔钱对于徐某玉来说是一笔巨款，异常珍贵，不仅是她进入大学的钥匙，更是她改变人生命运的希望，失去了这笔钱的她最终选择死亡。

在被诈骗之后，赃款很难被追回，这会对受骗人的身心造成伤害。诈骗洗钱团伙内部分工极其精细，一般分为5个层级。第一层称为“声佬”，专门负责打电话、发信息、邮寄等工作；第二层称为“接数佬”，负责连接“声佬”和下一层；第三层称为“刷机佬”，顾名思义就是负责刷POS机，把钱刷到网上结算中心去；第四层为“卡佬”，负责提供各种银行卡，分别自己转移；第五层为“取款仔”，专门负责取钱，可以自己去取，也可以付费叫别人去取。① 5 个层级职责明确，纪律严明。跨级之间相互不认识也无联系，每个层级只能跟上一层对接，绝不能也无法越级与上上层联系。这样，即使"取款仔"被抓，一般也很难问出上一级的人是谁、在哪，更无法抓到上上一层，最高一层级几乎就是毫无风险。

诈骗分子还会通过子孙账户将银行卡里的赃款转移。"子孙账户"通俗点解释就是，诈骗犯在收到骗款后，会对骗款进行拆分，通过银行账户和第三方支付平台进行"N＋1"次的分散转账，之后再通过"车手"取现。钱款一旦进入这一步，想要证明资金来源和冻结账户就难了，所以电信网络诈骗很难锁定诈骗分子。在通常情况下，受骗人打入诈骗分子指定账户的汇款，诈骗分子会迅速从一张卡分散到几张卡，再分散到几十张甚至几百张卡，呈金字塔状层层转账，最后化整为零，仅满足每张卡最多能取 2 万现金的条件，在境外被提现瓜分或倒金字塔再层层转入诈骗分子账户，布局十分精密。如果诈骗分子想更安全一点，则会找"水房"处理。水房这个词很多人可能第一次听，如它的字面意思一般，就是专门用来"洗白"赃款的新型犯罪窝点。一般"水房"都服务于多个诈骗团伙，"洗白"速度快，且最终款项大多都会流向海外账户，难以被追讨。

① 刘丽洪、朱彤：《电信网络诈骗协同治理模式探析》，载《上海公安学院学报》2020 年第 1 期。

（三）衍生其他犯罪，造成次生伤害

电信网络诈骗行为在成功进行之后，往往对受骗人及其家庭和谐、公司正常运行和社会秩序稳定造成了严重的影响。受骗人在财产受到损失之后，丧失了家庭部分财产，这会导致其降低现有的生活水平，甚至背上了巨额的债务，影响家庭内和谐的关系。电信网络诈骗分子还会对公司的正常运行造成影响，诈骗分子会将骗到的款项混入正常的公司贸易往来资金，当公安机关将一些“异常”的资金冻结时，也会对公司的资金运行产生影响。此外，受骗人群体在受到损失之后，往往会相互之间联系以维护自己的合法权益，他们通过集体上访、联名造势等方式，要求政府以及公安机关尽快展开调查，要求相关执法部门帮忙挽回损失。这些行为会对现有的社会秩序造成冲击，造成新的社会不稳定因素。

电信网络诈骗犯罪成本低、风险小、回报高、易得手，因此很容易被效仿和传播，引导不良价值取向，破坏社会风气。电信网络诈骗分子在进行诈骗获得高额金钱之后，回村盖高楼，过上优渥的生活，这会引导错误的价值观，使一批又一批年轻人低估诈骗犯罪的风险，铤而走险从事电信网络诈骗犯罪活动。根据2017年电信网络诈骗司法大数据报告显示，电信网络诈骗正在吸引一批又一批学历层次较低的人加入，其中，约68%的电信网络诈骗分子是初中及以下学历（见图

1－3)。在电信网络诈骗的早期,诈骗团伙往往成“村”“县”出现,整个村甚至整个县都有很多从事电信网络诈骗的人员。例如,前文提到的海南省儋州市、河北省丰宁县、广西壮族自治区宾阳县、江西省余干县、湖南省双峰县、广东省茂名市等电信网络诈骗重点地区。

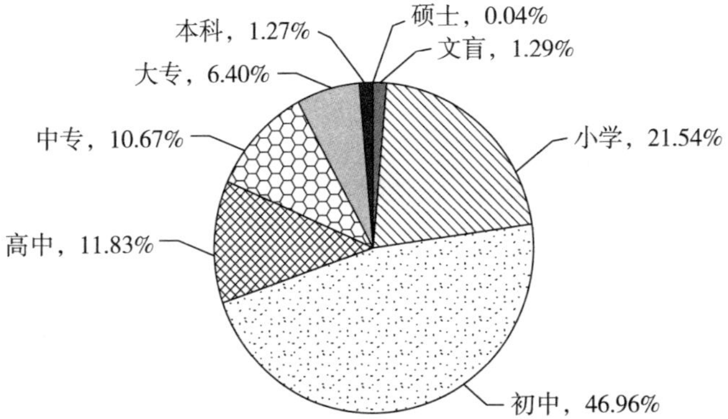

图1－3　2017年电信网络诈骗被告人文化程度分布

资料来源:中国司法大数据研究院:《司法大数据专题报告之电信网络诈骗》,载中国司法大数据服务网2017年9月21日,https://data.court.gov.cn/pages/uploadDetails.html? keyword = JUU1JThGJUI4JUU2JUIzJTk1JUU1JUE0JUE3JUU2JTk1JUIwJUU2JThEJUFFJUU0JUI4JTkzJUU5JUEyJTk4JUU2JThBJUE1JUU1JTkxJThBJUU0JUI5JThCJUU3JTk0JUI1JUU0JUJGJUExJUU3JUJEJTkxJUU3JUJCJTlDJUU4JUFGJTg4JUU5JUFBJTk3LnBkZg = =。

(四)破坏社会诚信,影响社会秩序

诈骗分子在实施电信网络诈骗时往往通过冒充受骗人的亲朋好友、网站客服,或者是假冒国家政府机关和公检法人员的身份,制作一些假冒的政府行政审批或者服务类的证

明,比如,“ETC 在线认证”等方面的网页,欺骗受骗人。一些受骗人在被骗之后会对相关事物采取全盘否定的态度,不管真假一律选择不相信,这种行为会降低人们在社会交往中的信任程度,破坏社会诚信,伤害人与人之间的信任关系,甚至会破坏政府机关形象和公务人员的公信力,影响正常的政务工作。

四、电信网络诈骗治理难点

(一)诈骗模式升级快

随着诈骗治理工作的推进,打击力度的不断增强,加上人们已经具备了初步的防范诈骗意识,诈骗分子的犯罪空间不断被缩小,其获得的赃款数量也不断下降,这倒逼着诈骗分子不断“创新”诈骗手法和方式,对诈骗模式进行改造升级。在诈骗分子的努力下,诈骗手法持续翻新,部分诈骗方式更新速度快,生命周期短。[①] 根据中国信息通信研究院安全研究所统计,2020 年前 10 个月,已经累计出现 260 余种新

① 参见王晓伟:《治理电信网络诈骗犯罪:现状、问题与对策》,载《社会治理》2017 年第 1 期。

型诈骗手法。[①] 诈骗分子不断修改完善诈骗模式，令人防不胜防。具体诈骗升级模式如下：

一方面，诈骗分子通过修改诈骗剧本，研究不同人群的心理，为其量身制作，并且结合时下热点，不断迭代犯罪手法和话术。有的诈骗分子盯准在异地工作、生活的人群，冒充受骗人出生地公安、通信、银行、社保等机构工作人员，告知其银行卡、手机号等出现异常，诱导受骗人向指定公安机关报案，再冒充警察诈骗。

另一方面，诈骗模式不断升级，诈骗分子通过制作假网站，实施多个环节、跨平台的诈骗方式。以"杀猪盘"为例，诈骗团伙在境外开设虚假的网络赌博或者投资网站，网站上的赌博赔率和投资收益等均是可以通过后台人为操控的，受骗人根本没有机会在网站上赢取非法利益。搭建好网络赌博网站后，诈骗团伙会培训一批形象较好的诈骗分子，这些诈骗分子根据设计好的诈骗剧本，锁定潜在受骗人，并在各大婚恋网站上注册账号，吸引大龄男女青年、同性恋者等潜在受骗人群体的关注，以恋爱的名义煽动受骗人前往赌博或投资网站投注资金，其间他们根据诈骗剧本不断了解受骗人资产情况并且安抚其情绪，持续鼓动其在虚假赌博或投资网站挥霍金钱。诸如此类的新型诈骗，能够更精确地针对个人

---

① 参见中国信息通信研究院安全研究所：《新形势下电信网络诈骗治理研究报告（2020年）》，载中国信通院网 2020 年 12 月，http://www.caict.ac.cn/kxyj/qwfb/ztbg/202012/t20201218_366375.html。

开展诈骗活动，并且披着恋爱关系的外衣使受骗人不易察觉。由于诈骗过程的跨平台性，诈骗过程在侦查和追诉的过程中也往往较难以定性。

（二）跨境打击抓捕难

当前中国与东南亚各国的国际执法合作多层次、全方位开展，既有国与国之间的条约，也有边境地区之间的合作协议和备忘录，还有湄公河流域中国、老挝、缅甸、泰国四国基于2011年10月《关于湄公河流域执法安全合作的联合声明》所建立的中老缅泰湄公河流域执法安全合作机制，以及2017年12月澜沧江—湄公河综合执法安全合作中心的成立和运行。总体而言，中国与东南亚国家之间的国际执法合作渠道是充分的，但仍需要拓展其广度与深度。① 然而国内的公安机关在进行电信网络诈骗的抓捕时，尤其是组织一些跨境打击活动时，往往面临着许多困难。

首先，公安机关在境外开展跨境打击电信网络诈骗活动，异地办案提高了对人员、技术、成本的要求。公安机关在与当地执法机关进行交流时，往往存在语言不通的障碍，因此需要配备专门的小语种翻译人员，此外，公安民警也需要出境差旅费用、食宿费用、通信费用等额外报销。公安机关在成功抓捕诈骗分子之后，往往采用包机押解的方式统一带

① 参见庄华、马忠红：《东南亚地区中国公民跨境网络犯罪及治理研究》，载《南洋问题研究》2021年第4期。

回中国,以此保证安全解押,这也需要高额的差旅费用。在前往境外实施打击行动时,需要刑侦、网安、技术侦察等相关警种的干警相互配合。跨境打击行动往往需要申请高额的办案经费预算,因此需要较长时间的申请和审批工作,这在一定程度上拖慢了案件的进度,为诈骗分子的转移窝点和销毁证据留下了可乘之机。

其次,电信网络诈骗具有分散化的特点,提高了办案的难度和成本。诈骗分子为了逃避公安机关的打击,往往在境外建立很多不同位置的窝点,并在拨打电话、发送短信时借助境外的 VOIP 网络电话、GOIP 设备等先进的技术设备层层转接服务器,导致侦查机关难以准确侦察物理地址。各个窝点均有一名负责窝点日常管理的人员,负责管理人员的衣食住行和设备的维护升级。管理人员会在当地租赁房屋并且架设技术设备,用工作电话与犯罪团伙内其他成员保持联系。而其他成员(话务员)也很少外出或者与国内的亲朋好友联系,并且也没有相应的资金往来,这为侦查机关寻找相关线索提高了难度。诈骗窝点这种相对独立、高度分散的特点也不利于侦查机关进行抓捕,侦查机关在境外收集证据准备抓捕时,往往需要非常复杂的准备工作,需要调动一定数量的侦查人员、技术人员和翻译人员,在增加警察人数的同时也增加了行动暴露的可能性。实施较大规模的抓捕,非常容易引起诈骗分子的警觉,他们会很快在犯罪窝点快速销毁证据并进行紧急转移。而且各个窝点之间也有联系,如果没有将全部窝点的情况掌握清楚就进行抓捕行动,其余窝点在听到风声之后也会临时解散次级团伙并逃到其他国家或地区。

最后,侦查机关跨境打击电信网络诈骗,国家间的对接也很困难。我国警方跨境前往案发地进行办案时,面临双方国家司法和执法制度的差异。各个国家对电信网络诈骗的相关行为的界定存在较大分歧,诈骗团伙将诈骗窝点转移到国外的重要原因就是这些国家或地区对于电信网络诈骗的处罚较轻,并不认定其属于后果较重的刑事犯罪,甚至仅仅认定其是轻微违法甚至无罪,因而诈骗团伙在被抓之后也很容易轻易“全身而退”。这些国家并没有在立法上明令规定制裁这类违法行为,相关的执法司法机关也就没有动力参与打击该类违法犯罪行为,因此其并不会非常配合国内侦查机关的相关抓捕行动。

(三)调查获取证据难

调查取证是公安机关进行抓捕工作和司法机关立案判刑工作的重要前提,不仅关乎能否顺利抓捕涉案人员,也会影响案件移送审判的结果。侦查机关在跨境行动中,往往面临着诸多收集证据的困难。首先,电子证据取证难。电信网络诈骗的作案方式是通过网络的决定了此类证据多是以电子数据的形式存在,即诈骗分子在实施犯罪过程中使用的电脑、手机等电子设备所存储或保留的与作案相关的能够证明犯罪事实的电子数据，例如，话务员的电脑中存储的诈骗剧本、与受骗人的联系记录和资金往来记录等。这些证据可以作为线索供侦查人员寻找诈骗团伙，也需要被提取、固定，在法庭审理过程中被用来参与质证。但是在电子证据的实际寻找和提取过程中，却面临很多困难。电子证据很容易被犯罪分子删除、销毁，并且不能复原，导致案情还原失败，取证过程由于操作不规范在质证环节发现证据存在瑕疵，因储存不当电子证据丢失等情况时有发生。

其次，境外证据的转化过程难。一方面，境外警方收集的证据不全面，这是由于在法律制度和警力资源的缺陷造成的。不同国家或地区的法律制度存在差异，对刑事证据的种类和规格等方面的规定也存在诸多分歧，尤其是对于电子证据的规定方面，东南亚国家和非洲欠发达国家的法律对于近些年出现的智能手机、笔记本电脑等载体的电子证据缺乏有针对性的规定，因此境外执法机关在打击犯罪时获得的证据往往不能被我们所直接使用，不能作为案件侦办或者起诉的证据。另一方面，部分境外警方的警力资源和基础装备较落后，并且自身缺乏电信网络诈骗相关犯罪的侦办经验，这导致案件在具体侦办过程中进展缓慢，成功率低，并不能获得有效的证据线索。

最后，双方证据的对接难，不同国家之间的涉案证据的移交程序较复杂，移交证据的时间非常长。同时，我国警方的调研取证工作受到双方关系的制约，由于主权和相关司法程序的制约，我国警方在境外协助调查过程中，并不能直接进行对诈骗分子的讯问、拍照录像或者扣押物证。

（四）止付追踪赃款难

电信网络诈骗案件被骗的资金在破案后往往很难归还到受骗人手里。其中一个主要原因是诈骗团伙本身对于资金的使用，导致资金被消耗大半。由于电信网络诈骗内部组织结构复杂，人员众多，诈骗分子的收入和奖金分发较多，其组织运行成本较高昂，犯罪窝点的场地、设备以及人员的日常生活开支都会消耗一定的赃款。同时诈骗分子本身具有挥霍无度的消费习惯，短时间内会花光大量的赃款。

另一个主要原因则是，电信网络诈骗目前已经形成了非常成熟的“洗钱”的黑色产业链。资金交易与支付手段的迭代更新在为我们提供便利的同时，也加大了电信网络诈骗被骗资金多头转移的风险，每一种资金往来的方式都可能被单独组合设计成为诈骗分子转移赃款的途径，该黑色产业链会通过各种支付方式和渠道将受骗人的资金转移到境外，然后让诈骗团伙收取赃款。整个“洗钱”的过程具有很强的隐蔽性，成功避免了被相关侦查机关发现和打击。在这一过程中，在线支付工具不断更新发展，以网银支付、快捷支付为代表的银行卡支付、第三方支付、聚合支付成为电信网络诈骗团伙常用的转移资金方式;而第四方支付、跑分平台、网赌网购平台,虚拟数字货币交易平台则成为诈骗团伙采用的新型洗钱支付系统,[①]如图1-4所示,详情可参见本书第五章。

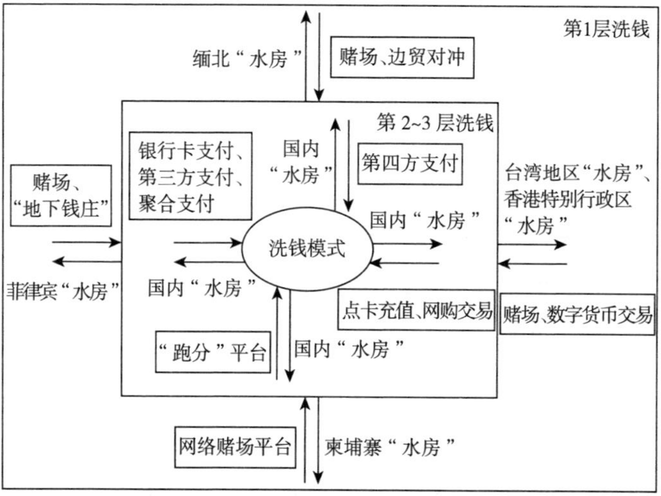

图1-4　电信网络诈骗的洗钱模式

下面主要介绍一下"跑分洗钱"和"数字货币洗钱"。

跑分平台是目前国内"水房"使用较多的洗钱方式,其"经营"模式如下:(1)跑分平台以招收代理兼职、高额返利为诱惑在网上招募相当数量的"跑分人员"注册平台账号,并收取其几千元甚至上万元的"保证金";(2)当赌客进入赌博网站准备充钱时,跑分平台向"跑分人员"发布同等金额

① 参见谢玲:《电信网络诈骗犯罪资金流查控研究》,载《中国人民公安大学学报(自然科学版)》2021年第2期。

的跑分任务,“跑分人员”以网上抢单的方式接单后,将自己控制使用的支付宝、微信二维码上传到平台供赌客充值,跑分平台从其缴纳的“保证金”中直接扣除赌客充值金额,由此完成“一进一出”的“跑分”;(3)赌博网站根据每笔资金流水的2.5% ~3%向跑分平台支付佣金,平台再给予“跑分人员”1% ~2%的分成;(4)赌博完成之后,“跑分”平台还使用“跑分人员”的保证金负责为赌博盈利的赌客发放资金提现。[①] 境外电信网络诈骗窝点对接赌博网站,将受骗人资金以赌资的方式送入赌博网站,利用跑分平台提供的“跑分人员”充值二维码,以“零进整出”的方式清洗赃款(见图1-5)。

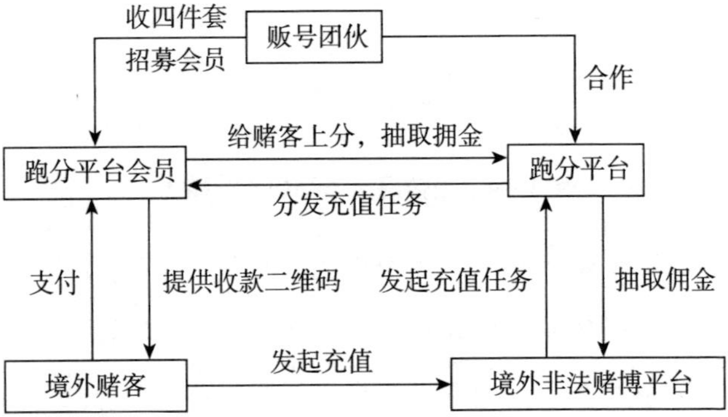

图1-5 跑分平台的洗钱过程

资料来源:爱好金融的大冰哥:《揭秘跑分平台如何骗人的》,载微信公众号“支付技术那些事”2022年1月3日,https://mp.weixin.qq.com/s/cWRI5i3BBGho1c8p-XH8rg。

---

① 参见谢玲:《电信网络诈骗犯罪资金流查控研究》,载《中国人民公安大学学报(自然科学版)》2021年第2期。

此外，诈骗分子还通过数字货币进行洗钱。诈骗分子在获得骗款时，第一时间需要做的事情就是安全地将所获赃款“洗白”，通过购买比特币这类数字货币，能够快速、安全地让钱款成功变身，并完美躲避法律的制裁。比特币所采用的是一个去中心化的支付系统，已经脱离了传统的金融清算系统。它利用特殊手段将诈骗分子所拥有的相同额度的比特币在多个钱包地址之间跳跃，从而清除掉它原本的加密货币信息。数字货币是由开发者自主发行和管理，不具有国家发行和监管的法币性质，在特定互联网社区被虚拟社区成员接受和使用。由于数字货币支持远程点对点交易和资金跨境流转，不受任何政府、法律实体的支持和银行监管，又具有高度的匿名性和安全性，因此多样化的数字货币与活跃的交易市场成为包括电信网络诈骗在内的网络犯罪团伙利用、进行黑钱“洗白”的洗钱工具。[①] 诈骗团伙或“水房”使用被骗资金在数字货币交易网站上购买某种类型的数字货币，然后以稍微低于市场价的方式兑换成人民币完成洗钱。

① 谢玲：《电信网络诈骗犯罪资金流查控研究》，载《中国人民公安大学学报（自然科学版）》2021 年第 2 期。

五、电信网络诈骗根治难的原因

（一）骗局低成本高收益

电信网络诈骗如此盛行，最直接的原因在于，电信网络诈骗本身的低成本和高收益。[①] 低成本主要体现在经济成本和犯罪成本低。经济成本主要体现在诈骗分子获得公民个人信息以及购买诈骗所需的作案工具等方面的成本；犯罪成本体现在目前法律制度对电信网络诈骗犯罪存在立法不完善和量刑过轻的问题，导致诈骗分子没有受到相应的法律惩罚。

一是获取公民个人信息的成本低。公民个人信息的泄露为诈骗分子实施精准的电信网络诈骗提供了源源不断的素材和动力，并大大压缩了犯罪实施的成本。现在一些黑市上已经形成了完整的贩卖公民个人信息的产业链：网络黑客以及一些机构内部掌握用户信息的人员，通过各种方式将自己获得的个人信息非法出售给个人或机构，成为个人信息泄露的源头；一些转卖个人信息的承销商，他们会从事买卖个人信息的业务；电信网络诈骗组织最终会购买这些个人信

① 陈晓娟：《我国电信网络诈骗犯罪的犯罪学分析》，载《山东警察学院学报》2017 年第 5 期。

息，从事违法犯罪活动。诈骗分子通过登录某些网站，就会看到上亿条各类别的个人精准信息正在被公开售卖，其中包括个人的行踪轨迹信息、征信信息、财产信息、住宿信息、通信记录，甚至是面部活体信息，只要点击支付就可轻易获取，贩卖猖獗，信息量和交易量之大触目惊心。尤其是金融行业方面的数据，已经成为信息泄露的“重灾区”，通过登录某网站可以获得某证券机构资金人民币 50 万元以上优质股民信息页面截图，该页面会显示 25, 969 条数据，标价 168 美元，拥有姓名、开户证件号、性别、年龄、籍贯、手机号、浮动盈亏等 9 个数据维度内容。[①] 发帖者表示：“姓名、身份证号码、手机号码等信息可自行验证，数据不多，贵在真实。”

二是购买作案工具的成本低。实施电信网络诈骗的作案工具主要是手机卡、银行卡、电脑、伪基站、“剧本”等，现在市场上也有专门的公司生产提供这些作案工具，加上网络上便捷的交易途径，诈骗分子往往支付几百元或者几千元就可以购买到一整套作案工具。全国公安机关“云剑 - 2020”行动开展以来，截至 2020 年 6 月 30 日，共查获拟输送至境外诈骗窝点的作案工具 15 万余件，其中有手机卡 35, 750 余张、物联卡 81, 840 余张、银行卡 3560 余张、手机 6070 余

① 参见张超文等：《三问“信息泄露”之一：缘何泄露？数十亿条个人信息明码标价“潜规则”盛行售卖泛滥成灾》，载百家号 2021 年 4 月 20 日，https://baijiahao.baidu.com/s?id=1697526953926031854。

部、U盾4150余个，以及包括身份证、营业执照、印章在内的一大批物品，这次行动切断了向境外诈骗窝点输送“两卡”的通道，有力地打击了边境地区电信网络诈骗犯罪活动。

三是电信网络诈骗的犯罪成本低。电信网络诈骗相关的法律制度存在立法不完善和量刑过轻的问题。在《反电信网络诈骗法》出台之前，我国并没有制定针对电信网络诈骗犯罪的量刑标准和法律责任，在法律上并没有对电信网络诈骗犯罪进行单独定罪，对进行电信网络诈骗犯罪的违法人员在定刑上主要定性为诈骗罪。电信网络诈骗的量刑标准依据诈骗金额和诈骗形式的严重性来定罪，涉案金额数额较大（3000元至1万元以上）的处3年以下有期徒刑、拘役或者管制，并处罚金；数额巨大（3万元至10万元以上）的处3年以上10年以下有期徒刑，并处罚金；数额特别巨大（50万元以上）处10年以上有期徒刑或者无期徒刑，并处罚金或者没收财产。[①] 此外，一些地方公检法在电信网络诈骗的案件管辖和证据标准上不能达成共识，很多被抓获的犯罪嫌疑人不能被认定为共犯，而且很多取款人员和违法人员通过各种方式隐瞒犯罪所得，致使其在量刑上逃脱刑罚。

与电信网络诈骗施行的低成本相反，其收益却很高。2020年公安部全年共破获电信网络诈骗案件32.2万起，抓

① 参见陶维桢：《论电信网络诈骗犯罪》，载《武汉公安干部学院学报》2014年第2期。

获犯罪嫌疑人36.1万名,累计挽回经济损失1870亿元。[①]每起案件平均涉案金额达到58万余元,不过这只是冰山一角,还有很多没有报案的受骗人,很多赃款被诈骗分子藏匿、花费、转移,并没有被收回,因此电信网络诈骗的收益只会更多。

从诈骗分子的视角来看,组织电信网络诈骗骗局的成本与其预期收益之间有巨大的利润空间,面对高额非法收益的诱惑,以及犯罪成本的过轻惩罚,不足以使诈骗分子畏惧,诈骗分子还是抱有侥幸心理。但是2022年9月2日出台的《反电信网络诈骗法》,改进了对电信网络诈骗的量刑标准和判决尺度,该法促使电信业务经营者、银行业金融机构和非银行支付机构、互联网服务提供者承担安全主体责任,建立反电信网络诈骗内部风险防控机制和安全责任制度,这在一定程度上提高了诈骗分子的预期犯罪成本,有利于遏制相关诈骗行为的发生。

(二)司法认定困难

近年来,电信网络诈骗犯罪活动形势严峻,诈骗分子利用新型电信网络技术,实施精准诈骗,非法获得居民财产,严重危害人民群众的获得感、幸福感、安全感。针对电信网络

---

① 参见杨军:《全国打击治理电信网络诈骗违法犯罪取得明显成效》,载微信公众号"警民直通车"2021年4月10日,https://mp.weixin.qq.com/s/VzVz4crj283Ij8Fa0HaB_A?。

诈骗犯罪的治理，我们需要进一步完善法律制度，维护人民群众切身利益，因此制定专门法律是反电信网络诈骗工作的迫切需要。值得注意的是，《反电信网络诈骗法》已由中华人民共和国第十三届全国人民代表大会常务委员会第三十六次会议于2022年9月2日通过并公布，自2022年12月1日起施行。《反电信网络诈骗法》的通过，明确了电信网络诈骗的概念、适用范围、主体职责，并厘清了电信、金融、互联网3类行业主管部门的职责，推动了电信网络诈骗从事后回应向前端防范，从直接打击到分层管控，从运动式治理到日常性治理的模式转型。[①]《反电信网络诈骗法》的出台是我国反电信网络诈骗犯罪法治建设的一大进步，但是关于电信网络诈骗的案件审理依然存在很多法律适用和事实认定的审理难题，如主从犯认定、一罪还是数罪、既遂未遂等疑难问题的确定。

关于主从犯的认定。电信网络诈骗在审理过程中，关于诈骗数额的认定一直都是困扰法院审判的工作难题，主要表现在电信网络诈骗共同犯罪由于没有确切的证据证明诈骗人具体的诈骗数额，因此无法认定各被告人是主犯还是从犯等承担罪责的问题。[②] 例如，裁判标准是以被告人具体参与拨打电话的数量或者发送短信的条数认定受骗人被骗数额，

---

① 参见单勇：《数字平台与犯罪治理转型》，载《社会学研究》2022年第4期。

② 参见吴成杰、陈雯：《电信网络诈骗案件中的疑难问题探讨》，载《法律适用》2017年第21期。

还是以对整个诈骗团伙的所有犯罪数额承担共同犯罪的责任，各基层法院的认定具有差异。进一步说，如果将责任明确到个人，由于取证困难，有的案件只能获得该诈骗窝点总体的犯案数额，无法根据现有证据将诈骗数额区分到具体的被告人身上。如果认定为共同承担刑事责任，由于内部犯罪数额相差过大，需要明确区分主从犯责任，实现罪责刑相适应的原则，但是主从犯的认定也存在很多标准。目前，通常认为主犯是整个诈骗团伙的幕后策划者或者组织者，应该对全案负责。从犯是负责具体操作如打电话、发短信、取款等行为的人，对个人行为承担罪责。但是在司法实践中，当前到案的被告人大多数是诈骗团伙的中下层人员，如何认定各被告人在骗局中的作用，需要在这个层级区分主从犯，还是放在整个骗局中去区分主从犯，目前还没有统一的标准。

关于既遂与未遂的认定。根据最高人民法院、最高人民检察院、公安部《关于办理电信网络诈骗等刑事案件适用法律若干问题的意见》的规定，判断电信网络诈骗罪是既遂还是未遂的标准是以是否实际骗得财物为标准：嫌疑人实际骗取财物的，以诈骗罪既遂定罪处罚；诈骗数额难以查证，但是发送短信、拨打电话、发布网页信息达到一定数量的，按照诈骗罪未遂定罪。在具体的司法实践中，如何认定诈骗数额难以查证，以及如何在既有既遂又有未遂的情况下准确判定刑责罪罚，目前还尚不统一。[①] 例如，拨打电话和发送信息的总条数可以确定，但是无法区分其中具体的既遂和未遂的部分分别对应的条数，未遂的部分是否具有既遂的部分还有待进一步确认。

关于数罪还是一罪的认定。由于电信网络诈骗犯罪组织往往是一个多层级的黑色产业组织，已经形成了产业链，既有上游的帮助获取个人信息和出售诈骗话术和剧本的人员，也有下游的帮忙赃款转移的犯罪人员，因此对电信网络诈骗的诉讼往往还伴随侵犯公民个人信息罪，扰乱无线电通讯管理秩序罪，掩饰、隐瞒犯罪所得，犯罪所得收益罪等上下游关联犯罪，因此存在认定是数罪还是一罪等争议。[②] 例如，电信网络诈骗罪往往伴生妨害信用卡管理秩序罪，很多犯罪嫌疑人会通过信用卡帮助诈骗者进行资金转移。但是在具体的司法实践中，往往只能证实小部分信用卡帮助资金转移，而大部分的信用卡无法确定具体用途，因此在司法实践中还有很多种不同的处理方式。

（三）打击效能不高

电信网络诈骗是一种远程的、非接触的、跨区域的犯罪，这意味着对电信网络诈骗的治理涉及多区域、多行业的协同

---

① 参见吴成杰、陈雯：《电信网络诈骗案件中的疑难问题探讨》，载《法律适用》2017 年第 21 期。

② 参见吴成杰、陈雯：《电信网络诈骗案件中的疑难问题探讨》，载《法律适用》2017 年第 21 期。

治理难题。对于电信网络诈骗的治理需要公安机关、人民法院、检察院、电信业务经营者、银行业金融机构、非银行支付机构、互联网服务提供者密切合作,实现跨行业、跨地域协同配合,快速联动,但是目前在不同主体之间对于电信网络诈骗的协同治理机制还不成熟、不完善。

首先,公安机关刑侦部门在异地侦察协作时存在制度性障碍,协作方在进行配合办案时缺乏积极性,不能提供相应的帮助与支持,导致公安机关在进行跨地域的电信网络诈骗的异地调取证据等工作时遇到困难。[①] 侦查机关在查找案侦线索时,面对的是一张遍及全国各地、勾连诸多行业的犯罪产业链条。这种跨区域的案件扰乱了公安机关和政府以属地为基础的治理体制,各地公安对于处理解决其他地区的案子并没有很强的积极性。因此,在侦查电信网络诈骗这种需要异地取证的案件时,各地公安很难形成成熟的办案合作机制,这提高了电信网络诈骗的办案成本,降低了相关案件的破案率。

其次,公安机关在与银行部门和电信运营商协作的深度与广度不够,行业壁垒导致数据信息共享困难,公安机关前往电信和银行部门调取证据的手续与审批过程还较复杂,不

① 参见瞿德玉:《电信网络诈骗犯罪协同治理机制探究》,载《山西省政法管理干部学院学报》2021 年第 1 期。

同单位之间的合作还存在制度性"瓶颈"。[①] 以追查资金流为例,公安机关会以银行卡的交易流水为切入口,寻找破案的线索。而诈骗分子会从黑市等各种途径购买来自全国各地的不同银行开户的银行卡,将其混乱排序,一旦有被骗资金转入,诈骗分子就会借助事先准备好的网上银行,从第一张银行卡开始,将受骗人的资金逐级分解、收敛、沉淀到一张张银行卡里,最终完成提现。[②] 对于警察来说,只有梳理出一条完整的资金流水链条,才能找到最终的诈骗分子,这意味着公安机关需要与银行部门进行沟通,查询相关账户。根据《关于进一步完善涉案账户资金查询、冻结工作程序的通知》的要求,银行虽然提供了远程协查的制度途径,但是依然有所限制,比如,查询、冻结的账户如果资金跨省,则需要警方出具相应的协查文书,由公安部主管领导批准后,送到银行总部核查,经银行总部同意后再将结果送到账户开户的分支机构。[③] 这种烦琐、严苛的办案程序拖延了公安机关查询资金流的时间,降低了办案效率。电信行业部门也存在手机号、宽带、上网卡等各类电信业务记名不实名问题,诈骗分子使用的通信工具几乎都不是自己本人实名登记的,他们以此来掩饰自己真实的身份。此外,电信行业部门也没有对一

① 参见瞿德玉:《电信网络诈骗犯罪协同治理机制探究》,载《山西省政法管理干部学院学报》2021 年第 1 期。

② 参见孙少石:《电信网络诈骗协同治理的制度逻辑》,载《治理研究》2020 年第 1 期。

③ 参见孙少石:《电信网络诈骗协同治理的制度逻辑》,载《治理研究》2020 年第 1 期。

些境外网络电话以及冒充公检法的固定号码进行有效及时的截断,使诈骗分子达到混淆欺骗的目的。

最后,一些互联网公司与第三方支付公司对于公安机关的协作不重视,不积极配合。互联网公司等相关平台没有对涉诈相关账号落实相应的监管责任,没有对监测识别的涉诈异常账号进行重新核验,对一些涉案电话卡或涉诈异常电话卡所关联注册的有关互联网账号没有进行核验,没有对平台以外途径下载的涉诈应用程序重点监测。在公安机关办理电信网络诈骗案件依法调取证据时,互联网平台没有及时提供相应的技术支持和协助。

（四）犯罪技术更新防范困难

技术的快速发展给人们带来便利的同时,电信网络诈骗犯罪也搭上技术升级的便车,面对公安机关的打击治理,犯罪技术不断迭代更新,手法也是层出不穷。当诈骗团伙用上人工智能、金融科技、机器学习、电信通信设备、大数据挖掘等新技术,电信网络诈骗的信息获取、脚本设计、通信联络、资金转移 4 个环节就更加智能化、低成本化、隐蔽化,这些为电信网络诈骗的技术防范带来更高的挑战。[①]

第一,在信息获取环节,诈骗分子利用机器学习、大数据

---

① 参见中国信息通信研究院安全研究所:《电信网络诈骗治理与人工智能应用白皮书(2019 年)》,载中国信通院网 2019 年 12 月,http://www.caict.ac.cn/kxyj/qwfb/bps/201912/t20191229_272846.htm。

算法等新技术,提高了个人信息的精准获取能力。诈骗分子以人工智能软件为犯罪工具,通过"撞库"等方式,非法获得网站后台存储的用户注册信息。在人工智能的帮助下,智能恶意软件攻击效率更高,针对性更强,诈骗分子可以轻易破坏网站的防御系统,获取系统中的个人信息,如聊天记录、家庭关系、个人习惯、音像视频等。诈骗分子在非法获得个人信息的大数据之后,会通过验证的方式筛选有价值的用户信息。此外,智能家居市场的兴起,涌现大量被声音控制的产品和控制产品的软件,这些软件也存在被窃取隐私的风险。

第二,在脚本设计环节,人工智能技术可以精准筛选受骗人,从而使用与之相适应的脚本和话术。诈骗分子通过人工智能技术采集到个人信息之后,会按照一定的维度将个人进行分类,建立一个多维度的智能数据库,这些信息被深度地整合分析,在诈骗分子需要的时候,根据将要使用的骗术对人群进行筛选,从而选出目标人群。例如,在进行情感诈骗时会筛选出单身人群,在实施金融诈骗时,会筛选出有投资经历的人群。

第三,在通信联系环节,一方面,使用新兴的语音通话技术,高效率、安全地大量拨号,通过 GOIP(Gsm Over Internet Protocol)设备,实现"人卡分离"功能,即使人在境外,依然可以远程控制境内的 SIM 卡和 GOIP 设备,使用国内电话号码进行呼叫或收发短信。[①] 诈骗分子通过新型云控技术，一台电脑可以操纵上万个微信号，通过云控平台进行登录养号、批量添加好友、多开自动化聊天引流等操作，大大提高诈骗成功的效率。此外，还有动态二维码、URL 跳转、物联网卡等技术。另一方面，面对诈骗阻断等反电信网络诈骗技术，诈骗分子会通过呼叫转移、短信拦截、微信等社交软件退出、飞行模式等方式，切断电话阻断提醒。

第四，在资金转移环节，金融科技的发展，使诈骗分子可以通过数字货币来清洗赃款。数字货币是一种开发者自主发行和管理的基于节点网络和数字加密算法的电子替代货币，其以区块链为底层技术，借助分布式共识、加密数据、P2P 算法、时间戳等方式，通过分布式网络帮助用户进行点对点交易。由于数字货币具有高度的匿名性和安全性，可以支持诈骗分子进行跨境远程交易，因此成为诈骗分子经常使用的洗钱工具。[②] 诈骗团伙通常使用提现的赃款在数字货币交易所中购买不同类型的数字货币，利用虚拟身份避开数字货币交易平台要求的实名制认证，将赃款转化成数字货币再兑换成法币。

---

① 参见谢玲：《电信网络诈骗犯罪信息调查研究》，载《中国人民公安大学学报（自然科学版）》2020 年第 3 期。

② 参见谢玲：《电信网络诈骗犯罪资金流查控研究》，载《中国人民公安大学学报（自然科学版）》2021 年第 2 期。

（五）居民心理破防，防骗意识较弱

从心理学角度来说，电信网络诈骗犯罪，是指诈骗分子通过电信网络的方式向受骗人传递虚假信息，获得受骗人信任，利用受骗人的心理需求或者心理弱点操纵受骗人，达到最终的诈骗目的。电信网络诈骗的成功与受骗人特定的心理状态有关系，尤其是诈骗分子对于受骗人存在的某些心理弱点的了解。[①] 诈骗分子会学习一定的心理学知识，用以研究目标对象的心理特点，研究如何能够获得受骗人的信任，或者利用其心理弱点，例如，恐惧、贪欲、粗心、担忧等心理状态，他们利用受骗人的这些心理状态达到诈骗目的。以下是受骗人在遇到电信网络诈骗时常见的心理状态：

一是获取信任。要想实现成功的诈骗，诈骗分子首先要获得受骗人的信任。[②] 诈骗分子获得信任的方式有两个步骤：首先，诈骗分子通过虚拟的身份，冒充权威或者熟悉的角色，向受骗人传递可信任的信号，例如，公检法机构、政府部门、电信部门等公共部门的电话，诈骗分子甚至会使用一些任意显示电话号码的软件使其模拟出国家机关的热线号码，或者是冒充受骗人的亲戚、朋友、同事等熟人，获取受骗人信任，降低受骗人的防范意识，使其陷入巧妙设计好的圈套。

---

① 参见吴照美：《电信网络诈骗犯罪原因论》，载《中国刑警学院学报》2020 年第 4 期。
② 参见宋平：《电信网络诈骗的心理解析及其防控》，载《广西警察学院学报》2017 年第 1 期。

其次,诈骗分子通过一些话语或者行为让受骗人相信其冒充的身份,例如,在冒用公检法名义的骗局或者熟人骗局中诈骗分子会准确地说出受骗人的姓名、年龄、手机号、身份证号、银行卡号等具体的个人信息,或者在“刷单”骗局中,诈骗分子先让受骗人进行小额“刷单”,然后给受骗人一些奖励作为回报,受骗人尝到甜头之后会进行更多次数的更大数额的“刷单”。

二是恐惧心理。在常见的公检法或政府机关诈骗和熟人诈骗骗局中,诈骗分子会冒充公安、检察机关、医院、政府、银行等机构的人员通知受骗人某种紧急事件,例如,亲人违法犯罪、亲人生病遇难、信用卡或银行卡涉嫌洗钱或盗刷等借口。如果受骗人社会经验较少或者之前没有经历过类似事件,受骗人急需社会帮助,会处于紧张状态,产生紧张、恐惧、担忧、焦虑等应激反应,这时受骗人的思考变得不再理性,辨别和怀疑能力下降,诈骗分子于是借机假意帮助受骗人脱离险境,受骗人很容易出现“病急乱投医”的现象,按照诈骗分子的建议进行操作,将钱打到指定的账户。

三是逐利心理。在常见的“刷单”、中奖、投资、低价购买货物、退税、高薪招聘、重金求子的骗局中,诈骗分子会利用受骗人的趋利心理达到诈骗目的。[①] 很多年轻人,由于花

① 参见王飞、王婷婷、莫斌:《大学生电信网络诈骗受骗心理变化研究》,载《电子商务》2018 年第 11 期。

销大收入少,希望能够在空闲时间里做一些兼职来补贴生活。诈骗分子通常会先了解受骗人的基本信息和需求,比如,找工作、资金需求、交友需求等,然后设计相应的骗局,比如,冒充客服或亲友来取得受骗人的初步信任,接着以迅速致富、免费获取、意外之财、高额回报、低价销售的名义来诱惑受骗人,满足受骗人想要赚钱的想法,随后提出各种要求。例如,他们在"刷单"骗局中告诉受骗人,需要再刷几次单或者达到一定数额的"刷单"金额才能给予报酬,以此来诈骗受骗人。

四是感情陷入。最经典的感情诈骗是"杀猪盘",即以谈恋爱的名义培养感情后再骗钱,就像饲养猪仔再杀掉卖钱一样。"杀猪盘"骗局分为 3 个阶段,"寻猪"——通过各种交友网站、婚恋网站寻找合适的受骗人;"养猪"——通过个人包装,与受骗人谈恋爱,获取对方信任;"杀猪"——骗取受骗人钱财。[①] 在不同阶段,诈骗分子运用不同的心理控制手段影响受骗人的心理变化,达到其诈骗目的。在"寻猪"阶段,诈骗分子会利用晕轮效应,通过头像、朋友圈照片、征婚信息、聊天等方式塑造受骗人对诈骗分子的印象,如年纪轻、高学历、形象较佳、性格温柔体贴、经济富裕等,让受骗人对诈骗分子的第一印象产生好感。在"养猪"阶段,诈骗分

① 参见向静、刘亚岚:《"杀猪盘"电信网络诈骗犯罪的心理控制机制剖析》,载《中国人民公安大学学报(社会科学版)》2021 年第 4 期。

子会对受骗人不断地肯定、赞美，在聊天中对其嘘寒问暖、体贴关怀，满足其归属感和被尊重感，并且有意识地透露自己的隐私，让受骗人放下心理防备，敞开心扉分享互动，与受骗人进行深入的沟通、交流，培养双方信任。在"杀猪"阶段，诈骗分子会频繁暗示，透露出自己正在做一些副业投资，并且在聊天中激发受骗人对于金钱、幸福关系、共同美好生活的向往，促使受骗人也参与风险投资计划，最终使受骗人落得人财两空的局面。[①]

---

① 参见向静、刘亚岚：《"杀猪盘"电信网络诈骗犯罪的心理控制机制剖析》，载《中国人民公安大学学报（社会科学版）》2021年第4期。

第二篇

警惕“料农”
收集信息
做“鱼饵”

电信网络诈骗活动随着互联网以及电信技术的持续发展而演变进化，并逐渐成为当前影响广、速度快、金额大的诈骗行为。电信网络诈骗活动一般具有一条清晰且完整的“犯罪黑链”，其环节大致可分为个人信息收集、诈骗策略制定、电信网络通信实施诈骗、财产支付转移4个阶段。获取目标人群的个人详细信息是实施电信网络诈骗犯罪的不可或缺的前提保障，个人信息越详细，越有助于提升电信网络诈骗成功率。①

套取或违法获取个人信息处于电信网络诈骗供应链的上游阶段，在电信网络诈骗犯罪活动当中扮演着十分重要的供应链前端角色，为诈骗分子实施精准诈骗提供了“温床”，也促使下游犯罪的既遂可能性增加。个人信息泄露也成为电信网络诈骗犯罪最突出和独有的特征。在产业链前端收集或盗取个人信息的人，被称为“料农”。本部分主要以“料农”及个人信息保护为切入点和关键链，介绍个人信息被非法收集滥用背景下的电信网络诈骗现状以及相应的电信诈骗背景下个人信息保护和应对的策略。

---

① 参见童译瑶:《电信网络诈骗犯罪的防控——以个人信息保护为切入点》，载《政法学刊》2022年第4期。

一、“料农”源起

电信网络诈骗中的“料农”角色，是指通过各种渠道收集个人信息的不法分子，他们通过电商、快递、社交网络、物业、医院，甚至税务、工商等渠道非法获取大量真实的公民信息。“料农”处于电信网络诈骗产业供应链的前端，收集个人信息，获取电信网络诈骗的第一手资料。正是因为“料农”产业链的存在，诈骗团伙才会有源源不断的诈骗对象。

（一）个人信息是电信诈骗的一手资料

《个人信息保护法》第4条第1款将“个人信息”定义为，“个人信息是以电子或者其他方式记录的与已识别或者可识别的自然人有关的各种信息，不包括匿名化处理后的信息”。[①] 个人信息的一个主要特征是非匿名性，带有自然人的各种身份标识。公民的个人信息是电信网络诈骗分子实施电信网络诈骗行为的第一手资料，若公民的个人信息被不法分子获取，将可能会产生较严重的后果。

在数字经济飞速发展的当下，个人信息保护意识不足及

① 参见《中华人民共和国个人信息保护法》，载中国人大网2021年8月20日，http://www.npc.gov.cn/npc/c30834/202108/a8c4e3672c74491a80b53a172bb753fe.shtml。

保护不当等现象频发，导致出现个人信息的透明性危机，即个人信息被具有不法目的的人用于电信网络诈骗、洗钱等犯罪，并成为电信网络诈骗的主要信息来源，甚至是第一手信息来源。“料农”主要为电信网络诈骗集团的诈骗分子或黑产业链提供上游的资料信息等第一手“原料”，作为电信网络诈骗等犯罪开始的条件，并以“原料”为基准来量身定做精准化的诈骗方案。电信网络诈骗犯罪无论采取何种类型的手段和措施，基本都和电信网络诈骗供应链上游的侵犯公民个人信息行为关系密切，互为依托。目前已经出现的几十种电信网络诈骗犯罪，与个人信息被窃取或者泄露相关的电信网络诈骗比重达到72.7%。[①]

非法获取个人信息对电信网络诈骗犯罪起到了关键性的支撑作用，这可以使一个具体的人被物化。个人信息的非法获取改变了以往电信诈骗犯罪只能通过游击战、广撒网来寻找受骗人的犯罪方式。个人信息泄露之后，犯罪分子能够准确获悉受骗人的姓名、身份证号、电话号码、消费信息、地址信息等身份和行为信息，并利用上述详细的个人信息对目标对象实施用户画像，使传统的诈骗犯罪走向精准式的诈骗犯罪，实现点对面的精准诈骗，极大地提升了犯罪的成功率。个人信息泄露增加了下游犯罪既遂可能性的同时，在一定程

① 参见邹群：《电信网络诈骗犯罪的刑法视角思考》，载《辽宁警察学院学报》2022年第5期。

度上也带动了更多的下游犯罪的发展。因此,违法获取个人信息行为可以称为电信网络诈骗的"罪恶之源","料农"也是电信网络诈骗犯罪的关键环节。[①]

此外,大数据时代,个人信息的价值在不断增加,其与个人人身、财产安全的关联程度也更紧密,个人信息不安全则预示着人身、财产的不安全,并且这一态势随着大数据技术等互联网科技的持续发展而不断进行演变。[②] 互联网技术的发展促使集团化、大规模地盗取个人信息数据行为的衍生,导致电信网络诈骗活动更加猖獗。"料农"也随之不断进行技术升级,借助于数据挖掘等技术获取丰富且时效性强的个人信息,以满足精准电信网络诈骗活动的需求。

(二)个人信息非法交易牟利空间巨大

个人信息中蕴含巨大的商业价值,特别是在互联网科技飞速发展的大背景下,公民个人信息所蕴含的经济价值日益凸显,通过对个人信息的大数据分析,可以为商业决策提供较准确的依据,同时也使个性化信息推送、定向广告投放等商业模式成为可能,在市场竞争中可以获得巨大的优势。在利益驱使背景下,从上游的非法获取个人信息,到中游数据在各种黑市交易平台被转手和出售,再到下游各种隐私数据

---

① 参见童译瑶:《电信网络诈骗犯罪的防控——以个人信息保护为切入点》,载《政法学刊》2022 年第 4 期。

② 参见于冲:《侵犯公民个人信息罪中"公民个人信息"的法益属性与入罪边界》,载《政治与法律》2018 年第 4 期。

被用于诈骗、勒索,个人信息泄露背后已然形成了一条完整的黑灰产业链,滋生巨大的非法获利空间。[①]

譬如,在2019年青岛警方破获的案件中,计算机专业高才生李某根据“料农”的需求,编写病毒定向攻击小型购物网站以获取个人信息进行盗卖,仅半年便获利50万元;[②]在2020年江苏淮安警方破获的特大贩卖公民信息案件中,一名银行工作人员查询一条银行卡信息可获得80~110元不等,一年获利超过30万元,越到产业链末端,信息价格越高。[③] “料农”产业的存在,正是因为个人信息存在非法交易的牟利空间。由于取得个人信息的手段隐蔽,且出售后获益颇丰,有很多人便走上这条违法犯罪道路,长此以往,便形成了个人信息买卖的黑市。黑市上贩卖的个人信息数量庞大,且覆盖面广,种类繁多,通过这样的“地下大数据库”,可以构建出一个人的大部分隐私信息和财产信息,为诈骗分子实施精准诈骗提供便利。

(三)个人信息保护法律制度尚不完善

2014~2017年,全国电信网络诈骗案件数量呈上升趋

① 参见经济参考报:《黑客难躲内鬼频现,信息泄露下个人成“透明人”》,载百家号2021年4月20日,https://baijiahao.baidu.com/s?id=1697522221938356523&wfr=spider&for=pc。

② 参见法治青岛:《高材生变信息黑客　半年获利50余万被青岛警方抓获》,载微信公众号“法治青岛”2019年9月2日,https://mp.weixin.qq.com/s/nrBYndIsHuQdK4JyccEeRg。

③ 参见慧眼识讯:《揭秘贩卖个人信息案:有银行员工靠它年入30万,更多细节曝光》,载百家号2020年5月21日,https://baijiahao.baidu.com/s?id=1667269608244256120&wfr=spider&for=pc。

势，自 2015 年起，每年犯罪嫌疑人从群众手中骗走的财产都超过百亿元人民币。[①] 其间，互联网行业飞速发展并与经济社会持续深度融合，以电子等方式记录的个人信息大量产生，个人信息和数据的滥用现象频发，而我国此时关于个人信息保护的法律是空白，这成为该时间段电信网络诈骗高发的一个重要因素。

2017 年施行的《网络安全法》中专章规定公民个人信息保护的基本法律制度；2019 年施行的《电子商务法》要求电商经营者依法履行个人信息保护义务；2021 年我国个人信息保护的专门性法律《个人信息保护法》施行。《个人信息保护法》与《数据安全法》《网络安全法》《刑法》等法律中相关条款共同构成了我国的个人信息保护法律体系。[②]

近年来，我国虽然实行了完善法律标准、开展专项整治等多方面的举措，个人信息保护已取得显著成效，但侵害个人信息的现象依然屡见不鲜，个人信息保护工作依然任重道远。譬如，《个人信息保护法》法律实施后，个人信息被企业过度索权、超范围收集个人信息等问题依然存在；[③]人脸识

---

① Li Chang et al., *Research on The Comprehensive Governance of Telecommunications Network Fraud*, *Proceedings of the* 2018 3*rd International Conference on Humanities Science*, Management and Education Technology, 2018, p. 281 –287.

② 参见郭世斌、刘慧：《美国、欧盟个人信息保护立法改革路径与启示》，载《华北金融》2017 年第 4 期。

③ 参见赛智时代：《191 号文对 App 使用个人信息的规范》，载搜狐网 2020 年 8 月 11 日，https://www.sohu.com/a/412418916_100018121。

别技术滥用现象并未完全消失；电信网络诈骗活动依然猖獗，诈骗分子除拥有受骗人的个人手机与身份信息外，甚至还拥有金融、商品等交易信息，使人们对电信网络诈骗防不胜防。种种现象表明，个人信息保护法的实施效果尚待进一步提升，个人信息保护法律制度体系仍需进一步补充和完善。①

2022 年党的二十大报告也强调，要加强个人信息保护，为我国今后的个人信息保护工作进一步奠定了基调，明确了方向。因此我们应继续推进个人信息保护法律体系的补充完善，为个人信息保护提供法治保障，促进数字经济健康发展。

二、当下个人信息被违法收集滥用现状

目前，手机即时通信用户规模达 9.78 亿人，是所有手机应用类别之首。即时通信应用获得飞跃性的发展，即时通信应用与云服务融合，为直播购物、在线教育、远程办公和远程医疗等活动提供技术支撑，手机即时通信获得更深层次的发

① 参见 21 世纪经济报道：《社论｜继续完善细化法律制度，推动个人信息保护法更好实施》，载 21 财经网，https://m.21jingji.com/article/20221101/d16d4282eb2432fbfefe32c10caa8474.html。

展和更广泛的市场普及，用户行为全面“数字化”进程将进一步加深。网民的生活和工作方面将进一步与移动应用加深“绑定”，用户个人信息如用户行为和用户生存轨迹更容易通过数字化形式进行呈现，个人信息数据的价值进一步提升，被违法收集滥用现象更是层出不穷。

中国互联网络信息中心 2022 年发布的第 50 次《中国互联网络发展状况统计报告》指出，[①]我国共有 10.51 亿网民，而其中使用手机通信工具进行网络活动的人数占比 99.6%，网民在网络活动中可以进行大部分的生活服务。网民在享受这种便捷服务的同时，也必须向服务商提供个人信息，在此过程中，一些网络平台强制授权、过度索权、超范围收集个人信息，海量个人信息的滥用、大数据“杀熟”等问题也日益凸显。在这种情况下，个人信息保护和网络安全显得尤为重要，信息泄露的背后意味着人们的财产甚至生命受到了威胁。现将个人信息被非法滥用的种种现状进行初步的梳理归类。

（一）过度收集用户个人信息屡见不鲜

过度收集用户信息，是指在未经过用户或者消费者同意的前提下，甚至是在其不知情的情况下，擅自扩大数据的收

① 参见中国互联网络信息中心：《第 50 次“中国互联网络发展状况统计报告”》，载中国互联网络信息中心 2022 年 8 月 31 日，http://www.cnnic.net.cn/n4/2022/0914/c88-10226.html。

集范围。譬如，软件客户端过度收集个人信息已成为屡见不鲜的现象，安装一款门禁管理 App，需要允许该软件读取位置信息、录音、通信录、相机等用户个人信息，不同意就无法使用；购物 App 的安装，需要允许通信录权限；即时通信 App 需要允许位置权限；共享充电宝需要同意应用收集各种与租借充电宝无关的个人信息……软件客户端过度索取收集消费者个人信息的现象主要分为两个方面：一是超过必要范围收集个人信息，如不同意 App 获得调取非必要信息的权限，则该服务无法正常使用；二是未在明确告知的前提下进行数据的获取及收集。①

《个人信息保护法》第 16 条规定，处理个人信息属于提供产品或者服务所必需的除外，个人信息处理者不得以个人不同意处理其个人信息或者撤回同意为由，拒绝提供产品或者服务。②《个人信息保护法》施行后，生活中个人信息被企业过度索权、超范围收集等问题依然存在。譬如，人脸识别技术滥用现象并未完全消失，一些商业楼宇、旅游景点、宾馆民宿、各类车站等使用人脸识别技术是否属于“维护公共安全所必需”值得商榷。

过度收集个人信息现象的普遍存在，主要是因为个人信

① 参见法治日报：《App 过度收集个人信息何时休?》，载微信公众号“新蔡司法”2021 年 11 月 26 日，https://mp.weixin.qq.com/s/NtHgh4eYTvVaD2QsTiOPLg。

② 参见杨立新：《个人信息处理者侵害个人信息权益的民事责任》，载《国家检察官学院学报》2021 年第 5 期。

息收集的隐蔽性。收集者与被收集者处于明显不对等的地位,用户对收集过程缺乏可感知性,超范围获取信息很多用户并不知情。App 过度收集个人信息已经成为一大顽疾,用户反映强烈,相关部门也多次开展专项行动,并起到一定遏制的效果。例如,国家发展和改革委员会等九部门于 2022 年年初联合发布《关于推动平台经济规范健康持续发展的若干意见》,该意见明确提出,严厉打击平台企业超范围收集个人信息、超权限调用个人信息等违法行为,从严管控非必要采集数据行为;[①]2022 年下半年中国银行保险监督管理委员会(以下简称银保监会)分 3 个阶段开展银行保险机构侵害个人信息权益乱象的专项整治工作;[②]全国公安机关网安部门深入推进"净网 2022"专项行动,侦办侵犯公民个人信息案件 1.6 万余起;[③]地方政府部门如江苏南通启动个人信息保护专项整治行动,加强对酒店、中介机构、寄递物流、电商平台、App 服务平台等存有大量公民个人信息的行业监管,最大限度地消除危害公民个人信息的安全隐患。[④] 专项

① 参见青岛司法:《九部门严厉打击超范围收集个人信息行为》,载澎湃网 2022 年 1 月 26 日,https://m.thepaper.cn/baijiahao_16461082。

② 参见涂颖浩、陈星:《银保监会:开展银行保险机构侵害个人信息权益乱象专项整治》,载每经网 2022 年 8 月 10 日,https://www.nbd.com.cn/articles/2400324.html。

③ 参见董凡超:《公安机关深入推进"净网 2022"专项行动——侦办侵犯公民个人信息案件 1.6 万余起》,载法治网 2023 年 1 月 29 日,http://www.legaldaily.com.cn/index_article/content/2023-01/09/content_8814200.htm。

④ 参见中国江苏网:《南通启动个人信息保护专项整治行动》,载百家号 2021 年 9 月 9 日,https://baijiahao.baidu.com/s?id=1710414252224457266&wfr=spider&for=pc。

行动的开展在一定程度上对个人信息的过度收集形成震慑效应。

（二）擅自提供或者披露用户个人信息

在电信网络诈骗活动中，诈骗分子不仅拥有受骗人的个人手机与身份信息，甚至部分还拥有金融、商品等交易信息，使人们容易放松警惕。个别企业或者平台企业为获取利益，发生擅自泄露或者买卖消费者个人信息的违法行为，最终侵害消费者的个人信息权益。近年来，电信网络诈骗犯罪多发，频率逐步走高，使防范电信网络诈骗的形势越发严峻。根据最高人民检察院的数据统计表明，公民个人信息泄露成为电信网络诈骗犯罪的源头行为。[①] 互联网企业、网络平台和公共服务等部门收集储存大量公民个人信息，但因权责不清、管理不善、安防落后等原因，加之实践中更多强调信息的共享使用，往往忽视安全防护，导致个人信息被窃取、泄露和滥用的情况屡见不鲜。[②]

《个人信息保护法》规定，个人信息处理者在处理敏感个人信息、向他人提供或公开个人信息、跨境转移个人信息

---

① 参见《最高检发布打击治理电信网络诈骗及关联犯罪典型案例》，载最高人民检察院官网 2022 年 4 月 21 日，https://www.spp.gov.cn/spp/xwfbh/wsfbt/202204/t20220421_554307.shtml#1。

② 参见买世蕊：《加大网络犯罪打击力度　强化个人信息综合保护》，载最高人民检察院官网 2022 年 6 月 20 日，https://www.spp.gov.cn/spp/zdgz/202206/t20220620_560275.shtml。

等环节应取得个人的单独同意；[①]个人信息处理者不得公开其处理的个人信息，取得个人单独同意的除外；个人信息处理者可以在合理的范围内处理个人自行公开或者其他已经合法公开的个人信息，个人明确拒绝的除外；[②]个人信息处理者处理已公开的个人信息，对个人权益有重大影响的，应当依照《个人信息保护法》的规定取得个人同意。[③]

（三）非法对用户的个人信息进行买卖

随着5G通信技术和互联网科技的蓬勃发展，大量的公民个人信息得以产生和传播，且信息极易泄露。公民个人信息通过信息网络传播、交易，大量的个人信息非常容易被不法分子窃取、利用，从而催生电信网络诈骗等相关联的犯罪，对公民的人身安全、财产安全和社会管理秩序造成了严重的威胁。[④] 更严峻的是，针对公民个人信息的非法买卖交易，已经形成了"源头—信息贩子—购买者"较完整的黑色产业链条，在这条产业链上，大规模的个人信息被打包购买和出售，随后又被不法分子利用，引发诸如电信诈骗等严重犯罪

---

① 参见中科爱好小达人：《政策丨〈中华人民共和国个人信息保护法〉（全文＋权威解读）》，载搜狐网2021年8月22日，https://www.sohu.com/a/485005056_121124378。

② 参见《中华人民共和国个人信息保护法》，载民政部官网2023年9月10日，https://www.mca.gov.cn/zt/n2717/n2719/c1662004999979994833/content.html。

③ 参见杨立新：《个人信息处理者侵害个人信息权益的民事责任》，载《国家检察官学院学报》2021年第5期。

④ 参见刘安然：《侵犯公民个人信息罪问题研究》，河北师范大学2017年硕士学位论文，第98页。

行为。同时,内外勾结进行个人信息的盗取贩卖现象也较常见,一些组织机构内部的工作人员或者已经离职的工作人员,利用其所在岗位的职务便利,非法获取个人信息,并进行贩卖以获取非法利益。

个人信息能够进行买卖的前提,是购买方可以利用个人信息获取收益,如精准营销、业务推广以及电信网络诈骗犯罪实施等。因此,个人信息的非法买卖势必会给下游犯罪提供帮助。[①] 信息技术高速发展的“互联网+”时代,信息泄露严峻,形成了专门倒卖公民个人信息的黑色产业链。个人信息交易活动的市场化和产业链化,甚至出现专门的“料农”从事该黑色行业,为电信诈骗、敲诈勒索等一系列下游犯罪行为的发生提供了“高质量”的原材料。错综复杂的产业链条关系也使公安机关在处理电信网络诈骗犯罪时无从下手,尤其又经常出现机构或者组织内部人员与外部人员相互勾结共同犯罪的现象,进一步增加了执法难度。譬如,2019 年的考拉征信案件,江苏淮安警方通过排查发现一条规模巨大的贩卖公民个人信息产业链条,考拉征信服务有限公司是其中一环。自 2015 年 3 月开始,考拉征信服务有限公司通过向上游购买接口,非法缓存公民个人信息多达 1 亿多条,然

---

① 参见人民日报:《黑客难躲内鬼频现,信息泄露下个人成“透明人”》,载百家号 2021 年 4 月 20 日,https://baijiahao.baidu.com/s?id=1697522221938356523&wfr=spider&for=pc。

后再贩卖给下游产业进行电信网络诈骗等活动。[①]

综上所述,打击非法对用户个人信息进行买卖的行为,打击侵犯公民个人信息的犯罪,切断电信网络诈骗犯罪链条中的关键环节,有利于从源头上减少电信网络诈骗犯罪的发生。

(四)个人信息被盗窃或泄露风险严峻

无论是个人、平台还是企业所拥有的个人信息资源,均存在泄露或者被黑客盗窃的风险。譬如,超大型互联网平台或者机构拥有较海量的用户数据,一旦其用户信息数据库被泄露或者滥用,后果将不堪设想。《2021 年度数据泄漏态势分析报告》指出,数据泄露事件呈现不断增长的宏观态势,且数据泄露事件占所有数据安全事件类型的 84%,所有数据泄露事件中个人信息泄露事件占比超过 60%;全球地下数据交易市场近 70% 的交易行为与个人信息有关。利益驱动是数据泄露事件的动机,且巨大的利益将催生更多的数据泄露事件。[②]

黑客可利用在线系统的漏洞拖库,利用社工库或者弱口令等撞库,部分黑客也会利用移动终端操作系统的漏洞、公共 Wi-Fi 的网络漏洞等来攻击终端企业的数据库,造成企业

---

① 参见杨阳、应文舒:《互联网黑色产业犯罪的现状考察及规制路径》,载《常州工学院学报(社科版)》2020 年第 4 期。

② 参见闪捷信息:《2021 年度数据泄漏态势分析报告》,载微信公众号“数说安全”2022 年 3 月 31 日,https://mp.weixin.qq.com/s/ltzaREXNmVMw-HZNaLoCxg。

数据库中储存的个人隐私数据泄露。[①] 在数据挖掘、舆论监控等领域内部广泛引用网络爬虫技术，当该技术被不法分子滥用来非法获取个人信息时，将造成公民个人信息的大范围泄露。例如，2020 年 11 月由媒体报道的“圆通快递泄露 40 万条公民个人信息”事件，该公司的 3 名员工擅自将快递员账号有偿出租给外部人员，这些外部人员通过网络“爬虫”技术查询、导出快递信息，这些信息包括收件人与发件人的姓名、电话、地址，随后这些外部人员又打包出售给实施电信网络诈骗的团伙。第一章节中提及的徐某玉电信网络诈骗案件，就是一起典型的起因于个人信息泄露而发生的精准型电信网络诈骗案件。在“徐某玉案”中，除 7 名主要犯罪嫌疑人外，还有黑客杜某禹，利用教育部门信息管理网站的漏洞，通过木马等方式盗取网站上的考生信息并拿来贩卖。主犯陈某辉在黑客杜某禹手中购买到了当年的山东省高考考生信息，然后针对所掌握的受骗人详细身份信息来精准设计诈骗方法进行诈骗活动。这样的“窃取—出售—使用”个人信息的黑色产业链，已让不少人蒙受巨大的经济损失和精神打击。

掌控个人信息的企业和平台不合规同样也存在严重的内部数据泄露风险，给平台带来声誉风险。电子商务平台、

① 参见人民日报：《黑客难躲内鬼频现，信息泄露下个人成“透明人”》，载百家号 2021 年 4 月 20 日，https://baijiahao.baidu.com/s?id=1697522221938356523&wfr=spider&for=pc。

第三方平台、电信运营商等逐渐成为近些年最主要的个人信息泄露渠道，且难以追查和防范。《2021 年度数据泄漏态势分析报告》指出，首先，个人信息泄露最严重的是互联网行业，占比为 27%；其次，是医疗行业和金融保险行业、网络运营商等。《个人信息保护法》特别规定了这几类平台需要履行个人信息保护的义务，包括按照国家规定建立健全个人信息保护合规制度体系，成立主要由外部成员组成的独立机构进行监督，遵循公开、公平、公正的原则制定平台规则，对严重违法处理个人信息的平台内产品或者服务提供者停止提供服务，定期发布个人信息保护社会责任报告，接受社会监督等。①

（五）超目的超范围使用用户个人信息

超目的超范围使用的行为，是指行为人对通过合法手段获取的信息，包括但不限于直接从信息主体（受骗人）处获得的，或是从公开渠道（如信息公开）所获得的信息进行不当利用的行为。个人信息对于一些个人和企业来说就像是石油资源对于化石燃料产业，故经常存在企业或者平台机构超目的使用个人信息的现象，尤其是互联网企业，在收集、存储、处理、使用、传输、提供、公开用户个人信息方面存在诸多问题。譬如，未经用户同意，甚至是在用户不知

① 参见郭亮、王晨曦：《个人信息保护的立法逻辑、权利实质与发展路径》，载参考网 2022 年 4 月 30 日，https://www.fx361.cc/page/2022/0430/10283226.shtml。

情的情况下,收集用户公开的信息后未按公开时的用途使用,比如,将数据用于其他目的,未按照规定传输数据甚至将数据不当出境等,都属于违法违规和超目的使用个人信息现象。

1. 超目的使用个人数据进行大数据杀熟

网络中海量和多维的个人信息所汇总形成的大数据蕴含巨大的商业价值。而使个人信息商业价值可以最大化实现的方式就是对个人信息进行挖掘分析,并将有效信息应用于商业生态场景,以实现个人信息资源的最大效用。在目前信息化数字化背景下,越来越多的企业利用大数据分析来评估消费者的个人特征,并将其运用在商业营销上,用以提高经济活动的效率和消费体验,但也有一些企业却利用个人信息进行"大数据杀熟",侵犯消费者权益。[①] 譬如,针对同一类产品或服务,平台通过对消费者年龄、身份、历史消费能力等数据进行分析,对同一种产品或服务向不同的消费者推送不同的显示价格。使用大数据进行"杀熟"的方式,具体包括:根据用户设备差异而进行差别化定价;依据用户消费时所处的场所差异而进行差别定价;根据用户消费频次的差异而进行差别化定价等。例如,某些旅游网站筛选提取高净值用户信息,使他们接收到的价格比新用户更高。此外,还包

① 人民资讯:《个人信息保护上"法"码》,载百家号 2021 年 8 月 29 日,https://baijiahao.baidu.com/s?id=1709386118640879763&wfr=spider&for=pc。

括售卖用户电话号码、身份证,甚至简历信息,导致用户收到骚扰电话、诈骗电话等,这些都属于互联网企业超范围违规使用个人信息的行为。

对于上述“用户画像”“大数据杀熟”等基于超目的使用用户个人信息进行的自动决策问题,为解除消费者的疑虑,[①]《个人信息保护法》第24条作出规定:首先,个人信息处理者利用个人信息进行自动化决策,应当保证决策的透明度和结果公平、公正,不得对个人在交易价格等交易条件上实行不合理的差别待遇;其次,通过自动化决策方式向个人进行信息推送、商业营销,应当同时提供不针对其个人特征的选项,或者向个人提供便捷的拒绝方式;最后,通过自动化决策方式作出对个人权益有重大影响的决定,个人有权要求个人信息处理者予以说明,并有权拒绝个人信息处理者仅通过自动化决策的方式作出决定。[②] 在《个人信息保护法》宣布通过后的当月,国家网信办发布了《互联网信息服务算法推荐管理规定(征求意见稿)》,该征求意见稿第10条提出“不得设置歧视性或者偏见性用户标签”,直接对用户模型和用户标签管理提出要求。

---

① 参见首都网警:《〈个人信息保护法〉十大要点解析》,载百家号2021年11月2日,https://baijiahao.baidu.com/s?id=1715297949662406241&wfr=spider&for=pc。

② 参见杨立新:《个人信息处理者侵害个人信息权益的民事责任》,载《国家检察官学院学报》2021年第5期。

2. 滥用个人信息非法推送商业信息

某些企业为实现精准营销，根据消费者的购买记录等个人信息，在未获得消费者同意的情况下，向消费者发送商业广告。有些虽是通过正常范围收集个人信息，却在个人信息未脱敏的状态下超出合理范围使用。个性化推荐功能看似便利，实则限制了消费者浏览及购物自由，比如，消费者购买某种商品成功后，基于大数据的推荐，依然会频繁收到已购产品的推送，既不智能，更影响购物体验。

江苏省消费者权益保护委员会 2021 年发布的《电商平台侵犯消费者权益相关问题报告》显示，多家主流电商平台默认收集非必要信息，并督促各电商平台根据问题自查自纠，主动改正，依法保障消费者合法权益。

就过度收集个人信息的问题，黑猫投诉平台的相关工作人员曾表示，个人信息过度收集的相关投诉已超过 3 万条，主要涉及网贷、网上商城、第三方支付、保险等行业。譬如，在金融借贷类 App 中存在未经用户同意读取通讯录信息现象，以短信方式恶意骚扰通讯录联系人；还有一些 App 未经消费者同意收集其搜索、购物等记录，定向推荐产品。2021 年，工信部已发布 10 批次《关于侵害用户权益行为的 App 通报》、11 批次《关于 App 超范围索取权限、过度收集用户个人信息等问题"回头看"的通报》以及《关于下架侵害用户权益 App 名单的通报》。最近一起的通报显示，38 款 App 存在超范围、高频次索取权限,非服务场景所必需收集用户个人信息等违规行为。[1]

《个人信息保护法》第6条规定,"处理个人信息应当具有明确、合理的目的,并应当与处理目的直接相关,采取对个人权益影响最小的方式。收集个人信息,应当限于实现处理目的的最小范围,不得过度收集个人信息"。[2] 对个人信息进行处理的活动处于整个《个人信息保护法》的关键地位,只有夯实"规范个人信息处理活动"这个关键环节,才能确保实现保护个人信息权益和促进个人信息合理利用之目的。[3]《个人信息保护法》的立法宗旨,是在确保个人信息安全的前提下,依法促进个人信息的合理利用,"保护"个人信息和"促进"合理利用要同步推进。[4]

(六)用户个人信息管理不善和被冒用

2022年以来,多家银行保险机构因违规收集使用个人信息、客户信息管理不善等原因被罚。据悉,侵害个人信息权益乱象有"个人信息存储和传输""个人信息查询""个人

---

① 参见法治日报:《App过度收集个人信息何时休?》,载微信公众号"新蔡司法"2021年11月26日,https://mp.weixin.qq.com/s/NtHgh4eYTvVaD2QsTiOPLg。

② 程啸:《论我国个人信息保护法的基本原则》,载《国家检察官学院学报》2021年第5期。

③ 参见首都网警:《〈个人信息保护法〉十大要点解析》,载百家号2021年11月2日,https://baijiahao.baidu.com/s?id=1715297949662406241&wfr=spider&for=pc。

④ 参见王琨:《论个人信息的权利属性及保护》,吉林大学2021年硕士学位论文,第6页。

信息使用”“个人信息提供”“个人信息删除”等方面。根据原银保监会网站信息不完全统计,截至2022年8月25日,已有24家银行机构因涉个人信息保护问题被处罚,累计罚没金额超4700万元。[①]

银行业成为大额罚单的“重灾区”,一方面,在于银行具有庞大的用户群体,掌握了大量的用户数据。另一方面,金融数据是消费者普遍关心的最具敏感性的数据类型之一,其泄露及滥用往往会造成极大的经济损失。针对银行业的强监管环境,从银行业开始下重拳整顿,能达到降低主要风险,实现高执法效率的目的。此外,银行机构频频存在个人信息保护问题,也有违法成本较低的缘故,说明在个人金融信息保护的立法和实施方面还有待完善。原银保监会下发《关于开展银行保险机构侵害个人信息权益乱象专项整治工作的通知》,要求银行业保险业对在个人信息保护方面的问题和漏洞进行全面梳理和排查,并督促银行保险机构建立健全消费者个人信息保护工作机制,完善个人信息收集、使用、存储、传输、删除等各环节管理流程和操作要求,提升个人信息管理的规范性。

由于管理服务需要,互联网企业、网络平台和公共服务等部门收集储存大量公民个人信息,但因权责不清、管理不

① 参见第一财经:《你的银行账户安全吗?年内逾20家银行因信息保护问题被罚》,载百家号2022年8月26日,https://baijiahao.baidu.com/s?id=1742200292193614163&wfr=spider&for=pc。

善、安防落后等原因,加之在实践中更多强调信息的共享使用,往往忽视安全防护,导致个人信息被窃取、泄露和滥用的情况屡见不鲜。[①] 一些重点行业部门过于偏重业绩发展,对从业人员的法治教育、职业道德教育严重不足,对于行业内所发生的违纪违法案件警示教育明显缺位。部分从业人员法治观念淡薄,少数从业人员甚至走上伙同“黑产”团伙买卖公民个人信息的犯罪道路,成为“内鬼”。

在数字化时代,个人信息作为主要数据海量汇集于互联网平台企业,用户个人数据成为平台重要的商业资源,一旦产生保管不善或者被冒用的现象,将导致严重后果。互联网平台企业应依《个人信息保护法》的规定,建立健全个人信息保护合规制度体系。

三、违法收集公民个人信息的法律后果

电信网络诈骗是近年来我国高发的刑事犯罪,受骗人不计其数,诈骗金额庞大,广大民众深受其害却无应对良策。治理电信网络诈骗犯罪有必要从其源头着手,将侵犯个人信息的行为放到目前电信网络诈骗犯罪的背景之下,根据个人

① 参见买世蕊:《加大网络犯罪打击力度 强化个人信息综合保护》,载《检察日报》2022 年 6 月 20 日。

信息在电信网络诈骗犯罪中的发展脉络来调整防治策略。完善个人信息的法律保护,通过对侵犯个人信息行为的规制达到治理电信网络诈骗犯罪的目的。[①] 本部分分析和梳理违法收集公民个人信息的法律后果。从事个人信息的倒卖,进行网络敲诈勒索等电信网络诈骗行为,已经属于逾越法律红线的网络违法犯罪行为,一定会受到法律的惩治。具体而言,违法收集公民个人信息的法律后果主要包括但不限于:侵犯公民个人信息罪、非法获取计算机信息系统数据罪、诈骗罪等。

(一)信息类犯罪:侵犯公民个人信息罪

在大数据及互联网科技等技术日益普及的背景下,公民个人数据信息的私密性和安全性不断受到威胁。电信网络诈骗团伙会在社会上大肆购买公民个人信息以便其实施电信诈骗活动,买卖公民个人信息的双方均可能构成侵犯公民个人信息罪。

《中华人民共和国刑法修正案(七)》设立侵犯公民个人信息罪。最高人民法院、最高人民检察院、公安部下发《关于依法惩处侵害公民个人信息犯罪活动的通知》,重点强调考虑依法增强对财产刑的适用力度以及案件管辖原则。[②]

① 参见童译瑶:《电信网络诈骗犯罪的防控——以个人信息保护为切入点》,载《政法学刊》2022 年第 4 期。

② 参见杨柠莱:《大数据时代侵犯公民个人信息犯罪侦查的困境与出路》,西南政法大学 2019 年硕士学位论文,第 3 页。

侵犯公民个人信息罪,是指违反国家有关规定,向他人出售或者提供公民个人信息,以及窃取或者以其他方法非法获取公民个人信息的行为。[①] 一般认为侵犯公民个人信息罪的行为方式有3种:(1)违反国家有关规定,向他人出售或提供公民个人信息;(2)违反国家有关规定,将在履行职责或者提供服务过程中获得的公民个人信息,出售或者提供给他人的;(3)窃取或者以其他方式非法获取公民个人信息。[②] 侵犯公民信息罪的犯罪主体为自然人,部分案件涉及利用职务之便实施犯罪,比如,利用自身作为银行职员、电信运营机构或互联网平台职员可接触公民个人信息之便,非法将公民个人信息提供或出售给他人。《中华人民共和国刑法修正案(九)》将"出售、非法提供公民个人信息罪"和"非法获取公民个人信息罪"统一整合为"侵犯公民个人信息罪",[③]并扩张公民个人信息的刑法保护范围,赋予"公民个人信息"在刑法中的立法层面的支撑,[④]能够有效保护公民个人信息,从供应链上游治理的角度阻断电信网络诈骗犯罪。

侵犯公民个人信息罪的关键环节是电信网络犯罪产业

① 参见陈超:《论个人信息权法律保护的刑事立法模式》,载《华北水利水电大学学报(社会科学版)》2018年第2期。

② 参见史亚杰:《侵犯公民个人信息罪证据体系构建研究》,载《边疆经济与文化》2017年第6期。

③ 参见李明鲁:《数据交易中个人信息的刑法保护》,载《石河子大学学报(哲学社会科学版)》2018年第2期。

④ 参见于冲:《侵犯公民个人信息罪中"公民个人信息"的法益属性与入罪边界》,载《政治与法律》2018年第4期。

链中的“料农”环节，“料农”主要通过向他人购买和交换、借助于黑客技术窃取、利用系统漏洞窃取等方式，租赁、收购电话卡、银行卡以及出售/购买个人征信信息、身份信息、行踪信息、网购订单信息、财产等信息。侵犯公民个人信息被用于诈骗的，可以判处侵犯公民个人信息的犯罪嫌疑人诈骗罪以及侵犯公民个人信息罪，侵犯公民个人信息罪与诈骗罪则变成并发型犯罪。侵犯公民个人信息的行为并不属于电信网络诈骗的行为，侵犯公民个人信息行为情节严重的，按侵犯公民个人信息罪处罚。

有关数据显示，2021 年检察机关共起诉侵犯公民个人信息犯罪 9800 余人，同比上升 64%；被泄露的公民个人信息种类繁多，其中不乏个人敏感信息，特别是一些行业“内鬼”泄露信息问题相对突出。[①] 检察机关将把惩治侵犯公民个人信息作为打击治理电信网络诈骗犯罪的重点工作，将行业“内鬼”和职业团伙作案作为重点从严惩治，从重提出量刑建议。在查办电信网络诈骗案件的过程中，溯源上游个人信息泄露渠道，精准打击“料农”，同时围绕信息获取、流通、使用等环节进行全链条的犯罪活动打击；聚焦关键个人信息和特殊群体的个人信息案件，聚焦重点行业和企业，强化刑事检察和公益诉讼检察部门办案联动，推动从源头治理侵犯公

① 参见刘硕、彭红：《“内鬼”获取公民个人信息搞电诈，最高检明确将重点从严打击》，载百家号 2022 年 4 月 22 日，https://baijiahao.baidu.com/s?id=1730721102897809539&wfr=spider&for=pc。

民信息罪的发生。[①]

（二）非法获取计算机信息系统数据罪

随着互联网技术日益发达，数据已经融入社会各行各业，大数据时代是信息社会发展的必然趋势，但数据被泄露、贩卖的事件层出不穷，数据安全漏洞已经成为阻碍数据资源发展的主要因素之一。一些不法分子“敏锐”地嗅到“商机”，利用技术手段非法获取计算机信息系统数据，谋取非法利益。我们需要通过法律手段打击侵害数据安全的违法犯罪行为。

1. 法律解释

根据《刑法》第 285 条的规定，非法获取计算机信息系统数据罪，是指违反国家规定，侵入国家事务、国防建设、尖端科学技术领域以外的计算机信息系统或者采用其他技术手段，获取该计算机信息系统中存储、处理或者传输的数据，或者对该计算机信息系统实施非法控制，情节严重的行为。[②] 非法控制计算机信息系统罪是指提供专门用于侵入、非法控制计算机信息系统的程序、工具，或者明知他人实施侵入、非法控制计算机信息系统的违法犯罪行为而为其提供

① 参见最高人民检察院：《最高检发布打击治理电信网络诈骗及关联犯罪典型案例》，载最高人民检察院网上发布厅 2022 年 4 月 21 日，https://www.spp.gov.cn/spp/xwfbh/wsfbt/202204/t20220421_554307.shtml#1。

② 参见《非法获取计算机信息系统数据、非法控制计算机信息系统罪的构成要件与处罚》，载法律服务信息网 2019 年 4 月 8 日，http://www.0543168.com/shglz/9616.html。

程序、工具,情节严重的行为。①

《刑法》第285条第2款明确规定,犯非法获取计算机信息系统数据罪的,处3年以下有期徒刑或者拘役,并处或者单处罚金;情节特别严重的,处3年以上7年以下有期徒刑,并处罚金。

2. 非法获取计算机信息系统数据、非法控制计算机信息系统罪案例②

2019~2020年5月,被告人吴某某、沙某某、刘某某共同出资,购置电脑手机设备及"霸天虎""飞毛腿"等软件,利用被告人吴某某自行编写的"Ae格力""Ae中控"脚本分别安装在手机、电脑端,通过各类接码平台获取手机卡号码及微信用于识别身份认证的验证码、"码力"(后更名为"码帮")或者"FZ"等辅助平台,分别完成微信账号注册所需的短信验证、滑块验证、二维码扫码验证,从而实现批量微信账号注册。在微信账号批量注册过程中,被告人吴某某、沙某某利用未经微信官方授权的"霸天虎""飞毛腿"等软件,在获取微信账号及登录密码的同时,从微信手机客户端非法获取对应微信账号的62数据或A16数据,并向他人出售牟利。在此过程中,被告人刘某某参与批量注册并负责记账,然后通

① 参见徐赫:《网络社会背景下〈反不正当竞争法〉的新变革与刑法应对》,载《山东警察学院学报》2018年第3期。

② 参见赵冬:《安徽省芜湖市湾沚区人民检察院起诉书　湾检刑诉〔2021〕Z37号》,载中国检察网2021年10月9日,https://www.12309.gov.cn/12309/gj/ah/whs/whxa/zjxflws/202201/t20220121_11554210.shtml。

过微信与被告人沙某某核对收支。经梳理微信对账记录发现，仅在2020年2月11日至3月8日，被告人吴某某等人通过出售批量注册的微信账号、A16或62数据，获利至少达7.6余万元。

安徽省芜湖市湾沚区人民检察院裁定认为，被告人吴某某、沙某某、刘某某违反国家规定，采用其他技术手段非法获取计算机信息系统数据，情节特别严重；被告人吴某某明知他人实施非法获取计算机信息系统数据犯罪，仍为其提供技术支持等帮助，情节严重。以上行为触犯《刑法》第285条第2款规定，犯罪事实清楚，证据确实、充分，均应当以非法获取计算机信息系统数据罪追究刑事责任。

对于企业来说，在生产经营中应提高数据安全意识，通过技术手段加强安全防范，定期修补安全漏洞，加强安全管理。对于公民个人来说，应当警惕个人信息数据泄露，同时自觉履行数据安全保护义务，不得窃取或以其他非法方式获取、使用数据，否则将会触及法律红线。

（三）诈骗罪等财产类犯罪

1.法律解释

电信网络诈骗，是指诈骗分子通过电话、网络和短信方式，编造虚假信息，设置骗局，对受骗人实施远程、非接触式诈骗，诱使受骗人转账或窃取受骗人个人信息转移其存款的犯罪行为。[①] 电信网络诈骗犯罪多发的形势较严峻，且在刑事犯罪案件中占据较大的比重。根据有关数据显示，自2021年4月至2022年7月，全国共破获电信网络诈骗案件59.4万起。[②]

2022年9月2日，第十三届全国人民代表大会常务委员会第三十六次会议通过的《反电信网络诈骗法》规定，[③]组织、策划、实施、参与电信网络诈骗活动或者为电信网络诈骗活动提供帮助，构成犯罪的，依法追究刑事责任。组织、策划、实施、参与电信网络诈骗活动或者为电信网络诈骗活动提供相关帮助的违法犯罪人员，除依法承担刑事责任、行政责任以外，造成他人损害的，依照《民法典》等法律的规定承担民事责任。

2. 诈骗罪案例："杨某峰诈骗案"[④]

2019年，被告人杨某峰前往境外加入诈骗集团并任话务组小组长。2020年1月，杨某峰在境外通过"石材兵哥哥"的抖音账号认识被害人甘某丽，自称为"秦某"，以名为

---

① 参见陈世晓、杨丽丽：《将反诈沉向基层　切实增强人民群众"电诈免疫力"——论基层派出所反诈方法探索》，载《法制博览》2020年第14期。

② 参见法治日报：《非法泄露公民个人信息是网络电信网络诈骗犯罪链条中关键环节》，载光明网2022年8月23日，https://m.gmw.cn/baijia/2022-08/23/35971709.html。

③ 参见新华社：《中华人民共和国反电信网络诈骗法》，载中国政府网2022年9月2日，http://www.gov.cn/xinwen/2022-09/02/content_5708119.htm。

④ 参见天眼新闻：《贵州高院发布打击治理电信网络诈骗犯罪十大案例》，载百家号2022年12月15日，https://baijiahao.baidu.com/s?id=1752253535795024762&wfr=spider&for=pc。

“风淡云轻”的微信账号添加好友，并通过聊天逐步取得受骗人信任，诱导受骗人进入犯罪集团虚构的“蚂蚁金服”网络投资平台进行“投资”。2020 年 2 月 10～19 日，共骗取受骗人财物人民币 120.2 万元，个人非法获利人民币 10 万元。

贵州省高级人民法院生效裁判认为，被告人杨某峰以非法占有为目的，在境外通过虚构网络投资平台等方式实施电信网络诈骗，骗取他人财物，数额特别巨大，其行为构成诈骗罪。杨某峰系从犯，综合其在共同犯罪中所起作用、地位大小及罪后表现等情节，依法以诈骗罪判处杨某峰有期徒刑 6 年 6 个月，并处罚金人民币 5 万元。

四、如何防范个人信息被违法收集

追根溯源，电信网络诈骗案件频发的根源是个人信息被非法收集现象严重，因此要治理电信网络诈骗，需从源头着手来保护个人信息安全。若不能从源头切断电信网络诈骗的黑色产业链，对于电信网络诈骗犯罪的治理来说就好比是隔靴搔痒，故有必要从防范个人信息被侵犯的角度讨论对电信网络诈骗犯罪的治理问题。[①] 个人信息保护得到位，就是

① 参见童译瑶：《电信网络诈骗犯罪的防控——以个人信息保护为切入点》，载《政法学刊》2022 年第 4 期。

对电信网络诈骗的预防，应充分重视个人信息保护和防范在电信网络诈骗防范中所起到的作用。

为避免个人信息的过度收集，可从涉及个人信息的参与主体角度出发进行防范，探讨各主体的责任问题。首先，要压实互联网信息服务提供者的责任，尤其对于敏感个人信息，网络运营商及互联网机构应该在具有特定的目的和充分的必要性，且采取严格保护措施的情形下，才可以处理。[①]生产经营者，应依法收集、使用和管理消费者个人信息，做到非必要不获取。其次，行业协会应加强行业自律，健全黑名单制度，对违法企业和个人进行联合惩戒。[②] 最后，作为消费者，应提高警惕性，一是做到非必要不授权采集个人信息，对在线服务要及时更换账号密码，对身份信息、银行账户、上网账号要妥善保管，个人生物识别信息勿轻易授权采集，对快递、邮件标签等记载了个人信息的包装物，应做及时有效的销毁处理。二是注意辨别索取个人信息单位的真实性和合理性，一定要先从官方的正规渠道去核实真伪，不随便点击不明来源的链接，尤其不能在陌生网页内填写自己的隐私信息，对不阐明合理来意，只会不断索要个人信息的行为提高警惕。三是一旦发现个人信息泄露，应及时采取必要的补

---

① 参见杨春宝：《解读|〈个人信息保护法〉实施的要点与实务》，载搜狐网 2021 年 11 月 7 日，https://www.sohu.com/a/499669052_812382。

② 参见法治日报：《App 过度收集个人信息何时休?》，载微信公众号“新蔡司法”2021 年 11 月 26 日，https://mp.weixin.qq.com/s/NtHgh4eYTvVaD2QsTiOPLg。

救措施，切勿坐视事态蔓延，避免造成更大损失。对于个人信息侵权违法行为，要果断采取依法维权措施，当好个人信息保护的监督者和自身信息安全的守门人。

数字经济时代，企业的数据挖掘技术应用不断深入，用户数据成为企业发展的重要战略性资产。随着新技术、新业态、新应用等的出现，通过网络诈骗的方式获取个人信息也是层出不穷。为防范个人信息被非法收集，可以从制度、市场、技术等层面着手，构建三位一体的防范体系。

（一）完善个人信息保护相关法规制度

我国个人信息保护的相关法律条文，有《刑法》第 253 条之一、《护照法》第 12 条第 3 款、《身份证法》（2011 年修正）第 13 条第 2 款、《关于办理侵犯公民个人信息刑事案件适用法律若干问题的解释》等。[①] 2017 年施行的《网络安全法》第四章专章就个人信息保护作出相应的规定，防止个人信息被违法违规使用。2021 年我国相继颁布了《数据安全法》《个人信息保护法》，结合 2016 年通过的《网络安全法》，构筑起数据安全和个人信息保护的监管顶层制度体系设计。《个人信息保护法》的施行，对个人信息的使用形成约束效应，在一定程度上减少了互联网企业违规收集、使用用户个

---

① Li Chang et al., *Research on The Comprehensive Governance of Telecommunications Network Fraud*, *Proceedings of the* 2018 3*rd International Conference on Humanities Science*, Management and Education Technology, 2018, p. 281 –287.

人信息的行为。《反电信网络诈骗法》的制定表明了我国从源头多方位综合治理电信网络诈骗的决心。

1. 进一步具体化个人信息保护相关条款

个人信息保护法许多条款设立得比较原则化，可进一步在司法上进行解释或修改法律，乃至通过制定行政法规、部门规章等加以完善，增强其可执行性。同时，可以考虑鼓励法院等司法机构创造性地通过个案执法，形成具体场景下的个人信息保护案例，向社会传递具体明确的法律信息，推动个人信息保护法更容易实施。

虽然诸多法律条文都涉及公民个人信息保护，但大多法律条文规定较原则化，不够具体，部分相对主体之间的权利义务界定不清晰等。比如，个人生物特征数据泄露、技术滥用等造成的问题亟待解决：目前法律对于人脸数据提供、使用主体之间权利和义务的划分不够清晰，各主体在人脸数据生命周期各环节应采取的安全合规措施缺失，应考虑如何借助法律手段规避生物特征识别技术的滥用。

比如，现在大多数违法收集公民信息的惩处力度不够。囿于违法所得金额，对于涉及公民的个人信息犯罪违法所得的追缴与罚金的财产性处罚，远不足以填平公民个人信息泄露所导致的各种损失和伤害。我国关于电信网络诈骗犯罪的立案金额下限较高，导致公安机关对于"微骗"不予立案。根据桌面调研及实际数据分析，小额度电信网络诈骗犯罪在整体电信网络诈骗犯罪中占有相当大的比重,“微骗”行为频发。

因此,在逐步完善《个人信息保护法》的同时,对刑法、民法、行政法领域进行补充立法,形成以《个人信息保护法》为主,其他部门法为辅的个人信息保护法律体系。例如,针对互联网企业收集和处理个人信息的行为构建系统性的法律约束,以刑法修正案的形式将电信网络诈骗犯罪单独入刑等。对于电信网络诈骗犯罪,如果没有单独罪名予以规制,不仅不符合罪刑法定原则,也难以对电信网络诈骗犯罪进行有效打击,对其单独量刑,可彰显国家层面打击此类犯罪的决心,震慑不法分子。

2. 完善个人信息收集产业链的违法惩处

一方面,可考虑责令电信网络诈骗实施过程中所依赖的电信网络服务机构、金融银行机构、个人信息处理平台及企业等,对其在电信网络诈骗实施过程中存在的过失或故意行为承担民事责任。这样既能实现对受骗人的损害救济,也能督促电信网络服务机构、金融银行机构、个人信息处理平台及企业等主体积极地履行相应防范与管理义务,从而有效预防电信网络诈骗犯罪的发生。[①] 产业化、链条化的电信网络诈骗,涉及“水房”“话房”“菜商”“卡农”等,需要诈骗分子

① 参见时延安:《个人信息保护与网络诈骗治理》,载《国家检察官学院学报》2017 年第 6 期。

多方合作。电信网络诈骗犯罪诸多环节的顺利运转正是由于电信、金融机构、个人信息处理业者等的纰漏,上述人员在日常工作中的过失或故意助长了诈骗分子的犯罪行为,导致了受骗人财产的损失。

另一方面,通过完善立法对电信网络诈骗犯罪相关行业责任主体确定赔偿机制,有助于责任主体提升自身监管能力,自发进行监管,更有助于弥补行业电信网络诈骗漏洞。同时,因大多数涉案金额难以追回,通过赔偿机制弥补电信网络诈骗受骗人的损失,维护受骗人正常生活质量,遏制电信网络诈骗猖獗趋势。

(二)明确个人信息权利,推动数据市场合规

电信网络诈骗属于较典型的高科技犯罪类型,并且电信网络诈骗作案手段随科技的发展而不断更新,这要求相关行业主管部门应当结合技术发展和电信网络诈骗实施的关键环节,适时出台市场运行相关规范性文件,明确电信、金融、个人信息处理业者在业务活动中应遵守的各项电信网络诈骗防范制度和具体措施。

1. 明确个人信息权利的相关界定

随着互联网科技的发展革新,个人信息的收集、使用已经形成一个巨大的信息产业,对个人信息的保护防范界定以及个人信息的市场合规活动实现,推动个人信息数据市场的合规管理,需要首先明确个人信息的权利界定。《个人信息

保护法》第44条至第47条就规定个人信息主体的知情权、决定权、查询权、更正补充权、复制权、删除权、可携权等内容，这些具体权利是伴随个人信息处理过程陆续发生的，也是个人信息权利体系的具体表现。①

(1)个人信息决定权

个人信息决定权，是指本人得以直接控制与支配其个人信息，并决定其个人信息是否被收集、处理与利用以及以何种方式、目的、范围收集、处理与利用的权利。个人信息主体对自身信息的自主决定使用，是人作为信息处理关系主体基本地位的体现，是从个人信息具体权能中抽象出个人信息权利的最本质属性，是信息社会人格自主与尊严的集中体现。②

(2)个人信息知情权

个人信息知情权是个人信息权利的核心。知情权能，是个人信息权的首要权能和核心基础，是指权利人有权知晓个人信息处理基本事项，包括个人信息处理者情况、处理目的和方式、处理规则等，并在此前提下作出是否同意处理个人信息的决定。个人信息知情权是个人信息决定权的前提，个

① 参见21世纪经济报道:《重磅！南财发布〈个人信息保护法企业合规启示报告〉》，载网易网2021年8月24日，https://www.163.com/dy/article/GI6BJ0RC05199NPP.html。

② 参见唐瑞芳:《个人信息保护的立法基础、规范意涵与体系构造——以我国〈个人信息保护法〉立法依据条款为考察中心》，载《湖南社会科学》2022年第5期。

人信息决定权是个人信息知情权的具体效果。[①] 在具体实践活动中，诱导性、欺骗性的个人信息收集仍然存在，用户的知情权和选择权仍不足，应继续增加个人信息处理的透明度，帮助用户明确、方便地感知和选择自己的信息处理服务。

(3)信息查询权和复制权

《个人信息保护法》第45条规定，个人有权向个人信息处理者查阅、复制其个人信息。个人信息查阅复制权，是指权利人有权查阅知晓其个人信息处理情况，并通过复制方式获取其个人信息。查阅复制权能是实现知情权能的重要方式，但比被“告知”的知情权能更积极主动，主动查阅复制的范围应当不局限于个人信息、处理者所告知内容，增强了个人信息权作为主动性人格权的特征，是一项积极权能。[②]

(4)个人信息更正权

个人信息更正权，是指本人得以请求信息处理主体对不正确、不全面、不时新的个人信息进行更正与补充的权利。准确、完整及时性是保障个人信息质量的标准，是精准勾勒个人数字人格的基础，该项权能看似具有替补性，实质却具

① 参见陈星：《论个人信息权：定位纷争、权利证成与规范构造》，载《江汉论坛》2022年第8期。

② 参见陈星：《论个人信息权：定位纷争、权利证成与规范构造》，载《江汉论坛》2022年第8期。

有不可或缺性，是全面实现“人的尊严”的有效方式。[①]

(5)个人信息可携权

个人信息可携权是个人作为信息主体，基于信息自决基础，有权请求信息处理者获取本人的个人信息副本，或将本人的个人信息副本直接、无障碍地传输给另一信息处理者的权利。[②] 个人信息可携权的核心在于个人信息的“可携”，信息可携权的目的是促进信息的交流和利用，促进数字市场繁荣。

(6)个人信息删除权

《个人信息保护法》第47条规定，依据法定或约定的条件，权利人有权要求个人信息处理者删除其个人信息。删除权能是权利人控制其个人信息的“终极武器”，但是网络环境下数据具有可复制性和可传输性，经收集利用的个人信息如何实现彻底删除，权利人如何得知个人信息处理者是否根据其请求彻底删除其个人信息等方面存在权利行使的技术障碍。

个人信息权利在性质上属于一种集人格利益与财产利益于一体的综合性权利，并不完全是精神性的人格权，其既

① 参见陈星：《论个人信息权：定位纷争、权利证成与规范构造》，载《江汉论坛》2022年第8期。

② 参见杨立新、赵鑫：《信息可携权在个人信息权益中的地位与作用》，载《兰州学刊》2022年第9期。

包含个人信息的精神价值，也包括个人信息的财产价值。[①]消费者及平台用户要积极行使对经营者进行个人信息处理活动的监督权。当发现个人信息权益受到侵害或者发现经营者存在违法处理消费者个人信息行为时，消费者及平台用户要主动向个人信息保护管理部门或者消费者协会进行投诉、举报，提供案件线索和相关凭证，维护自身权益，极力遏制不法侵害个人信息权益的行为。

2. 完善个人信息市场交易的管理

个人信息之所以存在巨大价值，在于其市场可流通性，作为最基本、最简单和最直接的数据流通形式，多个产业对于个人信息数据交易的需求十分迫切。若个人信息交易市场缺失，则将产生更多的个人信息“黑产业链”。将数据作为商品在市场上进行流通，已经成为推动数字经济发展的重要共识。故对个人信息市场交易制度的完善，有助于规避关于公民个人信息的违法行为的产生。

(1)市场准入：实现个人信息数据进场交易

目前，我国已经逐渐形成新型交易范式的数据交易所。例如，北京国际大数据交易所通过实行实名注册的会员制，对数据交易行为进行规范管理，将数据交易从“农贸市场”转变为交易所模式，实现数据上市有审核、购买数据有资质

① 参见王利明：《论个人信息权的法律保护——以个人信息权与隐私权的界分为中心》，载《现代法学》2013 年第 4 期。

的管理模式。个人信息数据的进场交易有利于实现数据交易公平，也有利于实现数据交易安全。

在市场准入制度方面，因数据交易与个人信息安全、商业数据安全和国家数据安全紧密相关，数据交易市场应积极设立准入规则，实现对于数据安全的保障。数据准入的核心在于“双重准入制度”，即数据产品准入和进场准入。根据《数据安全法》和《个人信息保护法》的相关规定，对参与交易的数据进行识别，严控个人信息成为交易的对象，防止数据失控。对于进场准入，则要求数据交易参与者在经营范围、企业性质、承担风险的责任和资格能力等方面符合数据交易市场规定后方能进场交易。数据交易参与者一旦违背了准入制度，那么交易市场有权采取包括限制交易、剥夺入场资格、移送有关国家机关的措施。[①]

(2)市场运行：严格规范数据交易流程和活动

在目前数据交易过程中，对于个人信息保护依然存在不足，比如，在个人信息安全方面，数据中涉及大量的个人敏感信息，包括生物识别、医疗健康、行踪轨迹等。但目前各大数据交易市场并没有对于涉及个人信息的数据作出精准性规范，而是以数据供应商“依法提供”作为数据上架的必要要

① 参见苗泽一：《数据交易市场构建背景下的个人信息保护研究》，载《政法论坛》2022年第6期。

件，导致数据交易中存在个人信息规范性的挑战。[①] 这就要求数据交易市场必须对交易数据的种类与性质以及交易目的进行严格管理，避免对个人信息的权益侵害。个人信息的数据交易必须要遵守四大基本原则：一是个人信息收集使用告知同意原则；二是个人信息他用用户可选择退出原则；三是个人信息使用匿名化处理原则；四是脱敏信息禁止再识别原则。

在市场运行方面，应制定严格的交易流程，防止个人信息泄露风险。交易市场可以提供更加精准的个人信息保护制度，从数据商品的上架、数据的使用和流通都需要有严格的分离型管理制度，从而防止个人信息保护措施的失灵，实现数据交易的可优化资源分配，更好地发挥个人信息数据在数字经济中的价值。[②]

(3) 市场监管：实现数据交易的监督和管理追踪

个人信息数据交易的健康发展也离不开来自交易市场的监督管理职能。在数据流通合规性需求发展的制度背景下，数据交易市场将承担更多的数据业务指引责任。例如，2021 年中国人民人行与原银保监会针对全国多家银行及金融机构的违规数据采集、流通进行了处分。

---

① 参见苗泽一：《数据交易市场构建背景下的个人信息保护研究》，载《政法论坛》2022 年第 6 期。

② 参见苗泽一：《数据交易市场构建背景下的个人信息保护研究》，载《政法论坛》2022 年第 6 期。

监督个人信息数据的交易是数据交易市场的重要功能。在个人信息数据的交易过程中，交易市场对有关个人信息数据的上市、供求、流通全流程都负有第一线的监督和监管责任，因此必须在平衡兼顾各方主体利益的基础上实现对有关个人信息数据交易的有效监督，实现对数据交易的风险和行为进行实质监管。首先，应该对进行交易的个人信息数据的质量进行监管，为飞人信息交易提供较客观的第三方认证；其次，在个人信息交易过程中，交易市场应对数据交易活动进行监管，基于促进数据流动、维护数据安全的角度出发，对交易机构内的交易行为进行管理；最后，在交易完成后，数据交易市场应通过技术实现对数据的使用和传播进行管理。[①]

3. 个人信息机构的数据合规责任[②]

个人信息数据安全是开展数据交易活动的前提，数据交易双方必须具备相应的安全保护能力。《个人信息保护法》对信息处理机构的合规责任进行了明确，进一步规范企业经营者在收集使用个人信息时，需要投入技术资源对个人信息收集使用进行合规治理。治理范围包含收集前端合规、处理过程合规、对外提供合规、安全保障措施等内容。

---

① 参见苗泽一：《数据交易市场构建背景下的个人信息保护研究》，载《政法论坛》2022年第6期。

② 参见邓和泽：《解读〈个人信息保护法〉四大影响》，载《计算机与网络》2022年第22期。

建立个人信息分类分级管理制度:《个人信息保护法》第51条规定,个人信息处理者需要"对个人信息实行分类管理",企业或组织应该在企业内部建立个人信息的分类分级管理制度体系。[①] 企业应对自身数据资产进行有效梳理,明确可交易和不可交易的数据池;结合个人信息的数据生命周期使用状态规则以及不同的个人信息数据敏感等级,制定相应的个人信息数据加密、脱敏等保护策略;对涉及个人信息和用户隐私的数据应取得用户的合法授权或进行匿名化处理。

符合个人信息数据跨境规则:《个人信息保护法》与《数据安全法》保持一致的执法协助限制,即"非经中华人民共和国主管机关批准,个人信息处理者不得向外国司法或者执法机构提供存储于中华人民共和国境内的个人信息"。[②]

承担泄露事件报告义务:《个人信息保护法》规定,如果由于个人信息的任何泄露、篡改或丢失而导致数据泄露,个人信息数据处理平台及企业必须及时通知主管部门和受影响的数据主体。

建立个人信息安全影响评估体系:《个人信息保护法》将个人信息保护影响评估(Data Protection Impact Assessment,

---

① 参见网络法实务圈:《〈个人信息保护法(草案)〉逐条解读》,载商业新知网2020年10月30日,https://www.shangyexinzhi.com/article/2623354.html。

② 王真:《我国个人数据跨境流动法律问题研究》,黑龙江大学2021年硕士学位论文,第12页。

DPIA)要求提升至法律强制性要求,对于企业内部合规制度建设提出更严格的要求。[①]

建立个人信息保护合规审计制度:《个人信息保护法》第54条要求,"个人信息处理者应当定期对其处理个人信息遵守法律、行政法规的情况进行合规审计";[②]第64条赋予相关部门可以要求"个人信息处理者委托专业机构对其个人信息处理活动进行合规审计";第58条对于"重要互联网平台服务、用户数量巨大、业务类型复杂的个人信息处理者",要求"成立主要由外部成员组成的独立机构对个人信息保护情况进行监督",并"定期发布个人信息保护社会责任报告,接受社会监督"。

4. 相关方个人信息数据合规管理

电信运营商、金融机构、个人信息处理业者等作为市场主体,以营利性为主要目的,出于经营成本的考量,他们对加大电信网络诈骗防范的技术投入缺乏内在动力。因此,需要行政主管部门明确相关技术标准,通过行政监管的强制力,提升相关方行业的电信网络诈骗防范水平。

(1)基于标准的个人信息保护认证[③]

为贯彻落实《个人信息保护法》有关规定,规范个人信

① 参见周杨、辛小天、史蕾:《企业实务视角解读〈个人信息保护法〉重点条款》,载黑客技术网2021年8月22日,http://www.hackdig.com/08/hack-453073.htm。

② 程啸:《论我国个人信息保护法的基本原则》,载《国家检察官学院学报》2021年第5期。

③ 参见《关于实施个人信息保护认证的公告》,载微信公众号"网信中国"2022年11月18日,https://mp.weixin.qq.com/s/aEbmbWUf4mEqyIiUPe0IIg。

息处理活动，促进个人信息合理利用，根据《认证认可条例》，国家市场监督管理总局、国家网信办决定实施个人信息保护认证，鼓励个人信息处理者通过认证方式提升个人信息保护能力。从事个人信息保护认证工作的认证机构应当经批准后开展有关认证活动，并按照《个人信息保护认证实施规则》实施认证。

《个人信息保护认证实施规则》依据《认证认可条例》制定，该实施规则规定了对个人信息处理者开展个人信息收集、存储、使用、加工、传输、提供、公开、删除以及跨境等处理活动进行认证的基本原则和要求。个人信息处理者的认证应当符合 GB/T 35273－2020《信息安全技术个人信息安全规范》的要求。对于开展跨境处理活动的个人信息处理者，还应当符合 TC260－PG－20222A《个人信息跨境处理活动安全认证规范》的要求。个人信息保护认证的认证模式及流程包括三个方面：技术验证、现场审核、获证后监督。

(2)加强行业内部监管和外部监管力度

完善电信行业自身的内部监管系统：作为公民个人信息泄露的最大源头，电信行业内部必然存在一定的技术漏洞或监管系统漏洞。对此，电信行业内部可以制定更严格的内部行业技术和准入标准与信息保护机制，相关企业需要加强落实网络实名注册制力度，并制定严格的涉及公民个人信息的内部员工守则与罚则，在相关公民个人信息泄露案件发生后，积极协助侦查机关排查并抓获涉案犯罪嫌疑人，在源头上减少公民个人信息泄露事件的发生。

外部监管主要可以分为两方面：一方面是政府加强行业监管，完善行政监管制度，积极引导企业稳定与规范运行，设立相应的个人信息泄露惩处机制，对涉案企业和个人落实行政惩处，并可以考虑建立企业信息保护评级制度；另一方面是来自舆论媒体和公众的监督，加大对涉案企业信息泄露事件的曝光力度，正确引导公众关注信息泄露事件并引起重视，从而结合行政机关的监管，两相结合。外部监管督促行业完善自身对公民信息保护的机制。

（3）建立反诈骗信息平台预防电信网络诈骗

可考虑建立国家反诈骗中心以协调电信网络诈骗侦防机制。个人信息依托型电信网络诈骗犯罪较其他的电信网络诈骗犯罪而言，其非接触性、隐蔽性、跨区域性特征表现往往更明显，这意味着侦查机关在侦查时遇到的困难与阻力较普通电信网络诈骗也更大。现阶段基于电信网络诈骗犯罪的严峻性，全国各省级、市级公安部门相继组建了当地的反诈骗中心，但对于全国性甚至具有跨国性质的重大电信网络诈骗犯罪，现阶段的各地反诈骗中心对于该类案件的协调侦防仍存在不足。

为有效应对此类案件侦破难度增加的现状，公安部可以会同工信部、民政部等部门，联合组建国家级、全区域性的反诈骗指挥中心，与即将组建的反诈骗预警平台一同，呼应公安系统正在开展与推进的“云剑”行动，协调全国各地不同公安机关、不同警种之间联合作战，从而解决该类犯罪跨区域特点影响案件管辖权、机动性、审批程序等造成的侦破效率低下、侦破难度加大等问题，有力打击电信网络诈骗犯罪。

（三）技术上借助隐私保护和数据脱敏等手段

在技术层面，可以借助于数据隐私保护技术、数据脱敏技术、大数据分析技术等实现对个人信息的保护。[①]

1. 数据的隐私计算技术[②]

隐私计算技术能在数据提供方不泄露敏感数据的前提下，对数据进行计算并能验证计算结果，这一技术迎来产业和市场的巨大关注。隐私计算技术并不能简单归属于某一个学科领域，而是一套融合了密码学、安全硬件、数据科学、人工智能、计算机工程等众多领域的跨学科技术体系。从应用前景来看，一方面，隐私计算可以增强数据流通过程中安全性以及对个人信息安全的保护；另一方面，隐私计算也为数据的融合应用和价值释放提供了新思路。

使用隐私计算技术可以很好地缓解用户隐私焦虑，确保用户真实。数据只保留在用户信任的终端进行计算，并且不

---

① 参见沈伟伟：《个人信息匿名化的迷思——以〈个人信息保护法（草案）〉匿名化除外条款为例》，载《上海政法学院学报（法治论丛）》2021 年第 5 期。

② 参见德勤咨询：《2021 年移动应用（APP）个人信息保护白皮书》，载中国大数据产业观察网，http://www.cbdio.com/BigData/2021-11/12/content_6167040.htm。

会传输用户个人信息至云端。

目前,隐私计算技术中的多方安全计算、可信执行环境和联邦学习三大方向广受关注。在具体实践上还会结合同态加密、零知识证明和差分隐私技术的支持,以及联合区块链技术进行应用。但是,隐私计算技术当前尚处于起步阶段,主要受限于场景经验较少,计算复杂度高、多方交互效率低、模型性能等问题。值得欣喜的是,头部的高科技、金融、能源企业已经在试点使用,尝试采用隐私计算作为基础,打造行业联盟或集团内的数据共享平台,以实现跨机构的数据合作模式。海外 Google、Apple 等科技巨头已经率先在手机上采用联邦学习或差分隐私做出有益尝试。国内头部智能手机制造商,比如,OPPO 也已经在手机应用上实现了差分隐私技术落地,并且正在向着更新的隐私技术应用发起攻关,争取为开发者提供更多有效案例。

2. 数据脱敏技术①

信息化数据化背景下,各企事业单位平台和商业平台中存储有大量的有价值的敏感数据,我国法律法规对数据安全作出规定,指出数据在进行采集、传输、交换和共享过程中要借助必要手段以保证用户数据安全。数据脱敏技术则是常用手段之一,确保数据共享过程中的数据安全。

---

① 唐迪等:《数据脱敏技术知多少?》,载微信公众号"保密科学技术"2021 年 6 月 11 日,https://mp.weixin.qq.com/s/MH0CvzxWFz2iCvLZLbb-rQ。

数据脱敏的核心在于删除原始数据中的敏感信息，仅保留必要的数据特征或内容，也称数据的去隐私化。数据脱敏之后再进行数据交换、分享和价值挖掘，则可以在一定程度上避免用户个人信息的泄露。例如，在明确脱敏规则的情况下，将某电商平台的用户消费信息中的敏感数据如手机号码、绑定银行卡号等信息进行删除或模糊处理，只保留消费行为数据，可以有效避免个人信息数据被非法使用。因此，数据脱敏技术逐步成为解决数据安全问题的有效路径。

数据脱敏技术过程主要包括 5 个环节：元数据识别、脱敏数据识别、数据脱敏方案制定、任务执行及效果比对。数据脱敏技术中，常用的脱敏算法有 5 种：仿真、数据替换、加密、数据截取、数据混淆。仿真算法主要借用相同含义的数据替换原本的敏感数据，保证脱敏后的数据仍然保持与其他属性数据的关联关系。数据替换主要使用随机字符、特殊字符等对敏感内容进行替换，从而破坏数据的可读性。加密算法则是借助加密算法如哈希算法等进行加密，使数据完全不可读。数据截取则是选取部分内容进行截断，破坏原有数据的完整性。数据混淆算法则是将原有数据的内容进行无规则乱序处理，从而在一定程度上隐藏原始敏感数据。

政府部门、医疗行业、金融机构、移动运营商等行业较早将数据脱敏技术应用于其数据管理流程中，因为这些行业掌握的用户数据较核心和私密，一旦泄露后果不可估量。随着社会的信息化和数字化发展,各行业和电商平台均应重视数据管理和数据脱敏处理环节,积极确保用户个人信息安全。

3.搭建反诈骗平台联合执法

除加强对电信、金融等与电信网络诈骗密切相关行业的监管外,也需要借助平台及机构的力量努力提升公民个人防范意识和反电信网络诈骗能力。公安部门要加强安全教育、警示教育,提高公民的警惕性和自我保护意识,要将加强公民认识、预防诈骗案和提高公民安全意识提上工作日程。

公安系统作为打击电信网络诈骗的主力,除承担刑事案件的侦破责任外,还可以着手利用大数据平台,研发智能防控系统。例如,广东省佛山市公安局研发的"天盾"平台,就是专攻事前提醒和防控电信网络诈骗的。"天盾"是我国公安系统首款反信息诈骗平台,该平台将公安大数据运算的"时效性"与"可靠性"充分应用到防范电信网络诈骗的民生工程之中。"天盾"组建三重防诈骗体系:第一重,运用公安大数据平台资源,采取"事前发现、事中干预、事后打击"工作模式,及时推送电信网络诈骗新型作案手法及特征;第二重,即时发布高发电信网络诈骗预警,准确压制电信网络诈骗嫌疑账号,直接干预电信网络诈骗实施;第三重,智能识别、拦截、封堵涉电信网络诈骗黑名单号码对民众的呼入、呼出、短信发送行为。

在反电信网络诈骗宣传方面,公安机关组织开展反电信网络诈骗宣传进社区、进农村、进家庭、进学校、进企业,向全社会推广安装国家反诈中心App,共受理群众举报线索1547万条,向群众预警2.9亿次。国家反诈中心已累计推送预警指令1.45亿条,拦截诈骗电话28.1亿次、短信33.6亿条,封堵涉诈域名网址400万个,紧急拦截止付涉案资金5518亿元,成功避免1.09亿名群众受骗。自2021年6月至2022年8月,实现立案数连续14个月同比下降。①

五、以案释法

(一)电信运营企业擅自泄露用户个人信息构成侵犯隐私权②

1. 基本案情③

孙某国于2002年4月成为网通分公司(中国联合网络通信有限公司上海市分公司)的手机用户,在双方签署《CDMA移动电话初入网登记表》时,孙某国向网通分公司

① 参见法治日报:《非法泄露公民个人信息是网络电信网络诈骗犯罪链条中关键环节》,载光明网,https://m.gmw.cn/baijia/2022-08/23/35971709.html。

② 参见行业研究:《电信运营企业擅自披露手机用户个人信息构成侵犯隐私权(最高法院出版物公布的参考性案例中确定的审判规则)》,载搜狐网2019年5月27日,https://www.sohu.com/a/316803992_120054632。

③ 参见"孙某国诉网通分公司侵犯隐私权案",上海市浦东新区人民法院(2009)浦民一(民)初字第9737号民事判决书。

提供了姓名、地址、电话号码、身份证号等个人信息。2008年,孙某国接到上海联通客服来电,电话中服务专员称向孙某国赠送一份海康人寿提供的公共交通意外伤害保险。在核对相关信息后,孙某国开通了免费保险服务。此后,孙某国收到了"专享保障献礼"信函,内有××公共交通意外伤害保险保险凭证,其中载明了孙某国的相关个人信息。

孙某国以网通分公司在其不知情的情况下擅自将其个人信息透露给新国信上海分公司,侵犯其隐私权,并导致其经常被海康人寿骚扰为由提起诉讼,请求判令网通分公司向其书面赔礼道歉,并向其支付精神损害抚慰金。网通分公司辩称,本公司未实施侵犯孙某国隐私权的行为,孙某国提供的证据未能证明本公司实施了侵权行为以及其遭受了实际损害,且该服务是本公司为优质客户提供的增值服务,并不属传播隐私权信息的行为。事实上,孙某国因本公司提供的该服务增加了利益,故其主张1万元精神损害赔偿缺乏依据。不同意孙某国的所有诉讼请求。

2. 案例评析①

一审法院判决,被告网通分公司向原告孙某国书面赔礼道歉;驳回原告孙某国的其他诉讼请求。宣判后,双方当事人均未提起上诉,一审判决已经发生法律效力。

---

① 参见行业研究:《电信运营企业擅自披露手机用户个人信息构成侵犯隐私权(最高法院出版物公布的参考性案例中确定的审判规则)》,载搜狐网2019年6月7日,https://www.sohu.com/a/319073985_800248。

案件争议焦点在于,电信运营企业在未征得手机用户许可的情况下,擅自向第三人披露手机用户个人信息,电信运营企业是否构成隐私权侵权。对于此案件,手机用户在开通手机业务时,向电信企业提供其相应的个人信息。个人信息的私密性决定了只要行为人未经许可向第三人披露权利人个人信息的事实存在即构成侵害。[①] 在接受服务过程中,电信企业将手机用户的个人信息披露给相关企业,该行为一经作出则符合了隐私权侵权的构成要件,故电信企业应当为此行为承担责任。结合该案例可知,侵权人将公民个人信息擅自披露给他人后,即构成隐私权侵权,至于后续行为是否构成对公民名誉权的侵权,完全不会对隐私权侵权产生影响,也就是说,即使不构成名誉权侵权,侵权人也应当为其侵犯公民隐私权的行为承担赔偿责任。

(二)侵犯公民个人信息罪、诈骗罪案例[②]

1. 基本案情

2020 年 7 月底,被告人邓某、但某某合谋通过从上家获取电话号码后,拨打电话以邀请他人加入虚假股票交流群的方式赚取非法资金。随后,被告人邓某邀约被告人郑某、朱

① 参见申长慧:《隐私权侵权研究——基于实证分析方法》,载《湖北科技学院学报》2013 年第 3 期。

② 参见李亚曦、王一多:《雇佣 10 余名话务员每天拨打上万个诈骗电话 这个 4 人诈骗团伙栽了》,载南充长安网,https://www.nanchongpeace.gov.cn/yasf/20220821/2641034.html。

某一同参与。

被告人邓某、但某某、郑某、朱某 4 人共同出资开设办公点，并先后通过网络招聘吕某某、肖某某等 10 余人担任话务员，话务员按照被告人邓某等人事先培训准备的话术清单，冒充证券公司客服人员拨打电话邀请对方加入虚假的股票交流群，以此获取非法资金。

被告人但某某负责从上家接收公民个人信息、对接账单及资金收取，被告人邓某负责对接收的公民个人信息进行分发、统计进群人数及管理资金，被告人郑某、朱某负责记录、统计话务员业绩情况等日常管理工作。经查，被告人邓某、但某某之间的非法资金往来共计 35 余万元，吕某某等话务员每天平均拨打诈骗电话共计 1000～1500 人次。

2020 年 9 月 24 日，民警将被告人邓某、朱某、郑某等 11 人挡获，并现场查获办公用手机、电脑等犯罪工具。经鉴定，警方从现场查获的电脑中提取到相互不重复的电话号码共计 193 万余个。

2. 案例评析

法院经审理认为，被告人邓某、但某某、朱某、郑某违反国家有关规定，通过购买、收受等方式非法获取公民个人信息，情节特别严重，其行为已构成侵犯公民个人信息罪；被告人邓某、但某某、朱某、郑某雇佣他人，拨打诈骗电话以牟利，情节特别严重，其行为已构成诈骗罪（未遂），依法应追究 4

名被告人的刑事责任。被告人邓某、但某某、朱某、郑某既犯侵犯公民个人信息罪,又犯诈骗罪,依法应当数罪并罚。

据此,根据被告人邓某、但某某、朱某、郑某犯罪的事实、性质、情节和对社会的危害程度,依照相关法律规定,数罪并罚,判决被告人邓某有期徒刑8年,并处罚金人民币6万元;被告人但某某有期徒刑7年5个月,并处罚金人民币6万元;被告人朱某有期徒刑6年,并处罚金人民币3万元;被告人郑某有期徒刑6年,并处罚金人民币3万元。另外,对公安机关扣押的手机、电脑、POS机、银行卡、电话卡等依法予以没收;对各被告人退缴的违法所得,依法予以没收。

严惩侵犯公民个人信息的违法犯罪行为,对保护公民个人信息、维护社会稳定和提高司法权威有较大的促进作用。该案在判决时依法对4名被告人的犯罪行为以侵犯公民个人信息罪和诈骗罪(未遂)实行数罪并罚,能有效地震慑犯罪分子,取得良好的法律效果和社会效果。

(三)非法买卖个人信息的刑事案件[①]

1. 基本案情

被告人蔡某某是被告单位某网络科技公司的实际经营者。2018年5月,被告人尹某为牟取非法利益,与蔡某某共

---

① 参见张俊:《以案说法|74万条信息卖了66万元!四人非法买卖个人信息获刑》,载百家号2022年9月26日,https://baijiahao.baidu.com/s?id=1745041135518492029&wfr=spider&for=pc。

谋,由蔡某某通过某网络科技公司向上游某软件公司购买含有个人电话号码、登录平台、次数、号码归属地等公民个人信息,再以每条0.35元或0.5元的价格转卖给尹某。蔡某某指派被告人刘某(员工)负责签订合同、商谈买卖信息价钱及收款等,被告人李某(员工)负责购买公民个人信息再转卖给尹某使用等。

至案发前,某网络科技公司累计向尹某出售公民个人信息741,238条,获利约50万元。尹某将上述公民个人信息转售给刘某中、刘某翠等人(已判刑),获利66余万元。刘某中、刘某翠利用购得公民个人信息组建“股民微信交流”群,致受骗人海某被骗。

2.案例评析

该案的判决如下:江城法院经审理认为,被告人尹某、被告单位某网络科技公司无视国家法律,违反国家有关规定,向他人购买、出售公民个人信息,情节特别严重,其行为已构成侵犯公民个人信息罪。被告人蔡某某、刘某、李某是对被告单位直接负责的主管人员和直接责任人员,应以侵犯公民个人信息罪追究刑事责任。在共同犯罪中,被告人刘某、李某起次要作用,属于从犯,依法应当减轻处罚。遂判处尹某有期徒刑3年6个月,并处罚金70万元;判处蔡某某有期徒刑3年8个月,并处罚金30万元;分别判处刘某、李某有期徒刑1年10个月,并处罚金3万元;判处某网络科技公司罚金80万元。

在这起案件中，蔡某某、刘某、李某利用某网络科技公司的业务之便，伙同尹某贩卖公民个人信息牟利，侵害了社会公众的财产安全，其行为已构成侵犯公民个人信息罪，法院根据各被告的犯罪性质、情节轻重等依法作出上述判决。在信息化时代，公民个人信息价值不断提升，已经成为犯罪分子实施电信网络诈骗犯罪的“基础物料”。每一位民众都应该提高警惕，特别是在移动互联网时代，更要增强个人信息保护意识，不轻易向外提供个人信息，最大限度地降低个人信息外泄或者被不法分子利用的可能性；也不要为追求经济利益铤而走险，进行非法收集、使用、买卖或公开个人信息的行为，否则将受到法律的制裁。同时，行业内各企业应加强人员管理及数据安全培训，确保数据合规及个人信息保护，各相关监管部门应加强对市场的数据监管，加强对个人信息保护的宣传工作。

第三篇

警惕“卡农”
收集“两卡”
做马甲

“卡农”是电话卡和信用卡(以下简称“两卡”)犯罪中的重要角色,也是“两卡”非法交易过程中的主要主体。随着“两卡”违法交易现象的不断涌现,“卡农”参与“两卡”违法交易的形式呈现新的动态,作为“两卡”持卡人,时刻保持对“两卡”出租、出借、出售行为的警惕性,避免“两卡”成为电信网络诈骗团伙利用的工具,尤为重要。当然这也需要社会各个主体,特别是银行、电信运营商以及监管机构的参与,作为集中掌握“卡农”信息的市场主体,银行与电信运营商负有主要的管理义务。

一、为什么会出现"卡农"

在电信网络诈骗中，核心环节是信息传递和资金流通，而在现实生活中，实现信息传递和资金流通最重要、最普遍、获取成本最低的工具就是"两卡"。大量的电信网络诈骗是以"两卡"为核心工具实施，非法交易的"两卡"，往往形成了上、中、下游相互勾连、紧密分工合作的网络黑灰产业链，成为电信网络诈骗犯罪滋生蔓延的"催化剂"和"助燃剂"。

"卡农""卡贩""卡商"是在非法交易"两卡"过程中的主要角色。"卡农"，是指将以自己真实身份办理的资金结算账户出售、出租、出借给他人用于违法犯罪活动的特定群体。[①] 其中，用于办理资金结算的账户既包括个人银行账户，也包括对公账户及微信、支付宝等非银行支付机构的资金结算账户，还包括上述账户绑定的国内三大运营商的手机卡，几乎涵盖了当前主流的资金结算账户和通信卡。与"卡农"相对应的，指导"卡农"提供资金结算账户，或从"卡农"手中取得资金结算账户的群体就是"卡贩""卡商"。

"卡农"在电信网络诈骗中属于"外围"帮助群体。"两

① 参见上海市嘉定区人民检察院第三检察部课题组：《浅析电信网络诈骗中"卡农"的规制》，载《山西省政法管理干部学院学报》2022 年第 3 期。

卡”交易不是核心环节，并没有通过虚构事实、隐瞒真相的方式直接侵害财产权，[①]这些行为虽然不属于诈骗罪的实行行为，即自身并不符合诈骗罪构成要件，但客观上却为诈骗行为提供了必不可少的客观便利。此外，这些行为也是导致电信网络诈骗案件侦破难度大、案件打击效果不佳的主要原因。因此，了解“卡农”形成的原因，对于揭示电信网络诈骗背后的关系尤为必要。

（一）“卡农”现象原因探究

1. 违法成本与收益的落差

“卡农”获取“两卡”成本极低。在我国办理“两卡”仅需要身份证或相关的身份证明材料，不需要支出其他成本。根据中国人民银行统计，2019 年一季度，我国人均持卡 5.57 张，发卡量非常庞大。[②] “卡农”对于“两卡”的重要性往往不重视，新注册的“两卡”并无任何资金投入，而且出售、出租、出借后可以即时取得数额不等的收益，“卡农”往往因为贪图小利，加之其对于出售、出租、出借“两卡”行为危害认识模糊，就将“两卡”交给“卡商”。当然，对于存在利用他人身

① 参见刘宪权、魏彤：《电信网络诈骗“外围”帮助行为的刑法定性》，载《犯罪研究》2022 年第 4 期。

② 根据中国人民银行发布的数据，在银行卡方面，发卡量持续增长。数据显示，截至 2019 年第一季度末，全国银行卡在用发卡数量 77.73 亿张，环比增长 2.32%。其中，借记卡在用发卡数量 70.83 亿张，环比增长 2.48%；信用卡和借贷合一卡在用发卡数量共计 6.9 亿张，环比增长 0.63%。全国人均持有银行卡 5.57 张，其中，人均持有信用卡和借贷合一卡 0.49 张。参见马嘉辛：《央行：银行卡发卡量持续增长 全国人均持有银行卡 5.57 张》，载《国际金融报》2019 年 7 月 4 日。

份证及其他身份信息办理“两卡”的“卡农”，大多轻信“卡商”教唆，或心存侥幸。归根结底，在“卡农”办卡及“两卡”处置环节，存在“卡农”获取非法利益的空间。

“卡商”获取“两卡”违法成本与诈骗收益存在巨大落差。人证不符的银行卡、信用卡张数在2020年全年不断增加，“断卡”行动[①]后上升趋势虽有减缓但未停止，受“断卡”行动的控制，此类“两卡”的市场价格大幅上涨，以对公户买卖为例，在“断卡”行动之前，每个对公账户的黑市价格为1万元左右，在“断卡”行动之后，涨到了2万~5万元。[②] 黑手机号数量在2020年“断卡”行动之前达到了峰值，“断卡”行动之后明显下跌，每张黑手机号的市场价格也从100元每张涨到了3300元。[③] 即便在“断卡”行动之后，相较“卡商”获取“两卡”的成本，诈骗所得收益少则数万元，多则数十万元乃至上百万元，诈骗所得收益远远超过了“卡商”取得“两卡”的成本。诈骗分子主要通过抽取电信网络诈骗金额的提成作为收入来源，这也是电信网络诈骗的主要成本。只要取得受骗者的信任，让受骗人相信诈骗分子捏造的虚假身份

① “断卡”行动是为了打击治理电信网络新型违法犯罪，依法清理整治涉诈电话卡、物联网卡以及关联互联网账号的行动。2020年10月10日，国务院召开会议，决定在全国范围内开展该行动。自2020年10月全国“断卡”行动开展以来，公安部指挥各地公安机关先后开展4轮集中收网行动，向非法开办贩卖电话卡、银行卡违法犯罪发起凌厉“攻势”。

② 参见叶玉秋、桑涛、沈盼盼：《“断卡”行动案件若干问题研究》，载《中国检察官》2021年第14期。

③ 参见叶玉秋、桑涛、沈盼盼：《“断卡”行动案件若干问题研究》，载《中国检察官》2021年第14期。

和虚假部门,接着只需要对受骗人进行适当的引导和诱骗,即可造成受骗人大量经济损失,严重者瞬间倾家荡产,由此可见,其不法行为的成本之低,收益之高。[①] 巨大的利益驱使是“卡农”“卡商”行为的动力,也是“卡商”屡禁不止,层出不穷的直接原因。

2. 风险防范意识缺失

“卡农”囿于个人阅历、社会经验以及“卡商”“卡贩”的诱导,或出售、出租“两卡”,沦为“工具人”,或招揽同学、朋友、老乡等社会关系收购“两卡”,发展成为“卡商”。比如,2020 年 8 月,刘某学在网上看到收购手机卡的信息后,办理多张手机卡出售给郭某凯所在的贩卡团伙。后为尽快挣钱,刘某学主动加入该团伙成为“收卡人”。该团伙长期在北京、石家庄等地收购手机卡,贩卖给电信网络诈骗团伙。据统计,郭某凯通过自己及其下线收购、贩卖手机卡 3700 张,获利 5.7 余万元;刘某学收购、贩卖手机卡 871 张,获利 1.5 余万元。2020 年 8 月 23 日,耿某云在微信兼职群内看到郭某凯团伙发布的收购手机卡信息后,用自己身份证办理 9 张手机卡并按照郭某凯要求交给刘某学,由刘某学验卡、拍照后通过快递寄出,耿某云获利 450 元。其后,其中一张手机卡被用于实施电信网络诈骗犯罪,导致河北省井陉县 1 名受

① 参见赵恒铎:《电信网络诈骗犯罪防控对策研究》,载《武汉公安干部学院学报》2022 年第 2 期。

骗人被骗35余万元。[①]

究其原因，部分人群，如学生、老人等，对于“两卡”非法交易行为缺乏认识，并不了解银行卡、电话卡与个人身份信息的强绑定关系，并没有意识到他人可以通过“两卡”开展的违法行为与自身的关系。一旦代表个人身份的身份证件、交易行为的银行卡、与银行卡等支付方式强绑定的电话卡流入他人手中，发生的任何行为，在法律层面都有可能对自身发生法律效力。相当一部分人群对此并没有清晰的认知，才会出现如前文所述刘某学案例中耿某云以极低的价格将手机卡交给第三方的情况，这反映出部分人群风险防范意识和法律意识的薄弱，容易轻信他人蛊惑，这部分群体也是反电信网络诈骗宣传的主要对象。

部分人群如前述案例中的刘某学，其大量收购手机卡的主要动因是尽快挣钱，其主观方面的目的是获利。刘某学除存在以上风险防范意识和法律意识的缺失外，还存在严重的侥幸心理，对于违法犯罪的认识不足，再加上他人利诱，仅仅看到可以轻易获取利益，而无视行为本身的对错、对他人的影响乃至行为合法与否。最终其一旦选择相信对方，就不再产生怀疑，加之被承诺的收益即时取得，对其行为是否构成违法没有再产生疑虑，导致刘某学对于其

① 参见最高人民检察院和教育部联合发布5个在校学生涉“两卡”犯罪典型案例之二：“郭某凯、刘某学、耿某云帮助信息网络犯罪活动案”。

大量收购手机卡的行为合法性深信不疑,直至被公安机关抓获。

3. 监管失范与内部激励机制不足

"卡农""卡贩""卡商"的大量出现与银行机构监管失范及内部激励机制不足密切相关。由于"两卡"交易的大量存在,导致电信网络诈骗分子可以以极低的成本,快速获取实现风险隔离的资金流转工具,其中,风险隔离的主要机制就是电信网络诈骗分子用于转移诈骗资金的银行账户不是犯罪分子自己真实身份办理的,主要是通过多种渠道取得的。第一,利用伪造的身份证明材料或使用租赁、购买的他人身份证件,在银行网点或者运营商处办理;第二,利用网络等信息渠道,购置他人已经办理完成的银行卡或信用卡。绝大多数银行账户也是其他犯罪分子利用买来或租来的身份证件在银行开立的,或其他犯罪分子欺骗他人在银行办理的,自己再以较低的价格购买,作案人不使用自己的证件办理银行卡,即使能够追查到账户,也没有办法确定作案人身份。①

发卡银行对于以上获取渠道负有主要的管理责任。关于银行账户开立时必须实名认证的要求,国务院在 2000 年

① 参见吴朝平:《"互联网+"背景下电信网络诈骗的发展变化及其防控》,载《中国人民公安大学学报(社会科学版)》2015 年第 6 期。

印发的《个人存款账户实名制规定》中已经明确对其提出要求。[①] 2007 年中国人民银行、银监会、保监会联合发布实施的《金融机构客户身份识别和客户身份资料及交易记录保存管理办法》对于金融机构客户身份识别的相关要求作了进一步明确。[②] 2008 年中国人民银行进一步发布了《关于进一步落实个人人民币银行存款账户实名制的通知》。[③] 然而,在实践操作中,诈骗分子使用或伪造虚假的身份证明材料,可以在银行网点迅速办理账户开通业务。究其原因,一方面,银行识别临时身份证件、他人身份证件能力有限,无法充分实现客户身份识别的工作要求;另一方面,实名制相关的监管要求落实不到位,使开户实名制和客户身份识别陷入

① 国务院2000 年 3 月 20 日发布的《个人存款账户实名制规定》第 6 条规定,“个人在金融机构开立个人存款账户时,应当出示本人身份证件,使用实名。代理他人在金融机构开立个人存款账户的,代理人应当出示被代理人和代理人的身份证件”;第 7 条规定,“在金融机构开立个人存款账户的,金融机构应当要求其出示本人身份证件,进行核对,并登记其身份证件上的姓名和号码。代理他人在金融机构开立个人存款账户的,金融机构应当要求其出示被代理人和代理人的身份证件,进行核对,并登记被代理人和代理人的身份证件上的姓名和号码。不出示本人身份证件或者不使用本人身份证件上的姓名的,金融机构不得为其开立个人存款账户”。

② 中国人民银行等于 2007 年 6 月 21 日发布的《金融机构客户身份识别和客户身份资料及交易记录保存管理办法》第 19 条规定,在与客户的业务关系存续期间,金融机构应当采取持续的客户身份识别措施,关注客户及其日常经营活动、金融交易情况,及时提示客户更新资料信息。

③ 中国人民银行《关于进一步落实个人人民币银行存款账户实名制的通知》(银发〔2008〕191 号)要求,各银行要严格按照相关法律制度要求,加强对个人银行账户开立的审查,识别客户真实身份,不得为存款人开立假名和匿名账户;建立个人银行账户的跟踪检查制度,及时掌握存款人账户信息资料变动情况;建立健全个人银行账户开立和管理的内控制度,建立客户身份识别制度及责任制,加强对临柜人员的培训和检查。

防君子不防小人的尴尬处境。[①]

具体就手机卡而言,手机卡的注册及销售存在不合理之处,客观上可以实现一人多卡。“卡商”“卡贩”及电信网络诈骗分子为了规避公安机关调查,可以频繁更换手机卡,增加追查难度。电信行业在实名制落实方面不够完善,缺乏有效管理,在现实中存在“伪实名制”现象。[②] 结合侦破的众多电信网络诈骗案件不难发现,大部分电话卡都存在“人卡不一”的问题,这也体现了电信行业在实名制问题上的监管不到位。

针对银行卡而言,银行卡开户管理不严格,是否能够办理银行卡高度依赖个人判断,银行虽然掌握个人身份资料查询的权限,但是不可否认的是,部分银行工作人员会简化或者省略个人身份信息核对的环节,批量开卡或者允许他人代开卡。此外,银行对非法资金的流通监管不充分,主要表现在:受骗人将银行卡内款项转账至犯罪分子指定的账户后,犯罪分子发现账户有资金转入,随即迅速将资金拆分转账到数个账户内,再利用这些账户再次进行拆分转账,资金流转迅速,牵涉账户众多,最后通过银行或其他途径将资金转移至安全账户或提取现金。电信网络诈骗赃款流向规律特点

---

① 参见吴朝平:《“互联网+”背景下电信网络诈骗的发展变化及其防控》,载《中国人民公安大学学报(社会科学版)》2015年第6期。

② 参见吴朝平:《“互联网+”背景下电信网络诈骗的发展变化及其防控》,载《中国人民公安大学学报(社会科学版)》2015年第6期。

明显，但银行至今未有完整有效的监管和自动拦截系统。[1]银行对于银行卡的办理和交易监管存在的弊病成为电信网络诈骗频发的原因之一。

此外，在银行卡竞争日趋激烈的情况下，银行机构为拓展业务，达成业绩目标，片面追求开卡数量，疏于办卡证件的核查和校验，没有对开户人的身份进行充分的核对，对于利用他人身份证件或临时身份证件开户的情况，无法及时发现。

4. 违规惩处难以波及“卡商”“卡贩”

“两卡”非法交易导致交易账户留存的信息多为虚假信息，在所受理案件中，被查获的“卡农”居多，“卡贩”“卡商”较少。归根结底，“卡农”因为身份信息随时可查到，抓获也很容易，而“卡商”“卡贩”则隐蔽得多，无论是身份信息还是行踪侦查难度都比较高，加之他们的反侦查意识很强，查获难度大，在实践中移送审查起诉的少之又少。[2] 这种情况，导致在案件处理中，本应作为打击重点的“卡头”“卡商”“内鬼”打击处理甚少，而“卡农”大部分又属于应当批评教育的一类群体，检察机关既不能不区分情节一诉了之，又不能全

① 赵恒铎：《电信网络诈骗犯罪防控对策研究》，载《武汉公安干部学院学报》2020 年第 2 期。

② 叶玉秋、桑涛、沈盼盼：《“断卡”行动案件若干问题研究》，载《中国检察官》2021 年第 14 期。

部都作不起诉处理,处理上的两难导致案件打击效果不佳。[①] 结合最高人民检察院公布的电信网络诈骗犯罪典型案例可以看出,对绝大部分出售自己办理的身份证、银行卡的行为人,通常不会按照刑事犯罪进行惩处,仅对其进行信用惩戒,发挥警示教育作用。[②] 相较"卡农","卡贩""卡商"大多借助身份信息的隐蔽性,以及"两卡"的层层转让,难以锁定其真实身份,即便公安机关锁定"卡农"及诈骗分子,也难以准确锁定"卡贩""卡商",对违法违规行为的惩处难以波及关键环节,这也是电信网络诈骗案件侦查存在的共性障碍。

(二)"两卡"犯罪的精细化与隐蔽化

随着电信网络诈骗打击力度的不断提升,群众的防骗意识逐渐增强,电信网络诈骗犯罪也呈现新的动向,具体而言,违法行为更加隐蔽,不同环节的分工协作日趋精细。"两卡"作为电信网络诈骗业务流程中的关键功能性环节,日趋精细化、隐蔽化。诈骗犯罪链条逐渐发展形成了以非法买卖个人账户"四件套"[③]、对公账户"八件套"[④]为主的下游产

---

① 叶玉秋、桑涛、沈盼盼:《"断卡"行动案件若干问题研究》,载《中国检察官》2021 年第 14 期。

② 最高人民检察院和教育部联合发布的 5 个在校学生涉"两卡"犯罪典型案例中,存在"卡农"行为的,均以缓刑、不起诉、信用惩戒或警示教育处理。

③ "四件套"即银行卡、身份证、电话卡、U 盾。

④ "八件套"即对公银行卡、U 盾、法人身份证、公司营业执照、对公账户银行申请表、公司公章、法人印章、公司章程。

业，利用“四件套”等注册商户号、企业支付宝号的专业注册团伙等中游产业，聚合多种支付模式的专业洗钱“跑分”平台等上游产业。在诈骗链条的各个环节，还衍生出各种新型的“关联产业”，如专业引流、专业换绑解封、为诈骗改变电话信号发射点等。[①] 就“两卡”非法交易环节而言，“卡农”实名注册的“两卡”的使用性能逐渐提升，诈骗团伙往往通过伪装使用目的而利用他人“两卡”转移资金。

1.“卡农”在犯罪链条中的信息隔离与角色弱化

一是作为电信网络诈骗的首要环节，“卡农”提供了关键的犯罪工具。在“两卡”非法交易中，电信网络诈骗团伙需要通过买卖、租借银行卡收取诈骗资金。这种情况犯罪分子是利用非实名开立的银行账户（人证不符）作为取得受骗人资金的主要渠道。据公安部门通报，2021 年 1～11 月，公安机关共破获电信网络诈骗案件 37 万起，打掉涉“两卡”违法犯罪团伙 3.9 万个，其中涉案银行卡全部为实名开立后非法买卖。[②]

二是在受骗人资金的转移环节，“卡农”的银行账户发挥了重要作用。犯罪分子为了规避银行止付、冻结等限制流通的措施，大多采取多个银行账户之间资金分层级流转，快

① 参见叶玉秋、桑涛、沈盼盼：《“断卡”行动案件若干问题研究》，载《中国检察官》2021 年第 14 期。

② 参见《2021 年电信网络诈骗治理研究报告》，载新浪网 2022 年 2 月 3 日，https://finance.sina.com.cn/tech/2022-02-23/doc-imcwipih4824797.shtml。

速转账转移资金。目前主要有 3 种方式可以实现受骗人资金转移。第一,通过境内“水房”(洗钱团伙)实施转移。境内组建洗钱工作室专门从事诈骗资金转移,形成境外人员实施诈骗、通过聊天软件指挥境内“水房”快速转移“洗白”资金的黑色产业链。第二,“跑分平台”拆分交易。资金通过“跑分平台”等非法支付平台进行大量拆分,转移至普通群众受高额利诱实名开立的银行卡、支付账户(“卡农”账户)。第三,利用虚拟货币转移赃款。诈骗分子通过购买虚拟货币向境外转移涉诈资金。① 在这一阶段,“卡农”账户是实现以上操作方式的主要工具,受骗人资金账户流转至诈骗分子控制账户的过程及后续“洗白”过程、跑分过程、“购买”虚拟货币等,均需要“卡农”账户进行操作。但是对于“卡农”本人来说,完全无从知悉电信网络诈骗分子的操作,犯罪过程高度隐秘。这一阶段成为公安机关、银行机构重点防控的关键环节。

三是在受骗人款项提取环节,诈骗分子需要将涉案款项转移至安全账户,或通过拆分由多人提取现金,完成资金转移。为避免银行反洗钱措施以及公安机关追查,诈骗分子一般通过境外的资金渠道完成诈骗款项的变现,在此过程中,众多洗钱措施成为诈骗分子转移涉案款项的关键手段。目

---

① 参见杜川:《非法买卖、租借银行卡,电信网络诈骗涉案资金转移手法大揭秘》,载第一财经 2022 年 1 月 26 日,https://www.yicai.com/news/101301661.html。

前,有3种方式可以实现诈骗资金转移变现。第一,刷卡取现。刷卡取现为最常用的变现手段。诈骗分子雇佣境内“车手”在银行ATM取现后走私出境,或者通过非法改装移机境外的POS机刷卡取现。第二,虚构交易。诈骗分子构造虚假交易实现诈骗资金跨境转移,比如,签订虚假贸易合同,或者购买游戏点卡、充值卡等虚拟商品后转卖完成变现。第三,跨境“对敲”。诈骗分子通过“地下钱庄”境内交割人民币、境外交割外币等方式,实现诈骗资金跨境转移。① 这一阶段,“卡农”账户具有的主要功能已发挥完毕,诈骗分子实现对资金的完全控制,诈骗目的也已实现。

整合以上各个阶段,在电信网络诈骗过程中,“卡农”在将“两卡”出借或转让后,“卡农”与银行卡本身的操作信息出现断裂,“卡农”无从知悉银行卡内的操作,资金转移环节对于“卡农”出现了信息隔离。很多被查获的“卡农”对于自己银行卡内发生的资金流动完全不知情,直至被公安机关调查或被银行查封冻结。

综观以上电信网络诈骗犯罪流程,总体呈现三大特点。第一,犯罪链条清晰,分工明确,呈现产业化流程,关键环节出现专职从事特定业务的人群,如“卡商”“车手”“水房”等。第二,资金流动迅速,模式多种多样。非面对面模式的

① 参见杜川:《非法买卖、租借银行卡,电信网络诈骗涉案资金转移手法大揭秘》,载第一财经2022年1月26日,https://www.yicai.com/news/101301661.html。

交易可以快速实现跨行、跨区域转账，在资金账户众多的情况下，可实现快进快出、快速分散的目的。交易对手数量大、范围广，难以追踪。第三，交易账户信息真实性难以核查，犯罪人员信息与银行留存信息毫不相关。

2. 从单纯的银行转账出发向其他支付结算方式扩散

2020 年以来，中国人民银行、银保监会、公安部等部门多次联合发文，开展打击电信网络诈骗专项行动。随着国家层面打击电信网络诈骗行动的持续深入，借助技术手段及时精准识别涉诈交易及涉诈账户成为商业银行落实主体责任、有效切断电信网络诈骗资金转移链条的重要任务。一方面，手机设备支付、二维码支付、无卡支付等线上支付成为信用卡主要支付方式，也逐渐成为不法分子新的攻击目标；另一方面，随着全国范围内“断卡”行动的展开，电信网络诈骗资金转移工具发生了变化。随着“断卡”行动的逐步展开，“两卡”非法交易呈现全新业态。

（1）资金流转方式发生变化

“两卡”案件中上游电信网络诈骗资金的“洗钱”方式从单一的个人银行卡走账逐渐向利用第四方支付、虚拟币、“跑分平台”、“刷单”、三大运营商充值卡、网络直播打赏、以租代售等途径进行犯罪资金流转。例如，“陈某新诈骗案”，犯罪嫌疑人通过下载“telegram”“蝙蝠”等境外聊天软件，在软件上结识不法分子，后从事“居间介绍银行账户买卖”“火币网换币"等犯罪活动。其在明知资金来源为网络诈骗犯罪所得的情况下，仍伙同他人在火币网购买"USDT"，后转到他人指定的账户帮助他人"洗钱"，并从中获利。[①] 此外，诈骗分子搭建和使用"跑分平台"，利用"跑分客"的网络支付收款码（包括微信、支付宝、银行卡、微信商户号、支付宝对公账户等）为上游犯罪"洗钱"，使违法犯罪活动的资金交易更加灵活，大大地提高了违法犯罪活动的隐蔽性。[②]

（2）对公账户更受青睐

"卡农"提供的对公账户比个人账户更受青睐。对公账户交易限额更大，交易频率更高，被监管机构及银行查封的风险小；资金拆分更快，相较个人账户资金拆分，对公账户转账速度更快，更便捷，可以快速实现同时向多个主体转移资金；监管机构及银行对公账户实现司法止付和冻结的难度大，程序更烦琐，相较个人账户，对公账户的司法止付与冻结需要花费更多的时间，在此过程中，诈骗分子可以快速完成资金转移。

在对公账户的获取方面，地方政府便民助企的改革措施成为被利用对象。例如，在"王某、李某等人买卖国家机关证件案"[③]中，诈骗分子与工商代办中介沟通，由工商代办利

---

① 参见叶玉秋、桑涛、沈盼盼：《"断卡"行动案件若干问题研究》，载《中国检察官》2021年第14期。

② 参见梁力生：《涉案金额高达7290余万元！田阳男子被"假领导"诈骗8万元牵出特大虚拟货币交易洗钱案》，载《右江日报》2021年10月7日，第4版。

③ 参见浙江省杭州市临安区人民法院（2020）浙0112刑初第377号刑事判决书。

用工商登记注册便捷通道,办理多个公司注册登记,同时协助犯罪分子以注册登记公司的营业执照开立相应的对公账户,中介机构再将办理成功的营业执照、对公账户等一并交由犯罪分子。犯罪分子可以迅速取得数量可观的,隐蔽的对公账户。

(3)众包模式与“两卡”犯罪相互融合

众包模式与“两卡”犯罪出现互相融合的迹象。[①] 众包,原是指企业将任务外包给网络上不特定普通大众的一种商业模式。大多数众包平台多为平台 App,众包模式与“两卡”犯罪的结合成为“两卡”犯罪平台化、产业化、专业化的新动向。具体而言,体现为两个方面的特征。第一,将异常的转账行为隐藏在正常的网络往来中,在“众包模式”下,“卡商”并未实际取得“两卡”,而是通过发放任务、完成任务的方式在事实上取得了银行卡的使用权。第二,可用资源数量惊人,众包面向不特定群体,其中相当一部分人因趋利性、法律意识缺乏等原因参与其中,沦为违法犯罪的工具。众包因基数庞大,导致可利用资源丰富。

在此过程中,接码平台是网络黑产规避实名认证的基本物料来源。传统接码平台以“卡商供卡”,大量收集“黑卡”,或事先在设备植入木马拦截的方式进行接码,而众包平台接

① 参见《2021 年电信网络诈骗治理研究报告》,载新浪财经 2022 年 2 月 3 日,https://finance.sina.com.cn/tech/2022-02-23/doc-imcwipih4824797.shtml。

码则通过 App、网站以兼职方式招募大量正常手机用户，吸引用户“出租”手机短信服务为其接收验证码。众包平台接码已成为目前接码平台发展的新趋势，且发展迅速。

由于实名制和“断卡”行动的深入推进，以及互联网持续的策略打击，恶意注册及养号黑产业逐渐萎缩，代之以大量非法租售个人账号的情况，甚至出现专门的租号平台和上号软件，呈现平台化、专业化、产业化的趋势，众包租号成为替代方案后，账号解封、辅助实名也开始逐渐众包化。

一是出现通过众包平台，发布协助进行账号解封任务，实现账户解封的情形。诈骗分子通过在众包平台发布“任务”，雇用他人协助进行账号解封，或者要求他人绑定个人信息解封，解封后再注销自己的个人信息，实现账户解封。

二是出现通过众包平台，辅助进行实名/实人认证的情形。针对一些非实名网络账号、银行卡、手机卡，诈骗分子利用任务承接者的实名信息，辅助进行账号实名/实人认证。实名/实人认证主要集中在虚拟运营电话卡、物联网卡、网络账号等方面，特别是手机卡、物联网卡，是注册网络账号的前置条件，在此基础上可以注册多个网络账号。还有一些任务要求参与者进行实名或人脸验证，并绑定自己的空银行卡，供诈骗团伙使用。

二、以“卡农”为核心的违法行为现状

社会实践是丰富多彩的,“两卡”犯罪的具体行为表象是复杂多样的,随着公安机关、监管部门、银行以及个人对于“两卡”非法交易行为的认识不断深化,电信网络诈骗犯罪必然出现更加多样、更加难以防范的交易模式,这是电信网络诈骗犯罪的长期发展趋势。但是作为电信网络诈骗犯罪,其基本构成并未发生变化,诈骗分子的行为性质、基本逻辑依然符合诈骗行为的构成要点。作为“两卡”非法交易的核心,“卡农”在此过程中的事实违法行为可以按照诈骗阶段进行分解。

(一)出售出借“两卡”违法行为

“卡农”将代表个人身份的身份证、个人交易行为的银行卡等出售、出借可以拆分为三类行为,即出借出售身份证、出借出售银行卡、出借出售电话卡。客观上,以上 3 种行为均会导致“实名不实人”现象的出现。而就“卡农”个人行为而言,“卡农”在整个电信网络诈骗流程中,仅实施了这 3 类行为(或其中之一),后续发生的诈骗、洗钱等行为,如前所

述,对于绝大部分“卡农”是信息隔离的。[①] 在此仅就注册登记环节“卡农”实施的违法行为而言,需要区分其行为的违法性。

“卡农”出借出售身份证的行为,直接违反了《居民身份证法》第 16 条第 2 项的规定,即出租、出借、转让居民身份证的,由公安机关给予警告,并处 200 元以下罚款,有违法所得的,没收违法所得。[②] 简言之,“卡农”出借出售身份证(含他人身份证)的行为,本身具有行政违法性,应当追究相应的法律责任。

“卡农”出借出售银行卡的行为,直接违反了《银行卡业务管理办法》第 28 条第 3 款的规定,即银行卡及其账户只限经发卡银行批准的持卡人本人使用,不得出租和转借。[③] 在此情形下,发卡行有权要求持卡人改正,并视情节按照合同

---

① 当然,司法实践中存在“卡农”或“卡商”“黑吃黑”的情况,由此衍生出“案中案”。在“帮信”案件中,“卡商”处于收购、倒卖银行卡赚取差价的“下游”和“销赃”环节,巨大的利益让“卡商”发现了新的“商机”。如在“刘某、杨某某 2 人诈骗、盗窃案”[浙江省杭州市中级人民法院(2020)浙 01 刑初第 88 号刑事判决书]中,“卡商”将其收购的银行卡出售,密切关注该账户动向,立即使用预留的银行卡密码将卡内资金非法占有,从而出现被诈骗资金未到诈骗分子手中,而被“卡商”半路窃取的情况。这种情况不在本项讨论范围。参见叶玉秋、桑涛、沈盼盼:《“断卡”行动案件若干问题研究》,载《中国检察官》2021 年第 14 期。

② 《居民身份证法》第 16 条规定:“有下列行为之一的,由公安机关给予警告,并处二百元以下罚款,有违法所得的,没收违法所得:(一)使用虚假证明材料骗领居民身份证的;(二)出租、出借、转让居民身份证的;(三)非法扣押他人居民身份证的。”

③ 《银行卡业务管理办法》第 28 条规定:“个人申领银行卡(储值卡除外),应当向发卡银行提供公安部门规定的本人有效身份证件,经发卡银行审查合格后,为其开立记名账户;凡在中国境内金融机构开立基本存款账户的单位,应当凭中国人民银行核发的开户许可证申领单位卡;银行卡及其账户只限经发卡银行批准的持卡人本人使用,不得出租和转借。”

约定予以罚款。[1] 同时“卡农”出借出售银行卡的行为本身属于范围合同约定，应当由发卡银行追究相应的违约责任。当然，与此相对应的，“卡商”“卡贩”持有多张银行卡，违反了《刑法》关于非法持有他人信用卡相关的刑事犯罪，在此不作详述。

“卡农”出借出售电话卡的行为未见相关法律规定，经核查，仅在用户领用电话卡时签署的《入网协议》中明确，经使用人与电信运营商双方协商一致，使用人可以将本协议项下的号码过户给第三人。使用人和第三人应持双方有效身份证件原件到营业网点办理过户手续，在使用人结清所有费用后，双方与电信运营商签订客户过户服务协议。在办理变更手续之前，因使用该号码导致的交费义务及其他后果仍由使用方承担。[2] 从行为层面，“卡农”出借出售电话卡的行为，本身不属于违法行为，如未按照约定进行过户，并无相应的违约责任。

综合以上分析，依据现行法律规定，“卡农”实施的 3 种行为，虽然均可实现“实名不实人”的效果，但是仅在出借出售身份证时，才会构成违法行为。由此可见，“卡农”出借出售“两卡”行为的违法性集中于帮助性。对于“两卡”使用过

① 按照《银行卡业务管理办法》的规定，此项需要发卡银行在申请表、领用合约等契约型文件中事先约定。

② 参见《中国移动通信客户入网服务协议（电子渠道）》，载中国移动官网，http://service.bj.10086.cn/bjyd/web/support/xieyi/xieyi.html。

程中的管理,侧重电信运营商及银行的管理,而非通过相关法律规定科以强制性义务。

（二）违规使用“两卡”的违法行为

“两卡”作为生活中常见的资金流、信息流管理工具,在很多犯罪中都发挥了重要作用,而非法交易“两卡”的行为性质,最终取决于其实际使用人实施的违法犯罪行为。例如,在电信网络诈骗中,诈骗分子利用“卡农”提供的“两卡”实施诈骗,则“卡农”有可能构成帮助信息网络犯罪活动罪(以下简称帮信罪),也有可能构成掩饰、隐瞒犯罪所得罪;在其他类型的犯罪中,“卡农”可能构成其他实行犯罪,但这均不是“卡农”可以影响或者决定的。

当然,作为名义上的使用人,“卡农”有义务配合公安机关进行调查,但在多个银行账号层层转账、快速“跑分”,乃至涉及境外转账的情况下,公安机关破案的难度远甚于其他类型的犯罪。

三、非法交易“两卡”的法律规制

以“卡农”作为切入点并不能为“两卡”交易在电信网络诈骗犯罪中的重要作用找到相匹配的法律责任,但作为相对主体的银行与“卡商”“卡贩”对“两卡”交易的责任需要以其在此过程中的行为违法性进行区分。

（一）收集、交易“两卡”行为的违法性

“卡商”“卡贩”非法持有他人信用卡，数量较大的，按照妨害信用卡管理罪追究刑事责任，[①]自不待言，关键在于帮信罪与诈骗罪，掩饰、隐瞒犯罪所得、犯罪所得收益罪的认定。

1. 帮信罪与诈骗罪，掩饰、隐瞒犯罪所得、犯罪所得收益罪

是否“明知”是区分“卡商”“卡贩”构成帮信罪与诈骗罪，掩饰、隐瞒犯罪所得、犯罪所得收益罪的关键界限。正因如此，主观明知性成为“两卡”非法交易行为认定的一大难题。按照《刑法》的规定，为他人利用信息网络实施犯罪而实施下列行为的，可以认定为《刑法》第287条之二规定的“帮助”行为：买卖、出租、出借信用卡、银行账户、非银行支付账户、具有支付结算功能的互联网账号密码、网络支付接口、网上银行数字证书的；买卖、出租、出借他人手机卡、流量卡、物联网卡的。

---

① 《刑法》第177条之一规定，“有下列情形之一，妨害信用卡管理的，处三年以下有期徒刑或者拘役，并处或者单处一万元以上十万元以下罚金；数量巨大或者有其他严重情节的，处三年以上十年以下有期徒刑，并处二万元以上二十万元以下罚金：（一）明知是伪造的信用卡而持有、运输的，或者明知是伪造的空白信用卡而持有、运输，数量较大的；（二）非法持有他人信用卡，数量较大的；（三）使用虚假的身份证明骗领信用卡的；（四）出售、购买、为他人提供伪造的信用卡或者以虚假的身份证明骗领的信用卡的。窃取、收买或者非法提供他人信用卡信息资料的，依照前款规定处罚。银行或者其他金融机构的工作人员利用职务上的便利，犯第二款罪的，从重处罚”。

同时《刑法》第 312 条规定诈骗罪及掩饰、隐瞒犯罪所得、犯罪所得收益罪,即明知是电信网络诈骗犯罪所得及其产生的收益,以下列方式转账、"套现"或者取现的,符合《刑法》第 312 条第 1 款规定,以掩饰、隐瞒犯罪所得、犯罪所得收益罪追究刑事责任:多次使用或者使用多个非本人身份证明开设的信用卡、资金支付结算账户、收款码、网络支付接口等,帮助他人转账、"套现"或者取现的;以明显异于市场的价格,通过交易电商平台预付卡、虚拟货币、手机充值卡、游戏点卡、游戏装备等转换财物、"套现"的;协助转换或者转移财物,收取明显高于市场的"手续费"的。

有别于帮助行为单独成罪的情形,实施以上违法犯罪行为时,行为人在事前有共同的犯罪故意的,按照共同犯罪处理。

"明知"的认定依赖于证据裁判规则。最高人民法院、最高人民检察院《关于办理非法利用信息网络、帮助信息网络犯罪活动等刑事案件适用法律若干问题的解释》第 11 条总结了 6 种具体的明知推定情形。① 具体在电信网络诈骗

① 最高人民法院、最高人民检察院《关于办理非法利用信息网络、帮助信息网络犯罪活动等刑事案件适用法律若干问题的解释》第 11 条规定:"为他人实施犯罪提供技术支持或者帮助,具有下列情形之一的,可以认定行为人明知他人利用信息网络实施犯罪,但是有相反证据的除外:(一)经监管部门告知后仍然实施有关行为的;(二)接到举报后不履行法定管理职责的;(三)交易价格或者方式明显异常的;(四)提供专门用于违法犯罪的程序、工具或者其他技术支持、帮助的;(五)频繁采用隐蔽上网、加密通信、销毁数据等措施或者使用虚假身份,逃避监管或者规避调查的;(六)为他人逃避监管或者规避调查提供技术支持、帮助的;(七)其他足以认定行为人明知的情形。"

环节中，比如，“卡农”“卡商”“卡贩”经监管部门通过电话、短信等方式告知违法后仍然实施相关经营行为的，可以推定其明知；“卡农”“卡商”取得电话卡的数量明显超出正常的商业需求或者交易的价格明显高于正常价格的，可以基于交易的异常性推定行为人对于违法犯罪的实施具备明知；贩卖个人账户“四件套”或对公账户“八件套”等专门用于违法犯罪的工具的，由于这类工具并非正常社会活动所需，一般也意味着相关人员对于帮助对象可能涉嫌犯罪的明知，推定明知也具有合理性。① 在帮信罪的情境下，明知的范围以及行为人的目的明显限缩，即如果行为人明知他人使用银行卡用于犯罪活动，仅实施提供银行卡等行为，则因行为人负有不得将实名制银行卡出租、转借等银行合同或者社会公共管理秩序等方面的抽象义务而构成帮信罪；如果行为人不仅提供银行卡，还帮助犯罪分子转移赃款以逃避、妨害司法机关对电信网络诈骗等犯罪的打击，则因其另行转账、取现等行为侵害了新的法益，社会危害性相较帮信罪更大，则以掩隐罪定性为宜。

明知他人实施信息网络犯罪仍提供银行卡供他人使用的行为，同时触犯了帮信罪与掩饰、隐瞒犯罪所得、犯罪收益罪，应以行为人是否明知上游信息网络犯罪业已既遂为前

① 参见刘宪权、魏彤：《电信诈骗“外围”帮助行为的刑法定性》，载《犯罪研究》2022 年第 4 期。

提，根据择一重处原则、有利于被告人原则、罪责刑相适应原则分情况定罪处罚。[①]

2. 危害网络安全罪

非法买卖、出租、出借"两卡"可能构成为他人从事危害网络安全的活动提供技术支持、广告推广、支付结算等帮助的违法行为。根据《网络安全法》第44条、第64条的规定，从事危害网络安全的活动，或者提供专门用于从事危害网络安全活动的程序、工具，或者为他人从事危害网络安全的活动提供技术支持、广告推广、支付结算等帮助，尚不构成犯罪的，由公安机关没收违法所得，处5日以下拘留，可以并处5万元以上50万元以下罚款；情节较重的，处5日以上15日以下拘留，可以并处10万元以上100万元以下罚款。电信网络诈骗分子，特别是在电信网络诈骗逐渐从单一银行账户向多种支付方式扩散的过程中，"卡农""卡商""卡贩"极有可能构成危害网络安全罪，相较帮信罪及诈骗罪，明知的范围及内容同样明显存在差异。

（二）非法买卖"两卡"违法犯罪人员的行为惩戒

除以上刑事责任外，根据《中国人民银行公安部对买卖银行卡或账户的个人实施惩戒的通知》（银发〔2019〕304号），银行业金融机构和非银行支付机构可以对"两卡"违法

① 参见福建省福州市台江区人民法院（2021）闽0103刑初168号刑事判决书。

犯罪人员实施5年内暂停其银行账户(卡)非柜面业务、支付账户所有业务,不得新开户等惩戒措施;将违法犯罪人员个人信息纳入金融信用信息基础数据库管理,将违法违规行为纳入个人征信。此类惩戒行为由银行业金融机构和非银行支付机构实施,并不属于行政处罚,其性质接近于拒绝交易。将诈骗分子个人信息纳入征信管理,本身不具有行政处罚性质,诈骗分子如果认为征信机构采集、保存、提供的信息存在错误、遗漏,有权向征信机构或者信息提供者提出异议,要求更正。征信机构收到异议,应当按照国务院征信业监督管理部门的规定对相关信息作出存在异议的标注,并作出书面答复。

此外,非法交易"两卡"人员认为征信机构或者信息提供者、信息使用者侵害其合法权益的,可以向所在地的国务院征信业监督管理部门派出机构投诉。受理投诉的机构应当及时进行核查和处理,并作出书面答复。

(三)银行对于"两卡"非法交易的法律责任

1. 银行卡注册登记阶段的法律责任

按照《个人存款账户实名制规定》的规定,个人在银行开立银行卡时,银行应当要求其出示本人身份证件进行核对,并登记其身份证件上的姓名和号码。不出示本人身份证件或者不使用本人身份证件上的姓名的,银行不能为其开立个人存款账户。该规定还规定,银行违反实名制要求的,由中国人民银行给予其警告,可以处1000元以上5000元以下的罚款;情节严重的,可以并处责令停业整顿,对直接负责的主管人员和其他直接责任人员依法给予纪律处分。[①] 同时,按照中国人民银行《关于进一步落实个人人民币银行存款账户实名制的通知》的要求,各银行要严格按照相关法律制度要求,加强对个人银行账户开立的审查,识别客户真实身份,不得为存款人开立假名和匿名账户;建立个人银行账户的跟踪检查制度,及时掌握存款人账户信息资料变动情况;建立健全个人银行账户开立和管理的内控制度,建立客户身份识别制度及责任制,加强对临柜人员的培训和检查。

银行在银行卡开立阶段,承担的主要责任在于对身份信息的核对与登记,相应的责任属于行政处罚。但是仅仅在单一银行的注册登记环节要求落实实名制,并不足以规制“卡农”非法交易银行卡。

2. 银行卡使用阶段的法律责任

银行在完成银行卡办理后,其承担的法律责任的主要依据是《领用合约》。此处以中国工商银行《牡丹信用卡领用

① 《个人存款账户实名制规定》第7条规定,“在金融机构开立个人存款账户的,金融机构应当要求其出示本人身份证件,进行核对,并登记其身份证件上的姓名和号码。代理他人在金融机构开立个人存款账户的,金融机构应当要求其出示被代理人和代理人的身份证件,进行核对,并登记被代理人和代理人的身份证件上的姓名和号码。不出示本人身份证件或者不使用本人身份证件上的姓名的,金融机构不得为其开立个人存款账户”;第9条规定,“金融机构违反本规定第七条规定的,由中国人民银行给予警告,可以处1000元以上5000元以下的罚款;情节严重的,可以并处责令停业整顿,对直接负责的主管人员和其他直接责任人员依法给予纪律处分;构成犯罪的,依法追究刑事责任”。

合约(个人卡)》①为例:对于银行卡的出让出借,办卡人需承诺充分了解并清楚知晓出租、出借、出售、购买信用卡和信用卡账户的相关法律责任和惩戒措施,承诺依法依规开立和使用信用卡和信用卡账户(第1条第3款)。此外,办卡人需承诺因牡丹信用卡、密码、移动设备以及验证要素保管或使用不当,以及出租、出售或转借牡丹信用卡产生的后果或损失应由甲方自行承担(第2条第3款)。因此,银行卡转让、出借、出租等情节均由办卡人自行决定,并承担相应的法律风险。与此同时,经密码或验证要素校验通过,交易(含预授权交易)即视为办卡人本人所为并由办卡人承担交易款项(第2条第2款第5项)。按照《领用合约》的约定,银行卡的使用、管理、交易均为办卡人个人行为,银行对此不承担任何的责任或义务。

银行在完成银行卡的办理后,"卡农"在实际使用过程中,除按照《领用合约》约定承担相应的合同义务外,银行还需要按照《金融机构客户身份识别和客户身份资料及交易记录保存管理办法》第19条的规定,在与客户的业务关系存续期间,金融机构应当采取持续的客户身份识别措施,关注客户及其日常经营活动、金融交易情况,及时提示客户更新资料信息。此外,并无明确的法律规定银行在银行卡管理过

---

① 参见《牡丹信用卡领用合约(个人卡)》,载中国工商银行官网,http://www.icbc.com.cn/icbc/%E7%89%A1%E4%B8%B9%E5%8D%A1/%E7%AB%A0%E7%A8%8B%E5%8F%8A%E8%AE%AE/lyhygr.htm。

程中对于实际使用人需要承担的责任。

由此可见，监管层面不存在法律明确规定银行对于“两卡”非法交易以及“实名不实人”的情形承担任何责任，仅以“了解你的客户”这一原则性的要求，不足以规范在银行卡使用过程中，办卡人与银行对于银行卡使用的责任。

四、如何避免成为“两卡”诈骗的对象

（一）公民从源头上提高防范意识

1. 正确认识“两卡”实名登记的法律后果

“两卡”问题之所以会源源不断出现，在很大程度上与群众对于“两卡”实名登记的效力和法律后果缺乏充分认知有关。因此，在“两卡”办理过程、宣传过程中均应当重点予以体现，注重预防，针对高风险受骗群体、常见受骗场景，通过典型案例的形式，做好宣传教育工作，重点针对老年人等对电信网络诈骗防范和辨识能力较差的群体，尤其应当做好事先宣传教育和事后开导挽救工作。在宣传过程中要渗透传递“两卡”实名登记的效力，同步传递非法交易“两卡”可能带来的法律后果，通过多种便捷渠道，利用图文、视频、互动等多种形式，组织宣传教育活动，针对电信网络诈骗高发的区域更要加大宣传力度，提高群众宣传的针对性，改变群

众的错误认识，提高群众风险防范能力；以身边的案例警示广大群众，充分利用办案成果，最大限度地引起群众对于“两卡”非法交易行为的警惕。

2. 提高风险防范意识，慎重对待实名卡证的租借及遗失

“两卡”等实名卡证的租借及遗失行为本身的违法性有限，但是如果他人将“两卡”用于违法犯罪，对于持卡人的影响和法律责任是巨大的，因此需要通过在重点环节的宣传，特别是在办理新卡、挂失补办等情况下，重点提示实名卡证租借及遗失可能发生的风险，引起群众的充分重视，慎重对待实名卡证的出租出借行为。

（二）完善银行卡非法交易的识别和防范机制

1. 卡证管理的实质实名化代替形式层面的实名化

“两卡”管理实名化的义务是银行、电信运营商及持卡人双方的责任，监管层面对于银行原则上科以了更高的注意义务，银行作为银行卡管理过程中的相对优势方，应当承担卡证管理实名化的义务。具体而言，第一，银行应当落实中国人民银行关于支付结算管理的相关规定，健全账户实名认证机制，严格落实账户实名制要求，强化企业银行结算账户管理，在“两卡”办理的初始环节把控落实实名制；第二，银行应当建立自查机制，对于多次开办、挂失补办、注销并新开办银行账户（卡）或支付账户等异常情况及高危可疑账户信息，整理报送公安机关开展大数据分析，及时排查可疑线索；

第三,银行要充分落实新开账户单位、个人的法律责任书面告知程序,明确告知非法出租、出借、出售银行卡、对公账户是违法犯罪行为及需要承担的法律责任,确保持卡人了解风险,知悉风险。①

此外,银行提高客户账户合规使用认识,加强实名制政策引导,使持卡人认识到保证账户信息和客户信息的真实性,是打击利用银行卡实施违法犯罪行为、保护社会公众资金安全、维护健康金融秩序的重要手段。银行要大力宣传"存款自愿、取款自由、存款有息、为存款人保密"原则,"在合法合理的前提下,居民存取款自由和个人隐私及企业的相关商业秘密受充分保护",并要求超过交易限额的客户依规履行登记义务。

2. 强化银行卡账户的日常交易监管

银行要建立健全异常交易监测和风险预警防控系统,可以根据交易逻辑是否合理、交易记录是否异常等多方面因素建立银行卡交易监控模型。银行监控模型一旦发现高风险交易,银行应及时与持卡人联系确认交易,必要时采取紧急止付等风险管理措施,避免持卡人资金损失;发现涉嫌洗钱和恐怖融资等异常交易,银行应及时向监管部门报告,并按照法律法规要求采取相应措施。

① 参见叶玉秋、桑涛、沈盼盼:《"断卡"行动案件若干问题研究》,载《中国检察官》2021年第14期。

银行应当根据持卡人需求,通过手机银行、短信、微信等多种方式向持卡人发送交易信息,确认核验身份信息。对单笔金额较大的交易,银行应主动进行账户变动提醒。此外,银行应当加大“反洗钱、反恐怖融资、反逃税”宣传力度,使持卡人认识到完善基本信息、配合银行做好基本信息采集及身份识别工作,是维护正常的金融秩序、响应国家“三反”号召应尽的义务。强化对客户合规使用银行卡的宣传教育及风险提示,提醒客户切勿贪图小利而将银行卡出卖、出租、出借给他人使用,置本人于违法违规的不利境地。

3. 建立预警防范机制

银行应规避银行卡业务管理系统中默认设置可能导致的客户风险,针对客户使用银行账户的情况,建议客户利用线上线下多种渠道,设置银行卡“账户安全锁”,包括锁定交易地点、交易时间、交易类型、交易限额等参数。对于新开立银行卡,银行应经持卡人本人同意方可开通或者关闭境外交易权限;对于已经开立的银行卡,银行需要通过 App、线下业务窗口、短信等方式提示持卡人,在没有境外交易需求时,关闭境外交易权限。

4. 落实责任,“断卡”断流

银行应当配合公安机关,保持高压态势,全链条重拳打击电信网络诈骗犯罪生态系统。要坚持出重拳、下重手、用重典,持续推进“云剑”“断卡”“断流”“拔钉”等各类专项打击行动，抓住“两卡”犯罪的关键环节，打击“两卡”办理、使用、洗钱全流程的犯罪链条，清理与犯罪链条相关的技术支持、洗钱等黑色产业犯罪。

同时，银行及电信运营商对于涉案“两卡”进行核查，要落实账户开立责任，对未尽到审核义务的银行营业网点、支付机构、内部人员，依法依规处罚，限期整改，落实紧急联系人机制，协助公安机关开展查询、止付和快速冻结工作，配合公安机关快速进行异常账户管理。

（三）落实电信运营商对于“两卡”的管理主体责任

电信运营商应更加严格落实电话号码实名制，核查频繁开立新手机卡的线索，持续关注跟进，必要时及时联系公安机关进行数据分析。同时应当参考银行等金融机构的风控管理措施，落实新开手机卡法律责任书面告知程序，明确告知出租、出售、出借手机卡可能导致的法律责任。对违反相关规定开办电话卡、手机卡的营业网点，按照有关规定及时调查，及时处罚。

此外，电信运营商应当加强技术防范手段的研究，更新升级已有的诈骗电话防范系统等，全面提升系统的监测防范、综合分析和预警处置能力，积极推动技术反制能力从电信网向互联网延伸覆盖；落实行业监管职责，加强系统风控管理，通过自查自纠发现行业监管漏洞，提升发现和管控涉诈手机卡的能力。①

（四）统筹社会力量，清除“两卡”非法交易土壤

政府各部门应建立多部门跨界联动的防范治理体系，并将“断卡”行动纳入平安建设考评项目。宣传部门应协调媒体加强公益宣传，通过电视、微信、微博等多种渠道，及时揭露诈骗的新手法，提升群众安全防范意识，对开办涉案“两卡”较多的营业网点、纳入惩戒的“两卡”人员进行曝光，形成震慑。

市场监管部门应强化企业注册审核力度，梳理可疑登记信息线索，及时报送有关部门，并督促电商平台对商户及商品进行全面排查，清理可疑高危商户。邮政部门应严格落实快递行业实名制以及验视工作，及时发现并向公安机关报告夹带“两卡”的行为。教育部门应联合公安部门开展校园反诈宣传工作，将出售、贩卖“两卡”的危害、法律责任宣传到位，杜绝非法“两卡”及其他涉诈虚拟账号从校园流出。②

此外，建议加强市场监督管理局等职能部门的业务衔接、监管协同，实现跨区域、跨部门的数据共享、业务协同，避免诈骗团伙利用监管漏洞、信息壁垒等实施“两卡”犯罪。

---

① 参见叶玉秋、桑涛、沈盼盼：《“断卡”行动案件若干问题研究》，载《中国检察官》2021年第14期。

② 参见叶玉秋、桑涛、沈盼盼：《“断卡”行动案件若干问题研究》，载《中国检察官》2021年第14期。

五、以案释法

（一）“王某、兰某妨害信用卡管理、非法提供信用卡信息案”

1. 基本案情①

2019年1月，被告人王某通过网络购买他人银行卡信息资料159条，后出售给QQ好友孙某，获利128元。2019年7月上旬，被告人王某、兰某利用网络从他人处购买郑某某等67名被害人的身份信息后，冒用郑某某等人的身份证明在工商银行申领信用卡67张，于2019年7月14日将每条信用卡信息资料以70元的价格通过网络出售给阳某某，后阳某某将该批信用卡信息资料卖给QQ好友“一生追逐”进行牟利。2019年7月上旬，被告人王某、兰某通过网络从他人处购买屈某某等22名被害人的身份信息后，冒用屈某某等被害人的名义在工商银行申领信用卡22张，于2019年7月14日将每条信用卡信息资料以75元的价格通过网络出售给田某某（另案处理），后田某某将该批信用卡信息资料卖给他人进行牟利。

① 参见贵州省遵义市中级人民法院(2020)黔03刑终401号刑事判决书。

2. 案例评析

该案具有典型性。在实践中，由于网络监管存在漏洞、发卡银行审查不严及不法需求市场巨大等原因，冒用他人居民身份证骗领信用卡后出售信用卡信息牟利或在网络上购买他人居民身份证、信用卡信息后出售牟利的犯罪呈高发态势。此种犯罪中所出售的信用卡信息包括居民身份证号码、发卡行名称、发卡行代码、持卡人账户等数据，与特定自然人高度关联，显然属于《刑法》第 253 条之一规定的“公民个人信息”，随着移动支付的快速发展，将信用卡信息与移动支付软件绑定成功后，就可以实现上述传统信用卡的大部分功能。因此，伴随移动支付的普及，妨害信用卡管理罪的构成不以取得实物信用卡为必备要件，比如，该信息与微信、支付宝、云闪付等移动支付软件绑定成功，则意味着诈骗分子可以以信用卡持卡人名义进行交易，故非法出售、提供信用卡信息行为潜在的社会危害性极大，在严重侵犯公民个人信息的享有权和保密权、严重破坏信用卡管理秩序的同时，还极易被诈骗分子用于电信网络诈骗等犯罪，损害不特定社会对象的财产权利甚至人身权利。根据《刑法》第 177 条之一、第 253 条之一的规定，此种行为可能构成侵犯公民个人信息罪、妨害信用卡管理罪与非法提供信用卡信息罪。由此可见，非法提供信用卡信息的定性问题不能一概而论，应重点审查所出售的信用卡信息是否源于行为人通过银行或银行网站所申领的信用卡，所出售的信用卡信息能否用于绑定微信、支付宝等移动支付软件，以及是否将相关信用卡信息与微信、支付宝等移动支付软件绑定后实际使用。

（二）“胡某某等帮助信息网络犯罪活动、侵犯公民个人信息案”

1. 基本案情[①]

2020年4～5月，胡某某等人通过以公司名义申领、有偿使用他人身份证件等方式，批量办理1000余张手机卡，上述手机卡后被用于电信网络诈骗犯罪，涉诈金额共计170余万元。

2020年8～10月，胡某某等人违规获取办卡权限，以给工地务工人员等办理手机卡为名，编造人脸识别未通过等理由，在他人不知情的情况下，多次拍照采集他人身份信息，办理实名制手机卡，明知手机卡可能被用于电信网络诈骗犯罪仍出售谋利，涉诈金额共计1000余万元。

2. 案例评析

该案系一起涵盖“地推”开卡、贩卡人员的链条化帮信犯罪案件。涉“两卡”黑灰产业为电信网络诈骗犯罪推波助澜，成为电信网络诈骗犯罪屡禁不绝的“帮凶”。该案的涉案人数众多、层级分明、分工明确，非法获取他人身份信息，

---

① 参见北京市人民检察院发布10起打击治理电信网络诈骗犯罪典型案例之八：“胡某某等22人帮助信息网络犯罪活动、侵犯公民个人信息案”。

办理实名制手机号码出售给电信网络诈骗分子,6 个月内违规开卡 5000 余张,涉诈号码 200 余个,涉诈金额 1000 余万元。该案犯罪嫌疑人实施的行为具有典型性,除涉及帮助信息网络安全犯罪活动外,还涉及侵犯公民个人信息,案件证据链条完整。

(三)“朱某帮助信息网络犯罪活动、盗窃罪案”

1. 基本案情①

2020 年 9 月 4 日,朱某在 QQ 群看到有人发布收购银行卡的信息,就单独与唐某取得了联系,商量好卖一张带 U 盾的银行卡 1200 元,不带 U 盾的银行卡 800 元。2020 年 9 月 5 日、11 日,朱某先后在农业银行和建设银行办理了两张银行卡(带网银),以每张 1200 元的价格出售给唐某、唐某一等人,在唐某带其办卡期间朱某已得知唐某等人收购银行卡是用于洗钱。朱某在后来又将自己的招商银行卡出售给唐某,并绑定微信公众号,其间朱某在微信公众号发现自己名下的招商银行卡资金往来频繁,再次向唐某确认其出售的银行卡是用于网上赌博洗钱的事实。为了牟利,朱某继续办理了平安银行卡和邮政银行卡出售给唐某,前 3 张卡共获利 3200 元,后两张卡未收到钱。朱某出售的银行卡涉及电信网络诈骗案件 34 起,朱某 3 张银行卡转账 50 次,合计金额

① 参见新疆维吾尔自治区尼勒克县人民法院(2021)新 4028 刑初 51 号刑事判决书。

382,521.1元。

2020年11月10日,朱某将名下平安银行卡注销,并将平安银行卡内的13,563.34元占为己有。

2.案例评析

(1)明知他人利用信息网络犯罪,为其犯罪提供支付结算等帮助的认定。

该案中,一是个人银行卡涉及诸多个人信息,不能出租、转借、出售是社会大众的普遍认知。根据银行卡管理办法的有关规定,个人申领银行卡,应当向发卡银行提供公安部门规定的个人有效身份证件,经发卡银行审查合格后,为其开立记名账户。银行卡及其账户只限发卡银行批准的持卡人本人使用,不得转租或者转借。该案被告人将其本人办理的银行卡出售给他人,违反了银行卡管理办法的有关规定。二是被告人在买卖银行卡的交易过程中,唐某全程陪同朱某办理银行卡,并在办卡完毕后告知朱某不要走,安排朱某和其他卖卡人在网吧上网或开房休息,身份证亦被唐某带走,买卡人在确认所购买的银行卡能够正常使用后,才真正完成交易。被告人也询问买卡人买卡的用途,但未能获取有效信息。在后续卖卡过程中,被告人又明确获知其出售的银行卡是被用于洗钱等违法犯罪活动。以上符合交易价格或者方式明显异常的条件,因此,可以认定被告人明知他人利用信息网络实施犯罪。

(2)将违法出售给他人的银行卡挂失,进而获取银行卡内资金的行为认定及犯罪金额是否应当扣除被害人已获收益。

盗窃罪的作案手段具有秘密性,作案对象既可以是合法财物,也可以是非法财物,目的是非法占有相对人的财物。该案中,被告人朱某将自己名下的银行卡“卖”给他人使用,此时该卡的实际使用人已经转移,卡内资金既非被告人所有,亦非代为保管或遗忘物。被告人朱某知晓其“卖”出去的银行卡是被他人用于洗钱或其他犯罪活动后,在他人不知情的情况下,以挂失的方式,秘密取走卡内他人钱财13,563.34元,取得卡内资金的控制权,并将其中3600元用于偿还个人信用卡欠款及消费。对于以上行为,无论卡内资金是否属于犯罪所得,其非法占有他人财物的主观故意及秘密转移占有他人财产的客观行为兼具,应以盗窃罪定罪处罚。

关于犯罪金额是否应当扣除受骗人已获收益,该案系帮信罪,被告人出售的银行卡客观上被他人利用,并用于支付结算的金额已经形成,故法院认定,用于支付结算的犯罪金额应当包括被用于实施犯罪活动的银行卡内所有涉案金额的总数,即便受骗人有相关收益,也应当在他人的犯罪金额中予以扣减。

（四）"陈某某等人掩饰、隐瞒犯罪所得案"

1. 基本案情①

2020年6月，被告人陈某某意图发展被告人王某某为上游犯罪提供资金账户并协助转移违法所得，在王某某拒绝后又指使王某某介绍同案人叶某某（另案处理）为上游犯罪提供资金账户，通过"火币网"的虚拟币交易协助将违法所得转换为现金，叶某某取现后以现金形式交予陈某某，再由陈某某交予上家。

2020年6～11月，叶某某为了提高资金转移能力，让王某某提供银行账户供其用于接收违法所得，王某某见叶某某有利可图且迫于资金压力，遂同意将名下建设银行、光大银行及网商银行账户提供给叶某某使用。后因银行卡涉嫌诈骗犯罪被公安机关冻结，叶某某遂指使王某某发展被告人祁某某、陈甲及同案人李某某、赵某某、万某某、黄某某、何某[均另案处理，何某还介绍同案人邓玮（另案处理）等人]等人作为"车手"（取现人员）帮助取款。其中，陈某某负责从叶某某等人处收集资金交予上家，先后接收叶某某等人所取现金约合3000万～4000万元，个人从中非法获利约4万元；叶某某负责操作祁某某、陈甲等"车手"在"火币网"的账户进行虚拟币出售、提现及归集取现的资金交予陈某某；王某

---

① 参见福建省福州市台江区人民法院（2021）闽0103刑初168号刑事判决书。

某不仅提供银行账户供叶某某使用，还负责招募“车手”、监督“车手”取现及协助叶某某归集资金，其中，王某某出售两张银行卡及网商银行账户共计获利600元，协助叶某某归集资金及招募、监督祁某某、陈甲、李某某等人取现约合2000万元，个人从中非法获利约4万元；祁某某、陈甲等人负责提供“火币网”及个人银行账户和密码，协助将违法所得资金转换为现金并转移、取现，其中，祁某某多次转账、取现共计416.8万元，个人从中非法获利22,432.08元，陈甲多次转账、取现共计6,017,998元，个人从中非法获利约2万元。

2. 案例评析

关于对行为人在明知上游人员在实施信息网络犯罪活动的情况下，仍为其提供自己或向他人收集、收购银行卡供上游信息网络犯罪接收犯罪所得，后又为其取现或转账的行为性质存在诸多意见。

从违法行为来看，帮信罪与掩饰、隐瞒犯罪所得、犯罪收益罪的具体行为均系将为上游犯罪提供帮助的行为独立成罪名定罪处罚。

单纯提供银行卡供上游信息网络犯罪使用的行为、单纯受他人指使利用他人提供的银行卡进行转账或取现的行为及同时实施前述两种行为的社会危害性不同，参与犯罪的时间也不同，故应根据行为具体实施时间（参与犯罪时间）及罪责刑相适应原则定罪处罚。

就帮信罪与掩饰、隐瞒犯罪所得、犯罪收益罪而言，其最直观的区别在于犯罪场所的不同，前者限制在了信息网络中，后者没有具体限制，故在同样实施了支付结算的帮助行为的情况下，若行为人不明知或没有证据证实行为人明知其上游犯罪是信息网络犯罪的情况下，应以掩饰、隐瞒犯罪所得、犯罪收益罪定罪处罚为宜。

就参与犯罪的时间而言，帮信罪的参与时间可以发生在上游犯罪既遂前后，而掩饰、隐瞒犯罪所得、犯罪收益罪针对的是犯罪所得、犯罪所得收益，应限于上游犯罪既遂之后。故若行为人明知上游犯罪已经既遂，即相关犯罪所得已经被他人提供的一级账户接收后，行为人仍提供银行账户（作为二级账户）供上游犯罪团伙转移犯罪所得，无论后续是否有实施协助转移犯罪所得、犯罪所得收益的行为，均应当以掩饰、隐瞒犯罪所得、犯罪所得收益罪定罪处罚。

若行为人仅明知上游系在实施信息网络的相关犯罪，但不明知或无证据证实其应当明知上游犯罪已经既遂的情况下，行为人所实施的前述行为在本质上同时触犯了帮信罪与掩饰、隐瞒犯罪所得、犯罪收益罪。就前者而言，行为人提供银行卡供上游信息网络犯罪使用并协助转移犯罪所得可认定为帮信罪的提供支付结算的帮助行为；就后者而言，行为人虽在提供银行卡时不明知或无证据证实其应当明知犯罪已经既遂，但在上游犯罪团伙或中间人指使行为人协助转移已汇入上游犯罪团伙控制的银行卡(无论是否系行为人本人的银行卡)内的资金时,行为人应当明知上游犯罪应当既遂,故行为人的相关协助转移犯罪所得行为亦可构成掩饰、隐瞒犯罪所得罪。故在该种情形下,由于掩饰、隐瞒犯罪所得罪相对帮信罪属于重罪,行为人只要有协助转移犯罪所得的行为(包括取现、转账等),根据择一重处的原则,均应当以掩饰、隐瞒犯罪所得、犯罪所得收益罪定罪处罚。同时,笔者还认为针对为上游信息网络犯罪提供支付结算帮助的行为,掩饰、隐瞒犯罪所得罪主要就是针对转移违法所得的行为设置,而支付结算的帮助行为仅是帮信罪的其中一种行为,该罪行为还包括提供互联网接入、服务器托管、网络存储、通信传输等技术支持或者提供广告推广等,故就为上游信息网络犯罪提供支付结算的帮助行为而言,掩饰、隐瞒犯罪所得、犯罪所得收益罪相对于帮信罪属于特殊法条。进言之,在提供支付结算帮助行为的情况下,笔者认为,帮信罪甚至可以认为系掩饰、隐瞒犯罪所得罪的兜底条款。故无论从择一重处来看,还是从特殊法条优先适用于一般法条而言,行为人若有实施协助转移犯罪所得行为均应当优先适用掩饰、隐瞒犯罪所得罪。

同理,在该种情形下,若行为人仅实施了提供资金账户的帮助行为,因为无法查实行为人是否明知上游犯罪已经既遂,根据有利于被告人的原则及罪责刑相适应的原则,应当以帮信罪定罪处罚更适宜。

对于有证据证实行为人与上游犯罪团伙存在事前通谋的,应以共同犯罪定罪处罚,这无论是在理论上还是司法实践中均没有太大争议。笔者想要说明的是,该种通谋应为直接、明确的事前犯罪合意,而不是简单地事前知晓上游犯罪团伙在实施信息网络犯罪。例如,行为人在事前直接与上游犯罪团伙成员取得联系,同时商定如何提供银行卡并协助转移犯罪所得等较详细、明确的内容。

第四篇

警惕互联网信息跳转充当“钓鱼”手段

随着互联网普及率的不断提高,网络已经成为每个人不可或缺的必需品,也成为电信网络诈骗分子进行诈骗利用的主要工具,特别是互联网平台下的网络链接跳转,成为电信网络诈骗分子诱骗受骗人的“钓鱼”手段。作为互联网参与主体,如何推动反电信诈骗的互联网治理,需要从各参与主体在反电信诈骗过程中承担的责任出发,落实参与主体责任体系,避免互联网参与主体成为电信网络诈骗的帮助者。

一、互联网诈骗脉络分析

第49次《中国互联网络发展状况统计报告》显示，截至2021年12月，我国网民规模达10.32亿人，互联网普及率达73.0%。[①] 数字货币、电子支付全面发展，2020年我国电子支付普及率达到85%，我国已成为全球最为庞大的数字社会国家。然而，伴随互联网的迅速发展，网民网络安全事件层出不穷，其中，以“个人信息泄露”和“网络诈骗”最盛，且电信网络诈骗已成为当前增长最快的刑事犯罪。

近年来，随着网络技术和互联网应用的迅猛发展，电信网络诈骗犯罪手法不断迭代升级，尤其是网络化的新型犯罪屡见不鲜，各种花样翻新的骗局使人眼花缭乱，犯罪团伙正在逐步形成网络化、规模化。虽然打击电信网络诈骗工作已经取得一些成效，但是电信网络诈骗仍屡禁不止，无法根治。新型电信网络诈骗组织的分工架构已高度专业化和职业化，诈骗团伙充分勾结网络社会中的灰色产业链，来买卖个人信息数据，然后利用这些信息数据筛选诈骗对象，制订周密的诈骗方案进而分工实施诈骗行为，并对诈骗资金转移分流

① 参见第49次《中国互联网络发展状况统计报告》，载中国互联网络信息中心官网，https://www.cnnic.cn/n4/2022/0401/c88-1131.html。

等,形成一个闭环的诈骗产业链。诈骗团伙的分工也从过去“通信组”“技术组”“取款组”的简单分工,发展到与网络上非法获取公民个人隐私信息数据的个人或者公司进行合作,与网络黑客进行技术服务支持的买卖交易,甚至将传统的“取款业务”也外包给有资金分流或洗钱渠道的个人或者公司来专门处理。[①] 这种流程的分段外包看似较传统诈骗组织松散,但实际上正是对非法利益的共同追逐,新型电信网络诈骗犯罪分子与灰色产业群的合作变得更加紧密,他们不断拓展犯罪空间,形成了犯罪生态链条,严重影响了社会经济发展和公众的安定生活。

电信网络诈骗犯罪,是指以非法占有为目的,利用电话、短信、互联网等电信网络技术手段,虚构事实,设置骗局,实施远程、非接触式诈骗,骗取公私财物的犯罪行为。[②] 该定义明确了电信网络诈骗犯罪的手段——电话、短信、互联网等电信网络技术手段。通过对大量电信网络诈骗犯罪的具体犯罪手段进行分析,我们发现此类犯罪的前期都有传播虚假信息的过程,并且在此过程中还会穿插验证,以确保构建与被害人的信任关系,一旦被害人相信了犯罪人虚构的事实,犯罪人在此过程中会持续提供稳定的信息输出,不断巩

① 参见娄永涛、唐祥:《大数据时代电信网络诈骗犯罪的防控反思》,载《重庆理工大学学报(社会科学版)》2020 年第 3 期。

② 参见最高人民检察院《检察机关办理电信网络诈骗案件指引》(高检发侦监字〔2018〕12 号)。

固与被害人的信任关系,最终的行为必然是将资金转移,资金通过各种洗钱途径最终会流入犯罪人一方。

(一)贴近生活的具体场景,剧本化的设计思路

2022 年 4 月 14 日,国务院新闻办公室举行打击治理电信网络诈骗犯罪工作进展情况发布会,公安部相关负责人在发布会上介绍了电信网络诈骗犯罪出现的一些新变化、新特点:诈骗团伙针对不同群体,根据非法获取的精准个人信息,“量身定制”诈骗剧本,实施精准诈骗。[①] 所谓“精准诈骗”,就是诈骗团伙在编造诈骗场景诱骗受骗人之前,已对受骗人的个人信息充分掌握。这些骗局是为受骗人“量体定制”的,犯罪分子了解的受骗人个人信息越是充分,在诈骗过程中越容易骗取受骗人的信任,这意味着诈骗活动中最关键的环节已经完成。而在精准诈骗过程中,虚假信息(虚构场景)是实施电信网络诈骗的必备要素,这些虚假信息往往会利用受骗人潜在的贪婪、投机、侥幸、猎奇、恐惧、情欲等心理,或是利用信息不对称,用带有引诱、恐吓的文字、图片、声音、视频等多种类型的信息诱人上当。[②] 根据公安部公布的数据,典型网络诈骗场景可以分为网络购物场景、兼职“刷单”场景、游戏充值场景、赌博场景、理财场景等。以下以典

---

① 参见刘旭:《精准剧本“杀”牵出诈骗灰色产业链》,载《工人日报》2022 年 9 月 2 日,第 4 版。

② 参见庄华:《电信网络诈骗犯罪的大数据预警》,载《中国刑警学院学报》2022 年第 1 期。

型网络诈骗场景来对虚假信息元素进行分解。

1. 网购场景

2016 年 7 ~ 9 月，诈骗分子印某先后邀约伍某等 4 人实施诈骗。印某等人使用电脑上网登录 QQ，发布虚假信息诱骗他人低价抢购苹果手机，所骗取的钱财由印某等人均分。印某骗取钱财分为 5 个步骤：第一步，骗取受骗人支付 158 ~ 418 元的苹果手机购买价款；第二步，骗取受骗人支付 450 元激活安装费；第三步，骗取受骗人支付 1000 元所谓审核费用；第四步，骗取受骗人支付 3000 元审核退款费；第五步，骗取受骗人支付 5000 元退款保证金。若在行骗过程中的任何一个步骤被识破，诈骗分子均在获款后不再与受骗人联系。通过上述欺骗手段，诈骗分子一伙骗取 192 名受骗人钱财共计人民币 298, 733 元。①

在该案中，诈骗分子通过 QQ 聊天工具在互联网上发布虚假信息，诱骗他人低价抢购苹果手机，然后以各种名义分次骗取受骗人钱财，其主要利用了受骗人贪图便宜的心理，从而使受骗人疏于防范。因此，在上网购物时，不轻信低价抢购及中奖等欺骗信息，有效甄别虚假信息尤为重要。

2. 兼职“刷单”场景

苏某等人合谋实施电信网络诈骗。由苏某获取需要兼

① 参见湖北法院公布十起电信网络诈骗犯罪典型案例之二：“被告人印某、伍某、印某宇低价诱骗购买手机诈骗案”。

职人员信息后，冒充需要“刷单”的淘宝网商家、兼职招聘公司，面向需要兼职人员发放以高薪聘请大量兼职人员为内容的信息，并预留作案QQ号为联系方式，引诱大量需要兼职人员联系作案QQ。后苏某使用作案QQ号在与受骗人QQ聊天过程中，承诺受骗人垫资进行淘宝“刷单”兼职，在提高淘宝网商家销售量后可以返还本金及获取佣金，诱使受骗人利用自己手机支付宝、微信扫描诈骗分子提供的二维码支付，让受骗人误以为扫描的是淘宝网商家的支付二维码，实际上扫描支付的是诈骗分子事先在各类售卖手机充值卡、网络游戏充值卡平台下订单形成的支付二维码，为诈骗分子购买了上述充值卡，苏某再将充值卡进行销赃套取现金，后3人分赃。[①]

在该案中，诈骗分子利用兼职“刷单”的名义吸引受骗人，兼职“刷单”(兼职“刷单”的行为是否合法以及是否违反平台相关规则在此暂不讨论)即虚构交易，虽然不会发货，但是需要支付资金，这就给了诈骗分子可乘之机，诈骗分子利用了受骗人惯用理解的即常见的“刷单”交易流程。“刷单”交易流程客观上缺乏监管，没有相应的保障措施，一旦出现本案所述的情节，受骗人没有合理的应对措施。

3. 游戏充值场景

诈骗分子陈某从2017年7月左右开始从事买卖网络游

① 参见广东省连南瑶族自治县人民法院(2018)粤1826刑初7号刑事判决书。

戏点卡生意。2020 年 9 月开始,诈骗分子陈某为获取更高额的利润,其明知是他人电信网络诈骗而来的款项,仍然以提供游戏账户或者游戏充值界面的方式为电信网络诈骗分子“套现”。诈骗分子陈某将在淘宝上购买的小米游戏账户或九游游戏账户提供给事先与其联系好的出售“米币”或者“U 点”的从事或者关联电信网络诈骗的所谓的“卖币人”,或者直接打开小米游戏账户的“米币”充值界面或九游游戏账户的“U 点”充值界面,生成收款二维码或者收款链接,并将二维码或链接提供给从事或者关联电信网络诈骗的“卖币人”。“卖币人”将充值好的游戏账户交还给诈骗分子陈某,以 7 折价格将充值的“米币”“U 点”出卖给陈某,陈某通过转卖获取利益,最高可获取 25% 的利润。诈骗分子陈某从一开始“卖币人”低价卖给其“米币”或者“U 点”就判断出“卖币人”是电信网络诈骗分子或者关联犯罪人员,并明知其“套现”的是犯罪款项,但因贪图高额利润而未停手。事实上,电信网络诈骗分子正是以网络购物、网络“刷单”等名义诱导受骗人扫码或者点击充值链接进入诈骗分子陈某提供的游戏账户里充值,进而诈骗受骗人钱款。经查,2020 年 9 ~ 11 月,徐某、张某、朱某、李某等 81 人被电信网络诈骗分子以上述方式诱骗充值到诈骗分子陈某游戏账户共计 13. 38837 万元。诈骗分子陈某因此非法获利约 3. 3 万元

(按充值额的25%计)。[①]

在该案中,陈某利用游戏账户或游戏充值界面为电信网络诈骗分子提供"套现"渠道,为犯罪分子掩饰隐瞒犯罪所得,同时本人在此过程中抽取佣金,最终按照掩饰、隐瞒犯罪所得罪,被判处有期徒刑3年,并处罚金1万元。与此相关的是陈某的上游环节,即通过由此推广、充值返现等方式诱导受骗人充值游戏的行为。例如,邓某为实施电信网络诈骗犯罪,在与江苏子谦网络科技有限公司、江苏龙翔网络科技有限公司达成网络游戏推广协议,建立游戏结算平台后,伙同诈骗分子曹某等组员,在推广"仙侣世界""鸣剑风云""洛红尘"游戏过程中,采用"恋爱""相见""返现"等手段,骗得受骗人徐某、赵某等11名玩家的游戏充值款共计253,306元。[②] 在此过程中,诈骗团伙利用了网络游戏中的充值渠道,诱导充值,骗取钱财,充分利用了受骗人轻信他人的心理状态。

4. 赌博场景

2020年6月2日,一名电信网络诈骗团伙成员利用非法获取的个人公民信息,在悦缘婚礼App上注册用户名为"洋洋先生"的虚假信息与受骗人高某聊天,通过聊天受骗人高某与该"男子"添加QQ(明月清风)、微信好友(奋斗),并与

---

① 参见江西省宁都县人民法院(2021)赣0730刑初278号刑事判决书。

② 参见江苏省常州市钟楼区人民法院(2020)苏0404刑初24号刑事判决书。

该"男子"确定恋爱关系。随后"男子"自称在境外赌博网站工作,并发现境外赌博网站有漏洞,谎称受骗人给对方打钱后通过操作网站的漏洞可以获得高额的回报。受骗人信以为真,并登录电信网络诈骗团伙向她提供的网址进行网络虚拟赌博,赢取了高额的报酬,电信网络诈骗团伙告知受骗人其需要通过交纳税费、提升额度等方法才能提现,让受骗人向其提供的指定账户转款,受骗人高某从2020年6月8日至17日分别向对方提供的户名为"罗某"账户转款5次,共计964,200元。后受骗人高某联系不上该"男子",才察觉被骗,于2020年6月17日10时到额尔古纳市公安局报案。①

与此具有相似性的案件是胡某电信网络诈骗团伙案。诈骗分子胡某于2020年7月1日,伙同诈骗分子李某等人实施网络诈骗活动。李某等人根据胡某指示,伪装成女性美容店老板的身份,在"陌陌""探探""灵魂""婚恋App交友"软件上添加客户,之后利用微信持续聊天,通过聊天建立感情及信任关系后,诱导客户在"盛图娱乐"赌博网站上进行充值投注。为获取赌博网站投注流水的提成,诈骗分子利用客户的信任取得客户的账户及密码,登录客户账户进行恶意投注,将账户余额输光。2020年,李某在珍婚网站上以名为"陈诗雅"的女性身份,与受骗人吴某相识,利用微信名为

---

① 参见内蒙古自治区额尔古纳市人民法院(2020)内0784刑初57号刑事判决书。

“过眼云烟”的账号与吴某进行聊天，在与受骗人吴某建立感情并取得其信任后，李某诱导吴某在“盛图娱乐”赌博网站上进行充值投注，并将受骗人吴某在网站充值的47,022元恶意输光。[①]

以上两个案件是赌博诈骗场景下的典型案例，具有共性的诈骗思路。具体而言，首先通过婚恋软件或交友软件锁定目标群体，取得目标信任后，诱导客户进入赌博场景，或通过操控赌博结果实施诈骗，或通过恶意投注取得赌博投注流水。在诈骗行为构成要件方面具有共同的特点。在诈骗思路上，优先利用婚恋或交友，化解受骗人警惕心理，利用受骗人的信任，以赌博为工具，骗取受骗人资金。

5. 理财场景

2011年年底至2018年7月，汪某为攫取非法利益，在广东省深圳市、安徽省合肥市等地，成立创赢科技有限公司等电信网络诈骗犯罪团伙，招聘张某等100余人为集团工作人员，在互联网上架设多个金融推广网站，吸引有投资意向的客户开展虚假黄金、外汇、期货、股指、证券等金融产品交易。犯罪团伙采用故意提供反向行情、恶意指导客户频繁操作、篡改后台数据等手段，选择对客户不利的价格成交，限制营利客户出售，达到使客户亏损，非法占有投资资金的目的。该犯罪团伙共骗取包括受骗人唐某斌在内的2.6万余名被

① 参见吉林省长春市九台区人民法院(2021)吉0113刑初38号刑事判决书。

害人9.9亿余元。①

该案为公安部挂牌督办的重点案件,其典型性在于理财场景搭建完备,要素齐全。诈骗分子通过搭建金融推广网站锁定目标群体,其搭建的理财场景具体,可以提供虚假黄金、外汇、股指、期货等金融产品交易,将诈骗活动隐藏在金融交易中,将诈骗造成的财产损失伪装成为投资损失,实现电信网络诈骗的目的。

网络犯罪都需要网络平台支持,无论是电信网络诈骗中冒充公检法机关的"钓鱼"网站,还是网络赌博中各种诱人的色情网站、赌博网站或赌博App,都需要网络技术供应。电信网络诈骗团伙通常很少吸纳程序员加入,而是通过成熟的网络技术供应产业链购买所需服务,实现平台功能二次开发、涉赌涉诈App和网站搭建、代购境外服务器等硬件和网络服务。网络技术供应团队已经使用先进的"CDN加速技术"来提高对赌博网站、色情网站的访问速度,从而达到更好的"用户体验"。网络技术供应团队中,甚至有专业人员可以根据大量线下赌场的经验通过数学模型来设计后台的胜率,从而使参赌者越陷越深,并使庄家立于不败之地。②

① 参见江苏省仪征市人民法院发布2021年十大典型案例之一:"创赢集团特大跨境电信网络诈骗案"。

② 参见庄华、马忠红:《东南亚地区中国公民跨境网络犯罪及治理研究》,载《南洋问题研究》2021年第4期。

（二）利用第三方渠道验证，获取信任

第三方渠道验证的目的在于获取受骗人信任，其关键在于获取受骗人及周边的关键信息，同时避免受骗人与验证渠道直接取得联系。

1. 熟人验证

以前文所列公安机关报道的典型案例为例。① 首先，诈骗分子通过不法渠道，盗取群众手机通信录上所有联系人的联系方式，随后精准发送信息，导致最后出现"一人信息泄露，全单位遭殃"的悲剧情况。由于单位内部通信信息泄露，诈骗分子对单位组织架构、人员组成、联络信息等了如指掌，一番伪装后，便通过微信大面积"撒网"添加相关工作人员为好友。诈骗分子可以伪装成有关领导，并叫得出受骗人以及所在单位领导、高管的名字。建立联系后诈骗分子做的第一件事自然是博取受骗人信任降低后者戒备心。诈骗分子用关心下属工作的口气，让受骗人"如沐春风"，受宠若惊，以为自己的工作得到领导的肯定，极大地降低戒备之心。诈骗分子主动提出帮助受骗人解决困难，对话中暗藏"猫腻"，释放出朦胧信号，让受骗人对个人及事业的未来发展浮想联翩。

接下来进入诈骗环节，诈骗分子打着帮助亲戚公司、自

① 该案例材料来自广东省江门市公安局。

己不方便出面的幌子,要求受骗人转账。诈骗分子抓住受骗人对领导敬畏、不敢质疑的心理,使用一些具有催促性、暗示性的词语,既巩固营造的人设,强化信任关系,又营造紧张氛围,使受骗人在短时间内无法充分核实和了解情况,避免了受骗人去求证真实性,提高了诈骗的成功率。

在此过程中,为快速获取受骗人信任,诈骗分子往往会以涉事私密为借口,避免其直接与伪造身份的人接触。当然在一些案件中,诈骗分子会与第三方串通,即伪造熟人关系(如由伪造的其他领导或主管领导用微信小号等不常用的沟通渠道确认)代为进行验证,陈述内容互相勾连,迷惑受骗人。再加上诈骗分子的频繁催促,受骗人无暇对验证结果进行判断,最终会按照诈骗分子的指示将资金转移。

2. 渠道验证

仍然以案例作为解读素材。① 李先生接到两个陌生电话,对方分别自称是厦门电信的“客服”和“经理”,来电号码显示为“0592 - 10000”。“客服”和“经理”说,李先生在上海办理的固定电话地址是上海市松江区人民路 408 号,涉嫌违法开设赌博网站,手机和家里的固话都要停机。“我根本没开通这个号码啊!”李先生刚开始根本不相信。“客服”说,既然没有开通,那么最好报警。随后还“帮忙”转接到了“上

① 参见《厦门警方发布电信诈骗 4 招破解,一市民被骗 52 万》,载中国新闻网,https://www.chinanews.com.cn/sh/2014/08 -26/6531466.shtml。

海市公安局松江分局”。电话转接后，“上海市公安局松江分局经侦支队”办案民警“李强”向李先生确认此事，并称除涉嫌开赌博网站外，他还涉及一起重大贩毒、洗钱案件。“估计你的身份信息被人拿去办卡了！”“李强”告诉李先生。为了让李先生相信他是上海经侦民警，他还让李先生拨打上海“114”确认。按照他拨来的号码，上海“114”还真查到这是经侦支队的电话。毋庸置疑，诈骗分子所提供的电话号码是诈骗分子通过渠道虚拟形成的。

二、互联网参与主体的法律规制

（一）网络接入责任

互联网平台企业是互联网运营的主体，无论是基础层互联网企业、服务层互联网企业还是终端层互联网企业，提供产品和服务的根本动因是利润最大化。从互联网服务的提供商到内容的提供商，从互联网应用服务的提供商到应用基础设施的提供商，无不体现利润最大化原则，而“互联网+企业”更是通过营销模式、产品模式、管理模式、商业模式互联网化将利润最大化原则渗透到多个行业和领域。互联网企业把实现利润最大化作为最终目标，本无可厚非，然而少数互联网企业却在趋利过程中严重“越位”，通过出卖道德和放弃社会责任来片面追求利润最大化。①

互联网平台企业作为网络运营的重要主体,要增强底线思维,平衡好经济效益与社会效益的关系,努力承担起相应的社会责任,特别是网络内容制造者,要建设产品标准体系,推行产品过滤网和防沉迷机制,保证网络内容的可信度和健康度。② 网民作为互联网的重要居民,要加强自律自警意识,扮演好网络居民角色,遵守网络规范。严格落实《反电信网络诈骗法》赋予电信业务经营者、互联网服务提供者的职责。

按照《反电信网络诈骗法》的规定,电信业务经营者及互联网服务提供者在为用户提供互联网接入、网络代理等网络地址转换、互联网域名注册、服务器托管、空间租用、云服务、内容分发等服务,在与用户签订协议或者确认提供服务时,应当依法要求用户提供真实身份信息,用户不提供真实身份信息的,不得提供服务;③设立移动互联网应用程序应当按照国家有关规定向电信主管部门办理许可或者备案手

---

① 参见高步权、高敏:《互联网不良风气及其协同治理机制》,载《延安大学学报(社会哲学版)》2021 年第 4 期。

② 参见高步权、高敏:《互联网不良风气及其协同治理机制》,载《延安大学学报(社会哲学版)》2021 年第 4 期。

③ 《反电信网络诈骗法》第 21 条规定:"电信业务经营者、互联网服务提供者为用户提供下列服务,在与用户签订协议或者确认提供服务时,应当依法要求用户提供真实身份信息,用户不提供真实身份信息的,不得提供服务:(一)提供互联网接入服务;(二)提供网络代理等网络地址转换服务;(三)提供互联网域名注册、服务器托管、空间租用、云服务、内容分发服务;(四)提供信息、软件发布服务,或者提供即时通讯、网络交易、网络游戏、网络直播发布、广告推广服务。"

续；为应用程序提供封装、分发服务的，应当登记并核验应用程序开发运营者的真实身份信息，核验应用程序的功能、用途。[①]

同时，对于电信业务经营者、互联网服务提供者未能严格落实以上要求的，由有关主管部门责令改正，情节较轻的，给予警告、通报批评，或者处5万元以上50万元以下罚款；情节严重的，处50万元以上500万元以下罚款，并可以由有关主管部门责令暂停相关业务、停业整顿、关闭网站或者应用程序、吊销相关业务许可证或者吊销营业执照，对其直接负责的主管人员和其他直接责任人员，处1万元以上20万元以下罚款。

具体在电信网络诈骗中，互联网平台在为客户提供互联网接入等服务过程中，应当严格遵守相关要求，留存用户的真实身份信息，如婚恋交友网站、网购平台等，相关的用户真实信息保留对于预防电信网络诈骗以及电信网络诈骗后的责任追究具有重要的影响。

（二）网络地址代理和转换责任

对于提供网络地址代理及转换服务的主体，需要对跳转和转换的真实性和准确性承担责任。按照《反电信网络诈骗法》的规定，提供域名解析、域名跳转、网址链接转换服务

① 参见《反电信网络诈骗法》第23条。

的,应当按照国家有关规定,核验域名注册、解析信息和互联网协议地址的真实性、准确性,规范域名跳转,记录并留存所提供相应服务的日志信息,支持实现对解析、跳转、转换记录的溯源。[①]

此外,如果IP代理商违反《互联网IP地址备案管理办法》《数据安全法》等法律法规,不履行数据安全保护义务,给他人造成损害的,可能承担民事责任;违反治安管理行为的,面临治安管理处罚;构成犯罪的,将依法追究刑事责任。

除主要涉及帮信罪外,如果代理IP被用于篡改个人信息及后台数据,则还可能涉嫌破坏计算机信息系统罪、侵犯公民个人信息罪等。例如,IP代理服务提供商在明知有人利用其提供的IP代理服务实施网络诈骗的情况下,仍违反国家规定,未落实购买者真实身份信息认证、留存用户日志,多次为他人实施犯罪提供帮助,构成帮信罪。

因此,IP代理商负有严格审核用户,甄别用户需求,对购买其服务的用户的使用目的进行审核判断,并完整保留用户使用痕迹等责任,避免因用户使用行为而造成法律风险的发生。

具体到电信网络诈骗,网络地址代理商违反相关规定,为第三方实施诈骗行为提供便利条件,导致受骗人经济损

---

① 参见《反电信网络诈骗法》第24条。

失,网络地址代理商未尽到保留使用痕迹、落实用户真实身份等责任,其应当对由此造成的损失承担责任,违反治安管理的行为,需要承担治安管理处罚,构成其他犯罪的需要承担刑事责任。

(三)网络地址注册和空间租用服务责任

按照《互联网域名管理办法》的规定,任何组织或者个人在注册、使用的域名中,不得散布谣言,扰乱社会秩序,破坏社会稳定,侵害他人合法权益,以及其他含有法律、行政法规禁止的其他内容;域名注册管理机构、域名注册服务机构不得为含有前述内容的域名提供服务。此外,域名持有者从事互联网信息服务的,其使用域名应当符合法律法规和电信管理机构的有关规定,不得将域名用于实施违法行为。

作为域名注册管理机构、域名注册服务机构如果发现其提供服务的域名发布、传输法律和行政法规禁止发布或者传输的信息的,应当立即采取消除、停止解析等处置措施,防止信息扩散,保存有关记录;配合国家有关部门依法开展检查工作,并按照电信管理机构的要求对存在违法行为的域名采取停止解析等处置措施。

如果域名注册服务机构或相关主体提供域名解析服务,擅自篡改域名解析信息或者恶意将域名解析指向他人 IP 地址的,未落实网络与信息安全保障措施的,未依法记录并留存域名解析日志、维护日志和变更记录的,未按照要求对存在违法行为的域名进行处置的,由电信管理机构责令限期改正,可以视情节轻重处1万元以上3万元以下罚款,向社会公告。

在电信网络诈骗场景,特别是网购诈骗及投资理财诈骗,网络地址持有人未尽到网络信息安全保护义务,或传输禁止发布的信息或实施其他违法行为的,对于最终的犯罪结果承担刑事责任。而域名注册服务机构对于网络地址持有人的违法行为未尽到充分的核查义务,则按照《互联网域名管理办法》接受行政处罚或承担相应的罚款责任。

(四)账号管理责任

互联网用户的账号信息体现了用户的个性特征,是用户展示自我的重要载体。随着互联网信息服务飞速发展,通过注册、使用账号信息编造传播虚假信息实施侵权甚至网络暴力等行为时有发生,危害国家安全和社会公共利益,侵犯公民、法人和其他组织的合法权益。

按照《互联网用户账号信息管理规定》的要求,对于用户注册的账号,账号信息服务平台负有重要责任。

首先,服务平台应当采取复合验证等措施,对申请注册公众账号的互联网用户进行基于移动电话号码、居民身份证号码或者统一社会信用代码等方式的真实身份信息认证,提高认证准确率。用户不提供真实身份信息的,或者冒用组织机构、他人真实身份信息进行虚假注册的,服务平台不得为其提供相关服务。

其次，互联网信息服务提供者应当在互联网用户账号信息页面展示合理范围内的互联网用户账号的互联网协议(IP)地址归属地信息，便于公众为公共利益实施监督，同时也应当在互联网用户公众账号信息页面，展示公众账号的运营主体、注册运营地址、内容生产类别、统一社会信用代码、有效联系方式、互联网协议(IP)地址归属地等信息。

再次，互联网信息服务提供者应当依法保护和处理互联网用户账号信息中的个人信息，并采取措施防止未经授权的访问以及个人信息泄露、篡改、丢失。

最后，互联网信息服务提供者如果发现互联网用户注册、使用账号信息违反法律、行政法规的，应当依法依约采取警示提醒、限期改正、限制账号功能、暂停使用、关闭账号、禁止重新注册等处置措施，保存有关记录，并及时向网信等有关主管部门报告。

我国互联网用户多，账号基数大，且用户在使用账号的过程中，账号信息是动态变化的。若账号信息缺乏有效核验机制，违法和不良信息就易被传播，对网络生态造成不良影响。为此，《互联网用户帐号信息管理规定》要求，互联网信息服务提供者要建立账号信息动态核验制度，核验用户在注册时提交的、使用中拟变更的及网站平台内存量账号信息，并明确了从严核验的情形，从注册、使用、管理的全流程加强对账号信息的核验,堵住违法和不良信息传播漏洞。具体到电信网络诈骗中,要求账号信息服务平台(互联网平台)对于用户承担一系列的义务,特别是在网购、婚恋交友等场合下,要严格进行身份核验,同时留存 IP 等重要信息,这些对于防范电信网络诈骗尤为重要。

三、如何推动反电信网络诈骗的互联网治理

(一)完善互联网参与主体的责任体系

参考政府规制理论,规制类型大致分为 4 种:基于技术的规制、基于结果的规制、基于管理的规制和基于原则的规制。[①] 对应上述 4 种规制类型,在电信网络诈骗过程中,平台责任(行政义务)可分成行为责任、结果责任、制度责任和原则性责任。4 类责任作用于不同阶段,各有优势,各有侧重,协同配合。[②]

原则性责任是互联网平台责任的指导理念,具有纲领性和抽象性,比如,加强舆论引导、保护信息安全等概括性规定

① 参见解志勇、修青华:《互联网治理视域中的平台责任研究》,载《国家行政学院学报》2017 年第 5 期。

② 参见解志勇、修青华:《互联网治理视域中的平台责任研究》,载《国家行政学院学报》2017 年第 5 期。

属于原则性责任。[1] 具体而言，平台需要严格落实为用户提供互联网接入、网络代理等网络地址转换、互联网域名注册、服务器托管、空间租用、云服务、内容分发等服务，在与用户签订协议或者确认提供服务时，核验用户身份信息的义务；严格履行相应的许可及备案手续。此外，确保互联网平台内容的合法性，确保互联网平台不会被用于电信网络诈骗信息的传输及转接，保证网络安全，保护信息安全，确保个人信息不会发生泄露等，均属于互联网平台在此过程中需要承担的责任。

制度责任如建立信息检查制度、健全平台交易规则等制度要求，适用于网络平台的内部管理，重点在制度设计和后续执行阶段。[2] 互联网平台应当严格落实合规管理要求，通过制度内化落实相关法律法规、规章对于互联网平台的相关规定。同时，作为网络信息内容服务平台，应当加强内容生态管理，建立相关制度细则，完善信息内容服务平台在账户注册管理、内容审核、跟帖评论、网络谣言等方面的制度体系建设，规范用户及平台内容生态管理。与此相应，监管部门应当对平台企业内部制度进行必要的核查核验，推动互联网平台在内部信息管理、交易规则、违法违规信息处理等方面

---

① 参见解志勇、修青华:《互联网治理视域中的平台责任研究》,载《国家行政学院学报》2017 年第 5 期。

② 参见解志勇、修青华:《互联网治理视域中的平台责任研究》,载《国家行政学院学报》2017 年第 5 期。

均有效执行。

行为责任应用于特定事项，比如，对平台用户资质的审查、平台内容的记录备份和违法行为的报告义务等。在电信网络诈骗中，平台需要严格按照《反电信网络诈骗法》的规定，对用户个人信息、身份信息、特殊资质、平台内容等进行严格管理，落实平台行为责任。

结果责任则适合针对不同类型的网络平台设置不同的绩效标准，激励平台创新治理手段。当受规制者的同质性较高时，可以设置行为责任；当政府具备评估绩效结果的能力时，适合设置结果责任；而当受规制者异质性很高且绩效结果难以被评估时，制度责任更适用。在电信网络诈骗中，用户作为互联网平台的受规制者，需要严格按照平台规则使用平台，监管机构作为互联网平台的规制主体，则需要对互联网平台的违法违规责任加以明确，督促互联网平台落实反电信网络诈骗的法律责任。

（二）强化互联网账户管理，落实主体责任

账户管理需要落实在注册环节及具体的使用环节。

第一，进一步落实通信实名制的规则要求。除互联网行业自身严格落实提供互联网服务的实名制规则外，更重要的是，从注册流程的源头——手机号码及身份信息的实名制入手，从根本上杜绝各种非实名的黑卡和虽有人员信息登记但与实际使用人不符的黑卡的出现和泛滥，为互联网服务的实

名制提供基础性保证。

第二,强化公民个人信息的多维保护。既包括对侵犯公民信息的各类违法、犯罪的打击,震慑和预防侵犯公民信息的各类不法交易和不法渠道,也包括互联网行业提升技术防护能力,防范各种“拖库”“撞库”技术手段非法获取公民信息的行为。同时,对公民信息保护意识的培育与防范方法的传播,譬如,提醒民众不要随意披露个人数据信息,在电子商务活动中,防范个人信息隐私的泄露,无疑也是重要的一环。

第三,互联网行业不断增加技术识别恶意账号的安全保护措施。互联网行业不断更新判定恶意账号的安全策略,包括发现、识别、判定、溯源、处罚、打击、救济在内的一系列安全举措也应不断升级,在不断清理存量恶意账号的同时,采取多种手段遏制新增恶意账号的产生,不断压缩抽干恶意账号的“死水”池。

第四,倡导对恶意注册养号黑产的多方共治。恶意注册及养号黑产并非发生于个别互联网企业,而是广泛滋生于整个互联网行业。这不仅威胁网络空间的安全,更与下游多种违法犯罪、侵犯法益的行为密切相关,对现实社会的安全与秩序产生巨大危害。

因此,实现账户管理依靠企业一家难以成事,必须依靠多方联动,公安司法机关、工商管理部门、银行、通信运营商、互联网企业和学界联合起来,形成合力,共同推动建立预警机制、信息共享机制、反馈机制等。

（三）加强平台内容审查，避免诈骗信息发布

互联网平台应当严格落实内容审查职责，履行信息内容管理主体责任，加强本平台网络信息内容生态治理，预防电信网络诈骗风险，防范用户利用平台传递电信网络诈骗相关的违法信息。具体而言，互联网平台首先应从制度建设层面规范平台运营，建立健全网络信息内容生态治理机制，特别是在用户管理、信息审核、版面管理、应急处置等方面，需要建立一套完整的技术体系和处置体系，严格落实信息内容管理主体责任。同时，与此相匹配的是，互联网平台应配备与业务范围和服务规模相适应的专业人员，加强培训考核，提升从业人员素质。互联网平台应当加强信息内容的管理，发现存在任何违法违规信息的，应当依法立即采取处置措施，保存有关记录，并向有关主管部门报告。

此外，互联网平台应当树立正确的价值导向，坚持主流价值导向，优化信息推荐机制，加强版面页面生态管理，在重点环节（包括服务类型、位置版块等）积极呈现优质信息；鼓励网络信息内容服务平台开发适合未成年人、老年人等容易发生电信网络诈骗的群体使用的模式，提供适合特殊群体使用的网络产品和服务。互联网平台应当加强对本平台设置的广告位和在本平台展示的广告内容的审核巡查，对发布违法广告的，应当依法予以处理。

互联网平台应当参照商业银行信用卡领用管理办法，制定并公开管理规则和平台公约，完善用户协议，明确用户相关权利和义务，并依法依约履行相应管理职责，建立用户账号信用管理制度，根据用户账号的信用情况提供相应服务。

四、以案释法

（一）“周某某与广东快客电子商务有限公司网络侵权责任纠纷案”①

1. 基本案情

2017 年 11 月 24 日，周某某在“KK 馆”App 上购买了迪奥女士 Q 版香水四件套商品一份，2017 年 11 月 29 日，周某某收到上述商品，因怀疑是假货，周某某在“KK 馆”App 上向在线客服申请退货，在线客服答复称保税直邮商品暂不提供无理由退换货服务。2017 年 11 月 30 日 21 时 6 分，周某某收到号码为 136××××5370 打入的电话，一自称为“KK 馆”“售后楚楚”的客服人员联系周某某，并提出与周某某互加微信。21 时 8 分，周某某在微信中添加了“售后楚楚”。随后“售后楚楚”将周某某在“KK 馆”App 上的购物详情

① 参见广东省深圳市中级人民法院(2019)粤 03 民终 3954 号民事判决书。

(包括快递单号、收货人手机、收货地址、订单创建时间、订单付款时间、订单发货时间、订单完成时间、订单支付方式、订单支付号、用户账号、商品名称、金额)截图发送给周某某,并发送了退款链接给周某某。周某某点击进入"售后楚楚"发送的退款链接,并将姓名、卡号、动态密码发送给了"售后楚楚"。21 时 29 分,周某某的银行账户中被转走 49,990.96 元。周某某意识到被骗,于当天 22 时拨打"110"报警。

"KK 馆"是由快客公司委托易得公司开发,并由快客公司经营的一款购物 App。每次登录"KK 馆"App,都会弹出如下温馨提示:如有电信网络诈骗分子以"物流丢件或商品问题向顾客退款索要银行账户等信息",请不要随意相信,以免上当受骗。请您把电话拉黑,若有任何问题请联系"KK 馆"在线客服或致电"4000522321"。

2. 案件评析

该案件为典型的网络运营商侵权的情形。按照《网络安全法》第 40 条的规定,网络运营者应当对其收集的用户信息严格保密,并建立健全用户信息保护制度。周某某在快客公司运营的"KK 馆"App 上购物,快客公司作为网络购物电商平台的运营方,在收集、处理众多消费者个人信息过程中,应履行依法收集、合理使用、安全防护、禁止或限制披露等义务;对于其提供服务所采集的用户信息数据,具有严格保密的法律义务。具体到该案中,周某某在"KK 馆"App 上向在线客服申请退货,第二天接到“售后楚楚”的电话并添加了其微信。在微信聊天中,“售后楚楚”将周某某在“KK 馆”App 上的购物详情(包括快递单号、收货人手机号、收货地址、订单创建时间、订单付款时间、订单发货时间、订单完成时间、订单支付方式、订单支付号、用户账号、商品名称、金额)发送给了周某某。上述购物信息如此详尽,虽说这些购物信息是基于周某某的消费行为所产生的,周某某却无法一一掌握,而“售后楚楚”清楚知晓且将此购物信息发送给周某某,足以令周某某误以为“售后楚楚”就是“KK 馆”的售后服务人员。快客公司、易得公司声称未泄露周某某的信息,且周某某未能举证快客公司、易得公司存在泄露信息的情形,但从收集证据的资金、技术等成本上看,作为普通消费者的周某某根本不具备对快客公司内部数据信息管理是否存在漏洞等情况进行举证证明的能力。

因此,客观上法律不能也不应要求周某某证明必定是快客公司或易得公司泄露了其隐私信息,而应由快客公司举证其不存在泄露信息的行为。首先,快客公司未能举证涉案信息泄露归因于供应商、快递公司等第三方。其次,快客公司将购物信息打包给供应商、快递公司等第三方,在信息传送过程中反而存在泄露信息的可能。快客公司作为“KK 馆”App 的运营方,一方面,因其经营性质掌握了大量的消费者个人信息;另一方面,应有相应能力保护好消费者的个人信息免受泄露，这既是其社会责任，也是其应尽的法律义务。该案信息泄露事件的发生，在排除其他泄露隐私信息可能性的前提下，可以认定是快客公司疏于防范导致的结果，可以认定其具有过错，应承担侵权责任。最终，法院酌定快客公司承担60%的责任，周某某承担40%的责任。

（二）“付某某与北京三快信息科技有限公司等网络侵权责任纠纷案”①

1. 基本案情

付某某受单位指派于2018年7月30日乘飞机从张家口到上海出差。2018年7月27日，付某某委托同事梁某从美团App订购了7月30日上午10时30分从张家口宁远机场飞往上海浦东机场的东方航空公司MU2176航班。7月29日，梁某收到内容为“尊敬的付某某旅客，您预订7月30日航班号：MU2176，航程：张家口—上海浦东，因起落架系统故障已被取消，请您及时联系客服（021－31123460）办理退票/改签。（注：每位旅客将补偿延误费300元，改签需收取20元工本费）【东方航空】”的短信。梁某看到航班消息与原告预订机票信息完全吻合，将短信内容转发付某某。付某某看到短信后非常着急，因第二天已跟上海客户约好商谈合同，航班突然取消让其不知所措，便拨打了短信里的固定电

① 参见北京互联网法院（2018）京0491民初1905号民事判决书。

话(021－31123460)。对方冒充东方航空公司工作人员，让付某某提供了身份证号、手机号、银行卡等信息，并告知该预订航班确实因起落架故障取消，建议原告退票或改签，且称为防止客户收到退票款后不认账，需要知道其银行卡余额。付某某按照其指导操作退票程序，却被诈骗22,400元。后付某某报警，但款项已被分4笔从海南某银行的自动柜员机被取走。

2. 案例评析

该案是互联网平台经营者责任的典型案例。

首先，互联网平台经营者是否对用户信息负有安全保护义务。依照《网络安全法》的相关规定，[①]该案中的三快科技公司作为美团App的开发者，通过美团App为用户提供服务，是美团App的所有者、管理者和网络服务提供者，即美团App的网络运营者，应对其收集的个人信息负有确保安全的义务，应当防止信息泄露、毁损、丢失。付某某在美团App订购机票过程中产生的涉案信息，包括乘机人姓名、乘机时间、航班信息、起落地点、电话等，这些信息的集合能够体现出原告具体的乘机行程安排，明显区别于其他信息主体，具有高度的可识别性，符合法律规定应受保护的个人信

① 《网络安全法》第42条第2款规定，“网络运营者应当采取技术措施和其他必要措施，确保其收集的个人信息安全，防止信息泄露、毁损、丢失”；第76条第5项规定，“个人信息，是指以电子或者其他方式记录的能够单独或者与其他信息结合识别自然人个人身份的各种信息，包括但不限于自然人的姓名、出生日期、身份证件号码、个人生物识别信息、住址、电话号码等”。

息的特征。三快科技公司作为美团 App 的网络运营者，在订购机票交易中提供服务并收集了乘机人信息，三快科技公司负有确保涉案信息安全的义务，应当防止涉案信息泄露、毁损、丢失。

其次，三快科技公司所负保护信息安全义务的具体内容及其是否尽到了相应义务。内部使用时的义务内容：要强调的是，网络运营者所负有的对个人信息安全保护义务的内容应当首先满足法律上对其网络运行安全方面的一般要求。由于数据与信息具有密不可分的关系，网络运营者采集的个人信息亦属于其所掌握的数据，故对个人信息所应采取安全保护措施首先应当符合上述防止网络数据泄露的义务内容。三快科技公司负有通过制定管理制度和操作规程、采取技术措施等手段防止涉案信息泄露或者被窃取的义务。在此基础上，网络运营者在收集、使用个人信息时，还应当遵循合法、正当、必要的原则，公开收集、使用规则，明示收集、使用信息的目的、方式和范围，并经被收集者同意。三快科技公司在其信息安全管理无漏洞方面举证无法证明其已制定了管理制度和操作规程，采取了必要的技术措施来确保其收集的个人信息的安全。提供给第三方时的义务内容：结合案件信息可能被航空公司等其他主体泄露的意见。一方面，从现有证据看，三快科技公司并未提供充分证据证明涉案信息由其他主体泄露，其提供的商家导出订单报表等证据反而显示在商家处已将旅客手机号码进行了加密处理;另一方面,在因交易必要需将个人信息提供给第三方的情况下,网络运营者作为信息采集方,同样负有采取相应措施保护信息安全的义务。与个人相比,网络经营者应当也有能力通过完善经营模式或协议安排来分散风险和分担责任。三快科技公司主张,涉案信息亦可能被航空公司等其他主体泄露的意见不予采信,该项意见亦不构成免责或减责的事由。

再次,一是网络运营平台未履行保护信息安全的义务与个人信息在售票渠道被泄露的损失之间的因果关系。作为网络运营者、涉案信息采集者以及信息可能被泄露的风险开启者,其未履行保护信息安全的义务与涉案信息在售票渠道被泄露具有直接的因果关系。二是未履行保护信息安全的义务与该信息被非法利用后导致付某某经济损失之间的因果关系。付某某主张被诈骗导致的财产损失虽非三快科技公司直接侵权造成,但确实是由于涉案信息泄露并被非法利用,使其相信诈骗短信的真实性进而被骗所造成,网络运营平台未履行保护信息安全的义务与该信息被非法利用后导致经济损失具有间接的因果关系。

最后,网络运营平台应当对用户遭受的损失承担赔偿责任,根据法院的判决,最终酌定由网络运营平台承担50%的责任。由此可见,司法机关在电信网络诈骗的场景下对网络运营平台科以的义务。

（三）“吴某某诈骗罪案”①

1. 案情简介

2015 年，吴某某联系到刘某某制作钓鱼网站，利用钓鱼网站在网络游戏中诱骗他人实施诈骗。2015 年 9 月 22 日，吴某某在家中电脑上登录“海盗 VPN”将电脑 IP 地址伪装后，使用其盛大账号登录盛大公司网络游戏“热血传奇”服务区，散布收购高级游戏账号的虚假广告信息。同日 22 时许，李某在游戏中看到信息后与吴某某联系，谈妥以 700 元现金（包含虚构的交易网站手续费 35 元）买卖账号后，吴某某提供一个名为“9365 交易平台”的钓鱼网站用于交易。李某在该网站注册登录后，将其盛大游戏账号在该网站挂单出售，李某按照网站信息提示与客服 QQ（昵称为客服 9753）联系交易事宜。吴某某冒充客服 QQ 骗取李某盛大游戏账号，登录该账号并修改账号密码后，在钓鱼网站后台更改数据使该单交易显示成功，并将李某注册信息预留提现银行卡号数字更改一位。李某在网站上进行 665 元现金提现操作时，显示失败，银行卡号输入错误，账户资金被冻结。李某遂按照钓鱼网站信息要求与财务客服 QQ（昵称为财务客服 09）联系账户资金解冻事宜。次日，吴某某使用 QQ 继续冒充财务客服和客服主管 QQ（昵称为客服主管）等身份，以各种理由

① 参见四川省广元市昭化区人民法院（2016）川 0811 刑初 20 号刑事判决书。

要求李某打款解冻账户资金。按照吴某某要求，李某对吴某某提供的微信以及邮政银行账户进行转账付款共计74,335元。

为了在不暴露真实信息情况下将李某所付74,335元进行“套现”，吴某某要求李某打款的同时登录李某的盛大游戏账号，利用游戏角色在“热血传奇”游戏1服务器中联系元宝(游戏虚拟货币)商人项某某、倪某某购买元宝，将李某通过微信转账支付的3笔现金，又通过微信转账支付给项某某购买元宝。并让李某直接打款至项某某的邮政银行卡、倪某某的邮政银行卡用于购买元宝。所得元宝被吴某某全部转移至其盛大游戏账号(账号为a297959)中。吴某某又通过该账号登录盛大游戏“传奇外传”中“鹏程万里”“盛世年华”服务器，将所有元宝以1:1.065的比例兑换人民币多次贩卖给该游戏中元宝商人刘某游戏工作室，刘某游戏工作室即分多次将7余万元转至吴某某提供的银行账户中。

2. 案例评析

该案属于诈骗网络游戏账号以及其他财物的典型案例。现金财产属于诈骗罪的范畴，自无疑问，那么游戏账号是否属于诈骗罪所保护的“财物”范畴呢？按照《民法典》第127条的规定，法律认可对于数据、网络虚拟财产的保护。但是现实情况是复杂的，网络虚拟财产的情形多种多样，《民法典》对于网络虚拟财产的概括性规定并不能明确说明网络虚拟财产是否属于诈骗罪所保护的财物范畴。虚拟财产不同于现实财产,具有特殊性。[①] 作为财产犯罪对象的财物,至少具备管理可能性、转移可能性和价值性的特征。[②] 虽然游戏账号在合同层面属于游戏开发商(或运营商),但是玩家在完成注册后,对于游戏账号以及游戏账号内的道具具有管理的可能性,可以实现占有。虚拟财产具有转移可能性,这是毋庸置疑的,如果无法转移,则不具有被盗窃、诈骗的可能性。游戏账号以及游戏账号内的道具是具有价值的,并且具备交换价值,可以转化为其他限制的财产权益,无论从使用价值还是交换价值,抑或是客观价值还是主观价值,游戏账号及游戏账号内的道具均具有价值。就该案而言,游戏账号以及游戏账号内的虚拟货币,均可以进行兑换交易,具有交换价值,不能因为虚拟财产存在方式的非实体性而否定虚拟财产的价值。至于游戏账号内获取的道具,在存在形式上属于记载于电脑网络和游戏程序的电磁数据,但却是玩家付出了大量时间、精力和金钱获取的,该道具通过兑换渠道可以转化为现实的利益,具有商品属性。玩家从游戏修行、财产得失、游戏社交中获得感官上和精神上的享受,也从金钱上和物质上得到一定的回馈。上述对价与回馈的交换、交替

---

① 参见陈兴良:《虚拟财产的刑法属性及其保护路径》,载《中国法学》2017 年第 2 期。相比现实财产,虚拟财产的虚拟性主要表现为财产存在方式的非实体性。而就虚拟财产的价值而言,则具有真实性。

② 参见张明楷:《非法获取虚拟财产的行为性质》,载《法学》2015 年第 3 期。

与互动，赋予网络游戏账号以明确的财产属性。因此在该案中，网络游戏账号以及利用网络游戏账号诈骗所取得的财物都属于诈骗罪所保护的“财物”的范畴。

在该案中，吴某某利用游戏账户进行网络诈骗，以非法占有为目的，采用虚构事实，隐瞒真相的欺骗方式，以游戏账户管理权的转移为主要工具，骗取受骗人财物，触犯了《刑法》第266条之规定，应当以诈骗罪追究其刑事责任。

第五篇

加强对电信网络诈骗的“资金链”治理

获取非法经济利益是电信网络诈骗类犯罪的首要特征，也是诈骗犯罪分子的首要追求目标，可以说诈骗犯罪分子实施的各类电信网络诈骗犯罪行为都离不开对经济利益的获取。因此，我国《刑法》将诈骗罪规定在第五章“侵犯财产罪”一章中，彰显了财产法益侵犯的本质特征。针对侵财类犯罪的自身特点，司法实践打击该类犯罪的着力点一般为“资金链”整治，即针对犯罪分子在诈骗犯罪活动中获取的经济利益流向，切断其资金、赃款、赃物的流转链条，从经济规制角度达到对诈骗犯罪釜底抽薪的效果。

一、电信网络诈骗犯罪的资金链识别

切断电信网络诈骗犯罪活动的“资金链”，首先需要对其“资金链”进行识别。一条完整的“资金链”由各类金融资金账户组成，诈骗犯罪分子以账户资金流向为依托，在上、下游形成各自分工不同的“专业化”团队，分别实施账户买卖、赃款转移以及“黑钱洗白”等违法犯罪活动。想要有效切断电信网络诈骗资金链条，需要对其上游中介“卡农”、电信诈骗“水房”以及下游电信网络诈骗团伙的性质和作用具有明确的认识和界定，为电信网络诈骗犯罪“资金链”治理提供支撑。

（一）电信网络诈骗上游的“卡商”“卡农”概念

在电信网络诈骗犯罪“资金链”治理过程中，为了便于对诈骗犯罪分子各类人员进行区分，依据其在诈骗犯罪中地位、作用的不同，把提供资金账户的违法犯罪分子称为“卡商”或者“卡农”。“卡农”是指向诈骗犯罪分子提供资金账户协助转移赃款的人，即以出借、出租、出售等方式向实施电信网络诈骗的犯罪行为人提供以自己名义开办的银行卡、电话卡、银行U盾等，协助转移诈骗所得及赃款的人。与“卡农”概念相呼应的“卡商”，即“卡农”的上家，其在诈骗犯罪过程中，负责寻找、招揽“卡农”，利用“卡农”的身份信息，办理相关银行卡账户、U盾等，为诈骗犯罪活动提供洗钱转账账户。因此，“卡农”和“卡商”是一组相关联的概念，他们处于电信网络诈骗犯罪“资金链”的上游，共同为电信网络诈骗既遂后的资金处理提供支持，在电信网络诈骗“资金链”治理中处于关键地位。其中，有些诈骗犯罪分子既是电信网络诈骗犯罪行为的具体实施者，又充当“卡商”的角色，为自己的电信网络诈骗犯罪活动寻找资金账户。同时，此犯罪中的“卡商”在一定情况下也可能成为另一诈骗犯罪中的“卡农”，这种相互之间的串联互通，给电信网络诈骗“资金链”的治理造成障碍。

（二）电信网络诈骗中的“水房”概念

从文义角度理解“水房”，可将其理解为“蓄水池”，只是“水房”内蓄积的水是诈骗犯罪分子的诈骗所得。在电信网络诈骗犯罪中，犯罪嫌疑人采取各类手段和方式诈骗被害人的所得，通过“卡商”“卡农”的账户将诈骗钱财汇聚进入“水房”，再由“水房”的掌控者将进入“水房”的诈骗资金通过一级账户向二级、三级账户流转，或者通过支付、网购等方式向外拆分资金。在司法实践中，由于“水房”具有汇聚诈骗违法所得资金并快速流转的功能。直接导致进入“水房”的诈骗所得能够被快速“洗白”。从本质上来讲，“水房”类似于洗钱资金汇聚账户，为了达到诈骗违法所得“洗白”的效果，不少“水房”账户还与境外电信网络诈骗犯罪分子或者机构相勾连，许多从“水房”分散出的资金甚至会“飞”到境外转一圈，再回到国内，从而消弭其违法性质。总之，在电信网络诈骗犯罪行为资金链中，“卡商”“卡农”提供金融账户建立违法所得流转路径，“水房”对下级账户内资金进行汇聚，再由一级账户通过转账、支付、购物、“赠与”等方式向下级账户或者境外流转，通过此环节掩盖上游电信网络诈骗犯罪所得的犯罪性质，最终完成“洗钱”活动。

（三）下游“电信网络诈骗团伙”的概念

在电信网络诈骗“资金链”的治理中，对所谓下游“电信网络诈骗团伙”的识别至关重要，因为“团伙”里的“犯罪嫌疑人”并不典型，有些人因日常生活中无意的行为也有可能成为电信网络诈骗犯罪的“帮凶”，进而成为“电信网络诈骗团伙”成员。一是个人实名信息的“无意提供”或“有意贩卖”行为。诈骗犯罪分子为了构建电信网络诈骗犯罪的洗钱链条，会通过借用、购买等方式获取他人的个人实名信息。有些被害人在“半推半就”或者“无意违法却有意贩卖”的情况下，将自己的个人身份信息等提供给了诈骗犯罪分子，直到涉嫌犯罪仍然未能意识到问题的严重性，但其提供的个人信息已经被运用到了洗钱资金链的创建中。另外，一些销售行业、金融理财机构等的工作人员，由于掌握较多的客户信息，也容易成为诈骗犯罪分子洗钱行为的“帮凶”。二是提供个人银行卡、U 盾、身份证号码的行为。电信网络诈骗资金链的建立需要金融机构资金账户的开设，诈骗犯罪分子一般会采取发送各类信息的方式，为银行卡、身份证号码开立价码，来吸引下游被害人为其提供相关银行卡账户，为诈骗非法所得洗钱资金链的建立提供“素材”。三是提供与银行卡信息绑定的手机号码的行为。信息化时代的转账、支付行为离不开身份信息的验证，许多银行卡账户的正常使用需要手机卡接收验证码进行身份验证。因此，诈骗犯罪分子在获取个人实名身份信息和银行卡、身份证号码的同时，会以购买、借用等方式使用他人的手机卡，由于手机卡的申请需要实名认证，则会给手机卡开立人造成犯罪隐患。因此，在电信网络诈骗洗钱资金链条中，手机卡持有人往往也会成为“电信网络诈骗团伙”成员。总之，在上述洗钱资金链中，对于下游提供身份证号码、银行卡、手机卡以及其他实名个人信息的所谓“电信网络诈骗团伙”成员，虽然客观上与上游诈骗犯罪分子形成“团伙”，但在认定诈骗犯罪时应当着重对其主观认知、意图进行辨识，在主客观相一致层面认定其是否构成诈骗罪共犯，不可轻易入罪。

二、电信网络诈骗的洗钱手段

诈骗犯罪分子在建立起电信网络诈骗违法所得的洗钱

“链条”后,会采取各种各样的手段“洗白黑钱”,主要包括第三方支付、第四方支付、虚拟货币以及贸易对冲等。各类手段之间往往界限不甚明了,存在交叉运用关系。

(一)第三方支付的洗钱手段

第三方支付,是指独立的金融服务支付平台,以线下实际电子商务交易为依托,在信任度较低的两方商业机构或者个人之间提供交易服务的支付方式。由于第三方支付以合作的银行信用为保障,在一定程度上不存在信用危机问题,在支付领域具备优良的扩大商品流通的品质,外加我国网络大数据的快速发展,第三方支付的规模迅速扩张,尤其在网络购物中,几乎都有第三方支付的身影。正是由于具备扩大商品和货币流通的诸多优势,第三方支付也成为电信网络诈骗犯罪分子“洗白”诈骗违法所得的工具。第三方支付主要包括以下几种方式:一是电信网络诈骗犯罪分子会将诈骗所得赃款在银行账户和第三方支付平台之间来回转账,以制造转账流水的方式逃避责任追究。二是利用第三方支付平台的商品交易功能,电信网络诈骗犯罪分子将诈骗所得“黑钱”用来在线购买各类商品并予以转卖“套现”,“洗白黑钱”。三是电信网络诈骗犯罪分子借助各类第三方支付平台发行的 POS 机进行“套现”洗钱等。在司法实践中,一些持牌或者非法的第三方支付机构平台,设立多种支付 App,在国内或者跨境服务中,与电信网络诈骗犯罪分子开设的公司合作,提供支付结算或者资金通道等服务,成为洗黑钱的“地下钱庄”。同时,第三方支付平台之所以会成为洗钱帮凶,主要还在于网络支付手段快捷且难以辨别资金的真实来源和去向,电子证据信息庞杂难以收集,审核及线下巡检障碍重重,法律责任承担认定难度大等,这些在客观上都成为电信网络诈骗犯罪分子洗钱的“保护伞”。

(二)第四方支付的洗钱手段

第四方支付架构依托第三方支付平台发挥作用,可相对于第三方支付的概念来具体认定。第三方支付平台架构于商户、消费者与银行之间,形成三方支付交易结构,而第四方支付则是联结第三方支付与商户、消费者的桥梁,本质上属于对支付交易模式的集合,是对第三方支付的拓展和整合。在具体的司法实践中可以发现,由于第四方支付运行的整个链条架构整合了大量第三方支付平台链接端口,吸引了庞大的客户群体,交易流水极大,与其他支付手段相比更具灵活性、便捷性,电信网络诈骗犯罪分子正是利用了第四方支付平台的灵活便捷与难以监管的特点,借助第三方支付方式搭建起第四方支付平台转移、“洗白”诈骗违法所得。同时,由于许多第四方支付平台本身并未获得国家监管部门的认可,其运作过程中存在大量风险,凡是利用第四方支付平台帮助“洗白”不明来源资金的行为均有可能涉嫌犯罪。在日常生活中,无论资金转账还是网络购物,第三方支付方式、第四方支付方式均屡见不鲜，不少犯罪分子借助其低门槛、管控缺位以及贪图暴利等，开设第四方支付业务诈骗钱财。作为普通用户需要注意识别支付方式的性质，如果在下载相关软件时发现涉嫌赌博、色情、诈骗等违法犯罪内容的，应当及时报警、止损，不要将自己的银行账户、手机号码等个人身份、财产信息提供给相关的第四方支付平台，也不要注册、绑定个人财产账户信息，即使是正常偶尔使用也有可能泄露上述信息，进而可能会成为各类电信网络诈骗犯罪分子洗钱链条中的“帮凶”。另外，由于账户信息或者电话卡注册信息均为实名，在侦查机关侦查相关洗钱犯罪链条时，首当其冲的均为账户信息的注册人，一旦被确定为犯罪嫌疑人，其各项金融权益及社会权利均会受到较大影响。

（三）利用“跑分”平台实施的洗钱行为方式

“跑分”一词较早见于 2020 年，是伴随电子网络支付（如微信码支付、支付宝二维码支付）发展起来的一种违法“洗钱”方式，其中“分”即指代货币，“跑分”也就是“洗钱”行为。在一般情况下，“跑分”平台或者专门开展“跑分”活动的个人会利用微信、支付宝等电子支付中的收款码或者银行卡等，为其他人进行代收款活动，进而从中赚取佣金。由于“跑分”活动使用的支付码等均不产生较大成本，故成为电信网络诈骗犯罪分子实施洗钱的“绝佳帮手”。同时，由于“跑分”平台或者使用代收码的洗钱行为难以识别，且大多数收款、付款码系日常生活中的正常资金融通渠道,不存在专门的监管和查封风险,这也为电信网络诈骗犯罪分子实施洗钱犯罪提供了便利。在“跑分”平台为电信网络诈骗犯罪分子实施的洗钱行为中,主要包括代付和代收两种类型。代付型“跑分”洗钱流程主要包括 4 个节点,分别是诈骗犯罪分子以电信网络诈骗违法所得向“跑分”平台注入预付款,当其有对外付款需求时,会向“跑分”平台发送“支付订单”,平台在获取到支付订单的收款方账户以及付款金额时,由平台支付一定费用给参与“跑分”的用户,由“跑分”用户利用电信网络诈骗违法所得的预付款对外支付,从而完成洗钱。代收型“跑分”洗钱方式与上述代付型洗钱模式流程相反,虽较多出现在赌博洗钱犯罪中,但与电信网络诈骗犯罪所得洗钱具有本质上的同一性,即先由“跑分”客户在“跑分”平台中提供收款方式并缴纳押金,同时某赌博网站赌客向“跑分”平台发起赌资充值申请,赌博网站通过“跑分”平台将“跑分”客户预留的收款码展示给有资金需求的赌客,由赌客扫码完成转账。此时,“跑分”客户收到赌客的转账资金,“跑分”平台相应抵扣“跑分”客户押金,同时扣除相应佣金支付给“跑分”客户,从而完成“黑钱”与“押金”的置换,进而完成“洗白”流程。

(四)利用“虚拟”货币实施的洗钱方式

虚拟货币区别于国家发行的实体流通货币,是指不受管制且仅在特定网络虚拟社区、虚拟场景内使用的一种非真实货币。根据欧洲银行业管理局给出的定义，虚拟货币不是由各国中央银行或者国家金融公共管理机构发行，但具有数字化交换价值表示，并被自然人或者公司法人所接受的一种虚拟数字化明示方式，具有可以电子方式转移、存储或者交易的功能。① 由于虚拟货币不受监管以及具备类似法定货币的功能，不少电信网络诈骗犯罪分子开始利用虚拟货币实施洗钱犯罪行为。首先，一些电信网络诈骗犯罪团伙在获取了犯罪资金后，会预先在网上通信群组或者网络购物网站上发布兼职信息，并隐瞒兼职的具体内容，只以较高回报或者佣金报酬为幌子吸引不明真相的求职者。其次，在高佣金、高报酬的诱惑下，不少求职者会落入诈骗犯罪分子精心布置的圈套，进而被拉入虚拟货币交易平台，在普通商品交易掩护下从事虚拟货币的交易行为。再次，被拉入虚拟货币交易平台的兼职者在电信网络诈骗犯罪分子的指使下，注册登录虚拟货币交易平台，使用犯罪分子支付的电信网络诈骗犯罪所得购买、卖出虚拟货币，一进一出的交易行为从根本上混淆了诈骗违法所得的来源，掩盖了其交易资金非法所得的“黑钱”性质，最终实现了诈骗犯罪分子的洗钱目的。同时，由

① European Banking Authority, *EBA Opinion on "virtual currencies"*, 4 July 2014, https://www.eba.europa.eu/sites/default/documents/files/documents/10180/657547/81409b94-4222-45d7-ba3b-7deb5863ab57/EBA-Op-2014-08%20Opinion%20on%20Virtual%20Currencies.pdf?retry=1, p. 10-11.

于虚拟货币交易平台存在区块链钱包匿名功能，在虚拟货币的买卖交易过程中仅显示兼职者的注册及交易信息，从而掩盖了电信网络诈骗犯罪分子的背后指使行为，使电信网络诈骗“黑钱洗白者”能够轻易逃避侦查机关的多重监管与打击。最后，随着买卖、租借实体银行卡的洗钱行为被有效遏制，利用虚拟货币通过“跑分”平台实施洗钱的犯罪行为呈现增加态势，虚拟货币与“跑分”平台的结合增加了侦查难度，更需要百姓在日常生活中警惕防范。

（五）贸易对冲或者“对外贸易”的洗钱方式

贸易对冲属于金融词汇，也称为对冲交易，具体是指一种投资组合模式，即在国际贸易中，为了规避风险赚取利润而采取的同时买涨和买跌的投资行为。由于交易主体同时买涨和买跌，无论市场行情是上涨还是下跌，总有一边投资在赚钱，如果赚钱幅度高于亏钱幅度的，就可获取整体交易的盈利。洗钱犯罪的最终目的是掩饰、隐瞒赃款来源和性质，实现这一目标需要进行大量资金的流转。贸易对冲本质上属于资金密集型行业，因此，不少电信网络诈骗犯罪分子会频繁采取贸易对冲投资方式实施洗钱违法犯罪活动。除贸易对冲的洗钱方式外，电信网络诈骗犯罪分子还会借助国际进出口贸易实施洗钱犯罪，主要包括以下几个方面：一是电信网络诈骗犯罪分子在国际贸易交易进行过程中，采取锚定货物价值差额等方式，通过成立“空壳公司”，采取虚报货物、服务价格方式赚取相关利润差额,或者假借国际贸易之名向国外转移赃款,进而达到洗钱目的。二是成立外贸公司直接与境外人员展开贸易活动,或者利用外汇黑市进行投机交易,最终“洗白”违法资金。有些诈骗犯罪分子还会利用上述资金转投国内产业,更加混淆了违法资金与合法资产的界限,给打击电信网络诈骗犯罪洗钱活动增加了更多的障碍。三是“空壳公司”之间的交易行为,即电信网络诈骗犯罪分子通过跨国方式成立几家“皮包公司”,实际并不进行货物经营,而是假借外贸交易之名,在“空壳公司”之间进行资金的虚假交易流转,从而将违法所得的黑钱转变成所谓的企业利润或者营业所得。总之,通过贸易方式的洗钱犯罪形式,主要包括成立“空壳公司”、“皮包公司”,或假借国际贸易名义、促进违法资金跨国流动、赚取贸易本身利润或差额等,最终目的是实现违法资金的转移、流通,以掩盖其违法性质。

三、对利用虚拟货币“跑分”洗钱模式诸要素的分析及其法律后果

(一)虚拟货币的概念及特点分析

在前文中,我们分别对虚拟货币以及“跑分”平台等的

洗钱模式进行了单独介绍,可以说虚拟货币与“跑分”平台的结合是信息化技术发展的结果,也是诈骗犯罪分子洗钱犯罪活动专业化特征的集中体现。对虚拟货币并无明确的最终定义,但在与现行实体货币的对比中,我们能够发现其所具有的特殊属性,以做到与国家主权实体货币的区分。顾名思义,虚拟货币是指一类非实体性货币,也就是其本身不具有实体化的货币载体及外观。在货币的材质构成和具体流通性质方面,虚拟货币主要具有以下几个方面的特点:一是与现行通行的国家主权货币材质具有较大区别。目前,世界上流通的大部分国家主权信用实体货币构成材质主要包括纸张、塑料、金属等,是一种具有实体载体的货币形式。但虚拟货币本身的构成不具备上述特征,是一种利用数字化程序编辑、以智能合约为基础发行和流通的数据片段,不具备传统货币的实体化外在形式。二是传统实体化国家主权货币具备国家主权信用背书,是依据国家经济实力和信誉进行流通的法定货币,具有强制流通性和法定性。但虚拟货币的流通没有国家信誉背书,不具有法定的经济代偿功能或者强制接受流通的性质,只在特定领域,如网络虚拟空间内被特定人员或者公司、团体接受,具备一定流通功能的数据化“准货币载体”。由于虚拟货币具备上述特性,根据我国中国人民银行、原银保监会、证监会、中央网信办、外汇管理局、最高人民法院、最高人民检察院等部委发布的《关于防范比特币风险的通知》《关于防范代币发行融资风险的公告》《关于进一步防范和处置虚拟货币交易炒作风险的通知》等政策文件的规定，虚拟货币不具有与现行货币同等的法律地位，不属于真正意义上的货币，不能也不应当在我国的经济活动中流通使用。同时，公民从事虚拟货币的兑换服务、交易中介、衍生品服务以及资讯推介服务涉嫌非法金融活动，公民投资和交易各类虚拟货币的行为得不到相关法律的保障，需自行承担投资风险。中国监管机构的执法有效地控制了境内虚拟货币的投机炒作风险，保障了投资者的合法财产权益，促进相关行业回归理性和迈向服务实体经济的目标。

（二）虚拟货币促进了电信网络诈骗洗钱犯罪的发生与发展

虽然我国宣布了虚拟货币的非法性质，但虚拟货币本身具有的某些属性却为电信网络诈骗洗钱犯罪提供了"契机"。一是虚拟货币具备一定的财产属性和价值。虚拟货币种类繁多，包括但不限于百度币、无限币、Q币、比特币等，均系在特定领域货币的"代偿物"，是为方便网络交易、游戏交易等的交易行为而创设的，其本身就具有财产属性，可为电信网络诈骗犯罪洗钱提供支撑。二是虚拟货币的难监管及源头溯及的隐蔽性。虚拟货币由于不具有国家法定货币的性质，其发行、流通、炒作等行为不易监管。虽然虚拟货币仅在特定领域被特定主体接受和承认，但由于其流通过程的去中心化，且其流通过程具备加密功能，使虚拟货币的溯源追踪难度较大，从而为电信网络诈骗洗钱犯罪提供了隐蔽性媒介。三是涉及虚拟货币的刑法罪名认定和证据收集存在较大难度。虚拟货币之所以在我国被宣布为非法，更多是基于其流通过程的风险防控问题，但在特定领域的流通仍然没有全部被制止，且在出现盗窃、洗钱犯罪等行为时，刑事法律的认定也存在难度。例如，在洗钱领域，要认定电信网络诈骗犯罪分子的洗钱犯罪罪名成立，需要对网络电信诈骗资金的流转路径、金额、主观明知等进行证据固定，但虚拟货币的交易本身就存在隐蔽性，且其是利用遍布全国各地不同行为主体提供的银行卡所建立的“跑分”平台流转资金的，难以对其诈骗所得资金的流转路径进行明确固定，一旦上述电信网络诈骗非法资金与合法资金混同，再叠加诈骗犯罪分子对主观洗钱明知予以否认的，司法实践认定洗钱罪罪名成立的难度极大。因此，虚拟货币本身具有的特点与电信网络诈骗洗钱犯罪之间具有紧密的联系，对电信网络诈骗犯罪的打击离不开对其洗钱交易媒介虚拟货币的监管。

（三）“跑分”平台的构建模式及打击难度分析

前文对“跑分”平台进行过分析，“跑分”一词中的“分”就是指钱，“跑”的含义是指转账、流转，“跑分”即是指钱在一定渠道中流转。而“跑分”平台就是为钱的流转而搭建的资金流通渠道的总和。在电信网络诈骗犯罪中，由于电信网络诈骗所得的违法性质，诈骗犯罪分子必须要通过一定的资金融通渠道“漂白”黑钱，“跑分”平台即是其为了实现上述目的而搭建的资金“漂白”渠道。资金渠道的构建具有多种形式，“跑分”平台属于资金融通渠道的一种，但却包含了各类“合法”行为主体的自觉、不自觉参与。例如，随着支付宝、微信扫码的兴起与普及，为了获得提供扫码转账佣金，而向犯罪分子提供上述各类支付码的行为存在偶然性，虽然其构成了“跑分”平台的一部分，构成违法，但若打击面过宽则违背了刑法谦抑原则，且提供支付码的行为主体本身分散范围较广，也给刑事打击带来难度。因此，诈骗犯罪分子一般会通过各种手段，如朋友推荐、介绍等方式，邀请、逼迫各类行为主体提供各类支付码、银行卡、U 盾、手机卡以及各类电子转账通信媒介等，然后通过在各个不同银行卡、不同主体提供的支付码间的转账和资金流转建立链接，构建起电信网络诈骗犯罪的洗钱路径，进而搭建起典型的“跑分”平台。通过对一些司法案例的观察发现，不同规模的电信网络诈骗犯罪基于其收集、利用的银行卡、手机卡以及其他转账媒介的数量的不同，所能搭建的“跑分”平台的规模大小也各不相同，但其本质上均属洗钱融资渠道之列，均具有流转渠道分散难监管、证据固定难度大等特点。

（四）虚拟货币借助“跑分”平台“洗钱”可能涉及的法律后果分析

虚拟货币作为电信网络诈骗犯罪所得的“代表性准货

币”,在“跑分”平台流转过程中不可避免地会涉及诸多支持要素,例如,对支付码、手机卡的收集以及洗钱本身等均会涉及不同的刑法罪名。首先,虚拟货币在“跑分”平台的流转借助于网络媒介,可能会触犯非法利用信息网络罪。根据《刑法》第287条之一的规定,设立用于实施诈骗、传授犯罪方法、制作或者销售违禁品、管制物品等违法犯罪活动的网站、通信群组的或者为实施诈骗等违法犯罪活动发布信息的,均属于非法利用信息网络罪的行为之一。相关司法解释进一步规定,非法利用信息网络罪中的违法犯罪包括犯罪行为以及属于《刑法》“分则”规定的行为类型但尚未构成犯罪的违法行为,且以实施违法犯罪活动为目的而设立或者设立后主要用于实施违法犯罪活动的网站、通信群组的也属于非法利用信息网络罪的行为类型。因此,电信网络诈骗犯罪分子利用虚拟货币借助“跑分”平台实施的洗钱行为依托网络本身极有可能构成非法利用信息网络罪。[①] 其次,“跑分”平台的建立包含各类银行卡、手机卡作为电信网络诈骗非法所得的“融通”渠道,即为搭建“跑分”平台所凭借的各类银行卡、手机卡的提供者可能涉嫌的罪名为帮信罪。根据我国《刑法》第287条之二的规定,明知他人利用信息网络实施犯罪,为其犯罪提供互联网接入、服务器托管、网络存储、通

---

① 可以认为,该处的“洗钱”仅仅代表一种行为方式,并非构成洗钱罪。因为在一些犯罪案件中,犯罪行为人实施了洗钱行为,但不一定构成洗钱罪,可能构成其他类型的犯罪,故采取了引号标注的形式。

信技术传输等技术支持,或者提供广告推广、支付结算等帮助,情节严重的应当认定为帮信罪,一般处3年以下有期徒刑或者拘役,并处或者单处罚金。在帮信罪的客观要件中,司法实践中打击该类犯罪最主要的情形集中于提供支付结算的帮助行为,也就是为上游电信网络诈骗、赌博等违法犯罪活动洗钱提供银行卡、手机卡、U盾等媒介的协助行为。同时,该种提供资金流通路径要素的行为本身也是前文提到的构建“跑分”平台的要素。因此,不同社会主体提供银行卡、手机卡的行为极易将自身置于触犯《刑法》的境地,而帮信罪也是为遏制电信网络诈骗等上游犯罪而被《刑法修正案(九)》要求全新增设的。

四、如何加强电信网络诈骗的“资金链”治理

在上述各章节中,我们对电信网络诈骗犯罪活动的类型以及诈骗犯罪分子构建洗钱平台各要素进行了分析,最终目的是要为诈骗犯罪或者洗钱犯罪的规制提供理论与实践支撑。因此,如何强化对电信网络诈骗“资金链”的治理成为

发挥刑罚作用的重要基础,[①]且对电信网络诈骗资金链的治理应采取链条式各要素“切香肠”式的攻破模式。

(一)强化宣传提升反诈骗、反洗钱、反赌博法治意识

电信网络诈骗犯罪活动的屡屡得手,与受骗人的贪利、侥幸心理具有密切关系,做好反诈骗、反洗钱、反赌博宣传对于提升防范意识具有较大作用。以下事实证明宣传工作对防范诈骗、洗钱行为具有积极的正面意义:随着社会经济的快速发展,我国居民的收入快速提升,境外人员或犯罪机构,例如,隐藏在东南亚国家的不法分子针对我国居民的诈骗行为猖獗,为了制止危害扩大,我国公检法等机关针对电信网络诈骗、洗钱与赌博犯罪行为开展了各类规模大小不一的宣传活动,横向上针对不同年龄层次的人员,分别为老年人、小学生、中学生开展普法宣传讲座,纵向上采取在省区市部门宣讲、街道宣讲以及社区宣讲等开展各类诈骗、洗钱犯罪防范类宣传。虽然暂未有准确、具体的统计数据证明电信网络诈骗、洗钱犯罪案发数量的直接降低,但宣讲活动至少在不同社会群体中产生了防范意识。我们在参与宣讲的互动过程中,许多居民群众表述自身曾接到过诈骗电话的经历证明

---

① 一种观点认为,公检法机关的重拳打击是追究电信网络诈骗犯罪分子刑事责任的基础,但是刑罚处罚的目的并非仅仅满足报应观念,还需要在“资金链”治理的角度,从根本上遏制电信网络诈骗犯罪及其洗钱行为,即刑罚打击并非目的,而是遏制犯罪的手段。

了这一点。[①]

（二）建立银行与公检法的良性联动机制

对电信网络诈骗犯罪上下游资金链条的治理需要对资金流动的媒介予以监控和阻断，这需要公检法机关依法采取相应冻结等强制措施，[②]虽然冻结银行卡的具体行为由银行作出，但在一般情况下，银行需要提前获得来自公检法机关的授权。因此，从根本上来说，银行的行为，尤其是依法规范对银行卡资金流转媒介的冻结等行为，对电信网络诈骗资金链的治理具有重要作用和意义。例如，在帮信罪的认定和起诉中，根据主客观相一致的基本刑事原则，犯罪嫌疑人主观明知银行卡为非出借、非出售资金流转媒介，且为了获取买卖、出借银行卡的违法所得而将实名制银行卡出售、出借给上游电信网络诈骗犯罪分子的行为系违法犯罪行为，[③]但在司法实践中，许多帮信罪的犯罪分子均声称自己并不明知银行卡为非卖、非借物，为主观明知带来认定难题。针对上述主观明知认定的司法难题，银行采取了在开办银行卡时的详细告知行为，即在开办新的银行卡时，银行会明确告知银行卡不能随意买卖或者出借，否则将受到法律惩处，这在源头

① 说明反诈骗、反洗钱宣讲至少与普通民众的现实感受相一致，这种一致性唤起了民众的防范意识，证明了宣讲的效果。

② 虽然冻结银行的具体行为由银行作出，但一般需要公检法机关的授权。

③ 在许多案例中，买卖银行卡的“卡农”并非一定有机会将银行卡等资金流转媒介直接卖给上游电信网络诈骗犯罪分子，而是卖给上游电信网络诈骗犯罪分子的下游人员。因此，在帮信罪中具有层级性的特点，依据其层级造就搭建了洗钱犯罪的资金链。

上固定了潜在犯罪行为人的主观明知并保留签字书面文件。上述做法系银行与司法机关联动的成功案例,但这还远远不够,最主要的方面似乎是在银行并非司法机关,但在近几年却存在随意拨打电话询问相关银行卡使用主体各类隐私问题的现象。[①] 银行进行该类"询问"行为是否符合相关法律规定,是否侵犯了一般权利主体的个人信息权利,这些还需要银行与司法机关的进一步联动安排,不应为了反洗钱资金链治理而导致个人信息被侵犯的隐患。当然,上述联动对电信网络诈骗洗钱犯罪资金链的规制起到积极作用的一面仍然是主要的。

（三）强化技术措施的运用

在前文中,从关于洗钱犯罪的虚拟货币运用以及跑分平台的建立分析可以看出,电信网络诈骗的洗钱方式具备一定的技术含量。如果仅仅是通过银行卡、手机卡或者其他金融工具搭建"黑钱洗白"资金流转链条,还不能证明诈骗犯罪分子运用技术手段的高明,但随着境内外诈骗犯罪分子集团化、抱团式的发展趋势,产生一些令人不安的事实证明了电信网络诈骗犯罪洗钱资金链条的技术化改造正在逐渐升级。

---

① 例如,有些银行会随机拨打相关银行卡使用客户的电话,询问其卡片使用意图、使用地点、使用场景等隐私问题,该类行为涉及客户个人隐私,这似乎存在为了打击洗钱资金链而侵犯个人权利的倾向。

例如,为了达到洗钱目的而进一步采用的 AI 智能、GOIP[①]、屏幕信息共享[②]以及远程操控等手段不断刷新应用,这些新技术、新业态的逐步运用、不断更新升级了上下游一体化的洗钱犯罪工具。同时,传统意义上的洗钱犯罪资金链无非包含收钱、转钱和"套现"步骤,但借助技术手段,洗钱链条上下游的犯罪分子正综合运用虚拟货币等价物赃款转移和平台跑分交易拆分等形式逐步改变了传统的原始转账洗钱产业链。因此,上述变化对侦查机关、网络业主经营者、银行等机构的联防联动提出了更高的技术要求,应当围绕《关于加强打击治理电信网络诈骗违法犯罪工作的意见》强化监管,运用更新技术手段破解各类新型技术手段,及时发现并对新型洗钱途径和通路实施管控。

(四)存量账户的清查与规范管理

在银行与公检法的联动部分,我们提到了银行对新开户银行卡权利和义务的预先强调告知行为,该告知行为至少起到如下作用:对新开户客户买卖、出借、出租银行卡及其账户行为起到规制作用,尤其是在主观明知方面,银行的上述行为对公检法机关办理电信网络诈骗关联的帮信罪、非法利用信息网络犯罪以及洗钱罪提供了证据支持,但对于年代久远

---

① GOIP 是一种虚拟拨号设备,能将传统电话信号转化为网络信号,同时运作上百张手机卡。

② 例如,在一些境外开设的赌博网站通过共享将境外网络赌博界面在国内展示,供下线人员开展赌博活动。

的银行卡及其账户的管理却较疏忽，因此，笔者认为，需要对银行开设的历史存量账户进行清理与规范。虽然暂未有非常准确的数据对电信网络诈骗洗钱犯罪及其关联犯罪中的账户新老进行量的区分，但可以认定，对于年代久远的账户，开户人在面对公检法机关的案件办理时，作出主观不明知银行卡不可以买卖、出借、出租的辩解以逃避犯罪打击的比例应当高于银行开始实施严格告知用卡义务后的客户数量。从一定程度上来说，银行对年代久远的存量账户进行清理和规范化管理，仍然是为司法机关的案件办理提供便利条件，归根结底，对电信网络诈骗资金链的治理最终离不开司法机关对诈骗犯罪分子及其关联犯罪行为人的责任追究。值得注意的是，网民和理论界已经对通过 App 小程序清理个人银行卡账户提出了呼吁，银行机构也对此采取了有效措施。例如，中国人民银行可以设计一款 App，网民通过注册和登录就可以一目了然看到历史或者新开设银行账户的详细记录，然后再有选择地进行注销或者保留。该种做法对清理存量账户、梳理一人多户和“僵尸”账户、防止被用于电信网络诈骗洗钱犯罪具有积极影响。

（五）正确认识源头治理的不同维度

不少观点提出过关于电信网络诈骗洗钱犯罪资金链的

源头治理理念,[①]或者是以银行卡卡片整治为主的源头治理,或者是以打击上游电信诈骗犯罪分子为主的源头治理,但是许多源头治理概念的提出并未结合洗钱犯罪资金链条的实际特点。笔者认为,对于源头治理的概念需要具备两个维度的解析,即结合洗钱犯罪资金链的子链条对源头治理的概念予以廓清,而廓清的意义在于明确各类治理行为主体的责任分担。以下事实表明,在电信网络诈骗犯罪洗钱资金链条中存在整体性源头以及局部性源头等不同维度。例如,在电信网络诈骗资金“洗白”的全链条中,上游诈骗犯罪分子处于“总源头”地位,其在整个洗钱资金链条中处于主要的源头指挥位置,正是上游犯罪分子的怂恿、预谋才造就了上下游各个子链条的洗钱参与行为。同时,站在下游的卡片办理以及利用角度看,银行或者卡片持有客户又处于资金流转“洗白”的源头地位,理由在于,如果没有银行卡等资金流转媒介的存在,洗钱行为的最终完成至少在利用银行卡的环节是不可能实现的。因此,无论是洗钱犯罪的上下游整体链条,还是转移、流转的各个环节,均会产生各自链条上的不同源头。上述关于对不同维度源头的明晰具有以下意义:一是在不同的人员链条、技术链条、资金链条或者信息链条上明确各自可能的源头犯罪人员范围,并采取针对性的应对措施。例如,在洗钱资金流转的子链条上,银行已经采取的

① 见于各类指导意见或者银行等机构的“断卡”等行动中。

"断卡"行动,即针对资金频繁流转的可疑账户的冻结、止付、额度授信调整等就具有源头治理的意义。二是在下游人员犯罪的治理上,可以产生新的刑罚罪名规制。例如,在帮信罪的立法实践中,该罪名的设立本质上表明了司法机关在面对洗钱总链条的上游最终源头诈骗犯罪分子打击难度较大时的妥协,①但在不违反刑法基本原则的前提下,该罪名也很好地对下游人员资金链条起到了意义重大的规制作用,并值得进一步探索。②

五、以案释法

在司法实践中,针对电信网络诈骗犯罪案件的侦查、起诉及判决过程中产生了大量与电信网络诈骗活动相关联的洗钱、帮助信息网络犯罪活动等行为,尤其是帮信罪,作为较新制定的刑法罪名,其在上游电信网络诈骗犯罪与下游洗钱

---

① 例如,不少诈骗犯罪分子的总源头处于境外,对于境外诈骗犯罪分子的打击在人力、物力的消耗方面太大,难以达到有力打击的目的,且按照一般刑法共犯原理,下游提供银行卡等帮助的人员应当作为上游诈骗犯罪的共犯予以认定,但是在上游诈骗犯罪分子未到案,且数额巨大、量刑较重的情况下,设立帮信罪起到了较好的规制作用。笔者认为,这体现了区分不同子链条源头人员并按照其实际作用予以刑法处罚的理念。

② 对于帮信罪的性质认定存在争议,如何进一步廓清其内涵,对于刑法理论的发展及司法适用具有良性意义,也有利于对洗钱犯罪资金链的治理。

犯罪活动之间起到"平衡"刑事责任追究的作用。[①] 以下真实案例反映了司法实践的具体做法和困境。

（一）关于以帮信罪起诉的案例[②]

2021 年 10 月，犯罪嫌疑人曾某某、黄某某、陈某某等人先后招募"卡农"唐某某、张某某、姚某某、刘某某等人，在明知上游犯罪分子可能实施赌博、电信网络诈骗等网络犯罪活动的情况下，先后在 A 省 C 市 NA 区 CY 公租房 5 组团、C 市 SP 区以及 F 省 S 市某医院附近租赁房等地为上游网络犯罪资金"洗白"提供支付结算活动。在"走账洗白"过程中，各犯罪嫌疑人分工明确，在以曾某某为首的"次上游"3 人洗钱犯罪团伙中，犯罪嫌疑人陈某某具体操作实施资金过账，犯罪嫌疑人曾某某负责招募"卡农"，犯罪嫌疑人黄某某负责后勤保障等工作，且"次上游"3 人犯罪团伙与其上游赌博、电信网络诈骗犯罪行为人达成合意，收取其招募"卡农"协助过账流水资金的千分之七，而"卡农"获利为其银行卡过账流水资金的千分之三至千分之五不等。在作出上述资金转账流转获利安排后，"次上游"3 人犯罪团伙作为最上游赌博、电信网络诈骗犯罪行为人与最下游"卡农"之间的桥梁，开始了收集银行卡、U 盾、手机卡等作案工作的过程，具

---

① 在司法实践中，上游犯罪难以收集到确实、充分的证据以还原案件本来事实，则下游犯罪制定刑罚处罚将被帮信罪囊括，从一定程度上来说帮信罪起到了打击犯罪、制止犯罪的"衡平"作用。

② 参见重庆市巴南区人民检察院（2022）渝巴检刑诉 257 号起诉书。

体过账情况如下：

1.2021年10月，犯罪嫌疑人唐某某在明知其提供的银行卡被用于为网络犯罪资金提供支付结算的情况下，分别在A省C市NA区CY公租房5组团、F省S市，将本人的4张银行卡通过曾某某提供给犯罪嫌疑人陈某某、黄某某为网络犯罪资金提供支付结算。经审查，犯罪嫌疑人唐某某通过本人名下银行卡为他人网络犯罪转账122余万元，其中，已查实涉及电信网络诈骗资金数额43余万元。犯罪嫌疑人唐某某还分别介绍了张某某、姚某某提供各自银行卡进行网络犯罪资金支付结算活动，其中张某某提供的本人中国银行卡协助他人网络犯罪资金转账95余万元，已查实涉及电信网络诈骗资金数额25余万元；犯罪嫌疑人姚某某提供本人的3张银行卡为他人实施的网络犯罪所得资金转账127余万元，已查实涉及电信网络诈骗资金数额32余万元。

2.2022年1月，犯罪嫌疑人张某某在明知其提供的银行卡被用于为网络犯罪资金提供支付结算的情况下，在A省C市SP区某租赁房将本人的一张中国银行卡通过曾某某提供给了犯罪嫌疑人陈某某、黄某某，为网络犯罪资金提供支付结算。经审查，犯罪嫌疑人张某某利用本人提供的上述中国银行卡为他人网络犯罪资金转账共计95余万元，其中，已查实涉及电信网络诈骗资金金额共计25余万元；另外，在其为上游犯罪活动提供资金支付结算的同时，还介绍了犯罪嫌疑人姚某某提供了3张其本人银行卡为他人网络犯罪资金转账共计127余万元,已查实涉及电信网络诈骗资金金额32余万元。

3.2022年1月,犯罪嫌疑人姚某某在明知其提供的本人银行卡会为他人利用为网络犯罪违法所得资金提供支付结算的情况下,在A省C市SP区一租赁房将本人的3张银行卡通过曾某某提供给了犯罪嫌疑人陈某某、黄某某,为网络犯罪资金提供支付结算。经审查,犯罪嫌疑人姚某某提供的本人3张银行卡为他人网络犯罪资金转账共计127余万元,其中,已查实涉及电信网络诈骗资金金额共计32余万元。

4.2021年10月,犯罪嫌疑人刘某某在明知其提供的银行卡会被用于为网络犯罪资金提供支付结算的情况下,先后在A省C市JL区、F省S市将自己的两张银行卡通过曾某某提供给犯罪嫌疑人陈某某、黄某某进行网络犯罪资金支付结算活动。经审查,犯罪嫌疑人刘某某提供的本人银行卡为他人网络犯罪资金转账共计70余万元,其中,已查实涉及电信网络诈骗资金金额共计25余万元。①

① 该案中,曾某某、黄某某、陈某某“小团伙”召集其他“卡农”参与了资金走账的行为,其地位属于“大团伙链条独立作用式”行为中的组成部分,危害极大,甚至在主观合意强度认定中的标准都可以降低。

（二）关于上述案例的分析及司法适用中的困惑与完善

上述案例展现了如下事实：曾某某、陈某某、黄某某处于最上游犯罪分子与其发展的下游“卡农”的中间环节，经侦查，曾某某等3人与最上游犯罪分子素未谋面，仅通过网络沟通联络，最下游的“卡农”除接触中间环节的曾某某等人外，主观不明知其提供的银行卡走账资金的具体性质，仅在中间人的指挥下提供银行卡片、刷脸、提供手机短信验证码等。最终该案件中的中间人曾某某等3人被以掩饰、隐瞒犯罪所得罪追究刑事责任，其他人则被以帮信罪进行追诉，且全部被判决，但其中并未有人被以诈骗罪或者洗钱罪被追诉，展现了该类案件事实在司法适用中的难度与困惑。

1. 上游诈骗犯罪分子的隐蔽性增大了电信网络诈骗犯罪的打击难度

在上述案例的侦查、起诉及审判中，除到案的中间环节“次上游”3人组及下游提供银行卡洗钱的“卡农”外，再无更上游犯罪分子被抓获到案。虽然中间环节的3人组与上游诈骗犯罪分子之间存在网络通信工具的聊天记录等证据，[①]但相互间对话较隐蔽，且中间 3 人组供述称并不明确知道上游犯罪分子究竟实施了何种犯罪行为，外加上游诈骗犯罪分子并未到案，也不排除藏匿境外的可能性，最终公安侦查机关只能在提请批准逮捕及起诉阶段以帮信罪移送检察机关审查。上述司法实践集中展现了最上游诈骗犯罪分子实施犯罪活动的隐蔽性，导致侦查机关可收集的证据种类及数量有限，[②]无法全面还原最上游犯罪分子的诈骗事实，即使在检察机关的审查中，也难以全面确认上游犯罪行为及违法所得的准确性质，在达不到起诉标准的前提下，认定其他在案人员，例如，该案中间 3 人组或者下游被招募的“卡农”构成上游诈骗犯罪的共犯或者系洗钱犯罪的难度极大。故联系本书前述章节的各类电信网络诈骗以及各类洗钱行为，非但被骗资金难以追回，即使司法机关在对打击该类犯罪的罪名认定中，如何认定各类证据性质并将证据与罪名适用相协调，本身也不是轻易能够做到的。[③]

---

① 在司法实践中，虽然也有侦查机关所在辖区遭遇电信网络诈骗的被害人陈述以及转账记录等书证，但上游犯罪分子未到案，导致后续起诉审判活动难以开展，上述关于电信网络诈骗的证据一般会被作为追究中间环节犯罪嫌疑人帮信罪的证据来使用，至于洗钱罪的认定需要更多证据以确认上游犯罪的违法所得属于洗钱罪上游犯罪大类之一，证明难度更大。

② 我国刑法罪名认定和适用遵循主客观相统一原则，上游诈骗犯罪分子未到案的，难以完全确定主观认知的内容，主客观不相统一，即达不到犯罪事实清楚，证据确实、充分的起诉标准。

③ 这也是增加帮信罪的背景之一。

2. 帮信罪因上游电信网络诈骗犯罪及洗钱犯罪适用难度应运而生

电信网络诈骗犯罪行为具有公认的严重社会危害性,想要最终查明诈骗犯罪分子的确切位置并将其抓获,存在极大难度。因应上游电信网络诈骗犯罪难以打击的特点,《刑法修正案(九)》第29条增设了帮信罪,以将向电信网络诈骗犯罪或者洗钱犯罪行为人提供电话卡、银行卡等帮助的行为归入犯罪,以便利于对上游诈骗犯罪的间接打击。不难看出,帮信罪的增设对于电信网络诈骗犯罪或者下游洗钱犯罪的打击起到一定作用,但均属间接方式,主要原因有以下两个方面:一是电信网络诈骗行为发生后,鉴于诈骗犯罪分子的隐蔽性,一般难以在一个完整的侦查、起诉、判决司法周期内到案。对上游犯罪分子未到案或者下游收集的证据无法判定上游犯罪违法所得性质的,[①]追究刑事责任存在较大难度。二是洗钱犯罪的认定对资金来源具有限制性要求。根据我国《刑法》的规定,构成洗钱罪需要被"洗白"资金源于掩饰、隐瞒毒品犯罪、黑社会性质的组织犯罪、恐怖活动犯罪、走私犯罪、贪污贿赂犯罪、破坏金融管理秩序犯罪这些特定的犯罪类型。在帮信罪的行为类型中,多数犯罪嫌疑人提供了银行卡、电话卡、银行U盾等资金走账媒介,却对于走

---

① 在许多帮信罪案件中,对上游犯罪分子的洗钱种类无法判定,有可能是诈骗犯罪所得,也有可能是赌博违法所得,抑或是其他性质的赃款。

账资金的性质主观不明知,即使在上述较完整的犯罪链条中,中间3人组对于最上游犯罪分子的情况也存在不甚了解的情况,因此,对于洗钱罪犯罪罪名的认定亦存在极大障碍。帮信罪以提供帮助的手段为对象,虽然属于打击上游电信网络诈骗以及下游洗钱犯罪的间接方式,但对规制该类犯罪的资金链起到一定作用,其具体适用还在进一步探索中。①

(三)案例启示与探索

上述真实案例展示了另外一个事实,即上游犯罪所得的“洗白”过程需要下游银行卡、银行U盾、电话卡甚至卖卡人员刷脸服务的协助,在无数银行卡构建的资金流转链条中,无论需要“洗白”的上游违法所得的性质为何,只要存在无数银行卡构建的资金链条,洗钱行为都将不可避免。受大量多发类似案例的启发,《刑法修正案(九)》开启了帮信罪的创制过程,将通过网络、银行卡、刷脸服务为一体的资金支付结算手段囊括进刑法规制,最终产生了上述帮信罪的司法实践形式,在避免纠结上游犯罪性质的同时,②

---

① 例如,根据2019年10月21日最高人民法院、最高人民检察院《关于办理非法利用信息网络、帮助信息网络犯罪活动等刑事案件适用法律若干问题的解释》,帮信罪中提供银行卡的张数、走账资金的数量、额度以及帮助的手段等均属于入罪的重要考量因素,各地结合本地的实际犯罪情况,还在不断的调试中。

② 避免对上游犯罪性质的认定,不等于打击不全面,无论上游犯罪是赌博犯罪或者电信网络诈骗犯罪,均属于打击对象。

也可对下游洗钱行为一体打击，[1]但是在避免司法适用难题的同时，也产生了新的刑法适用抵牾。可以发现，在上述案例中，侦查机关移送起诉的罪名为帮信罪，但除下游提供卡片的“卡农”外，还存在掩饰、隐瞒犯罪所得罪的判决，表明帮信罪与掩饰、隐瞒犯罪活动罪之间在法律认定及适用上存在需要协调之处。另外，由于帮信罪的罪名存在“帮助”一词，对于该罪名的性质定位问题，例如，该罪是否属于帮助犯之正犯化？如果不属于帮助犯的正犯化，则该罪名设置的意义是什么？[2] 这些问题存在争议，亦需探索。有一种观点认为，帮信罪并非帮助犯之正犯化，而仅仅对帮助行为规定了独立的法定刑，只是不再适用《刑法》总则关于帮助犯（从犯）的处罚规定而已，其符合共犯从属性原理。[3] 对于设立本罪的意义，在我们分析电信网络犯罪类型时，已经初显端倪，即行为主体完全可能不在同一个城市，乃至不在同一个国家，行为主体之间可能互不认识。在客观上，各共犯人只是分担部分行为，而且正犯行为、帮助行为都具有隐蔽性。在主观上，各共犯人的意思联络具有不确定性或者不明确性，在许多情况下，部分共犯人表现为一种间接故意的心理状态，独立设置该罪名在一定程

① 即不再纠结洗钱犯罪的限定性罪名。其实，提供银行卡帮助洗白黑钱的客观行为，无论上游犯罪属于何种类型，该类行为必然属于洗钱行为，只是存在是否受刑法规制的问题。

② 在案例分析部分，已经涉及了该罪设立的意义。

③ 参见张明楷：《刑法学》（下），法律出版社 2016 年版，第 1382 页。

度上解决了司法实践只能抓住帮助者,而不能抓获正犯的现象,[①]也对前文所述的电信网络诈骗难以破获的难题提供了对策。

① 参见张明楷:《刑法学》(下),法律出版社2016年版,第1383页。

第六篇

十大典型诈骗套路

（一）电信网络贷款诈骗的典型特征

电信网络贷款诈骗是现实生活中经常出现的诈骗形式，位居十大经典诈骗套路之首。在日常生活中，人们往往面临大量的网络贷款需求，诈骗犯罪分子正是利用了人们对于贷款救急的心理，摸到了实施电信网络贷款诈骗犯罪的“关窍”。通过网络形式的贷款方式不易被侦破，影响范围广，故利用电信网络实施贷款诈骗的方式危害极大。但无论何种形式的诈骗套路，均因其特殊的话术形式、操作方法以及造成的特定后果等暴露其典型特征，把握其典型特征和特点，就能做到铠甲护身、百毒不侵。电信网络贷款诈骗套路的典型特征主要包括以下几个方面：

一是引诱下载各类非法网络贷款诈骗 App。随着网络 App 的普及，电信网络贷款诈骗犯罪分子往往会通过弹送网页，私下发送手机短信，发送网页、链接地址或者推送二维码等方式“指导”下载其指定的网络贷款 App。当下载其链接的贷款 App 后，会有所谓的“客服”人员进一步跟进，以贷款员的名义指挥操作并要求上传个人信息、身份证件图片等，这是电信贷款诈骗的第一步，体现了其借助网络载体的电信特征。另外，所谓的网络贷款 App，往往采取仿冒正规银行贷款 App 的形式，在名称、图形标志等方面以假乱真，让人难以防范。

防骗锦囊小妙招：手机、电脑下载银行机构、证券公司、基金公司App,要寻找正规途径,前往手机或者电脑自带的官方App下载区域进行下载,对于偶然通过微信接收或者电脑弹窗出现的涉及财物及隐私的不明链接、二维码等要切记一律不予点击登录,不下载来路不明的App软件,以防落入电信网络贷款诈骗的陷阱。

二是电信网络贷款诈骗分子很会"收买人心"。电信网络贷款诈骗分子往往会利用人们急于用钱或者贪财获利的心理实施贷款诈骗活动。在贷款前期,诈骗分子声称贷款金额发放"不须抵押、无须担保、快速当天放款"等虚假承诺引诱被害人上钩。被害人往往会在"免抵押、高额度、低利息"的诱惑下冲昏头脑,稀里糊涂上了诈骗分子的当。对于亟须贷款的群体来说,额度高低、担保利息多寡等是其最主要考量的因素,诈骗分子正是利用了被害人的该种急切心理需求,提出了"高额度、无抵押、无担保、低利息、秒到账、不需征信"等口号,极其精准地锁定了贷款企业或个人的命门要害。被害企业或者个人往往会在"关心则乱"的心理预期下掉入电信网络贷款诈骗分子精心设计的骗局中。

防骗锦囊小妙招:在面对所谓的"高额度、无担保、低利息、放款快"的贷款"承诺"时,需要冷静头脑,多问几个为什么。无须抵押、担保的高额贷款确定没有问题?贷款条件这么宽松确定能拿到想要的贷款吗?如果当天就能快速放贷,那么资金来源是什么？金融监管机构和银行允许这么随随便便的贷款出现在市场上吗？因此，对于非正规的网络贷款App声称的“高额度、无担保、低利息、放款快”的贷款“承诺”，应当一律纳入黑名单。对于亟须资金的企业或个人来说，应当抛弃贪利心理，向正规的银行贷款部门寻求帮助。若一旦遭遇网络贷款诈骗，非但经营事业无法保证，很可能还会“雪上加霜”。

三是放款前会以各类借口反向骗取钱财。要知道电信网络贷款诈骗分子的最终目的是骗取财物，诈骗被害人钱财才是其最终目的，其是不会为了被害人的利益而积极奔走解决贷款问题的。有些被害人往往会在其蒙昧心智、思考不周的情况下迷失于诈骗分子的甜言蜜语中，轻信了虚假的贷款承诺，从而在犯罪分子的诱导下通过App上传个人信息。在贷款办理最后一步时，诈骗分子的好戏才刚刚开始，其会不断声称被害人上传的个人信息、身份证件存在问题，或者银行卡卡号填错、银行卡被锁定、征信不完善等，诱骗被害人上交各类手续费、保证金以及解冻费用等来保障贷款的顺利获批。但在正规的银行贷款渠道中，银行及其他正规贷款机构是不会存在收取手续费、保证金以及解冻费等情况的。一旦被害人上交了上述费用，网络贷款诈骗分子还会以“继续上交费用来解冻费用”等方式，循环对被害人实施诈骗活动，扩大被害人的损失，直到被害人醒悟，钱财损失已经很难挽回。

防骗锦囊小妙招:正常银行贷款具有支持国家经济发展的功能,除收取正常的利息收入外,不会收取任何类型的其他“杂费”。在正规银行或者贷款机构的贷款程序中也不存在收取手续费、保证金、解冻费或者辛苦费等条款,只要声称需要收取上述费用的贷款机构一律为非法。因此,要强化自我保护意识,不轻易泄露个人隐私信息,保护好身份证件和银行卡。切记!贷款发放前的临门一脚,以各种借口或理由要求、诱导向其转账的一律是诈骗分子的诡计。

四是电信网络诈骗犯罪分子呈现跨国有组织特征。根据公安机关近年来破获的相关电信网络贷款诈骗犯罪案件来看,电信网络贷款诈骗犯罪分子为顺利实施贷款诈骗犯罪活动,达到逃避侦查机关打击的目的,在其诈骗组织内部划分为不同级别的层级,对外建立不同规模、不同分工的各类分支,甚至在一些电信网络贷款诈骗犯罪案件中出现了跨境有组织犯罪特征,具体分化为境外组织者、招募者,境内组织者、运送人员等不同分工组织,构成境外引带人员、境内提供容留窝点人员内外联动模式。电信网络贷款诈骗犯罪活动呈现不同行业人员参与提供支撑、产业化链条分布运作、精细化分工、跨国式布局等有组织、集团化犯罪特征,这种犯罪活动特征为侦查机关打击电信网络贷款诈骗和日常防范带来极大困难。

防骗锦囊小妙招：面对电信网络贷款诈骗犯罪分子的有组织、集团化犯罪特征，作为普通百姓更要树立“天上不会掉馅饼”的防诈骗意识。牢记诈骗分子的专业化特征，在面对诈骗分子“专业”的讲解、介绍时，多对其“话术”的实质内容深入进行了解，不要被其“精美的网络贷款电子合同”“专业的网页贷款公司介绍”蒙蔽双眼，要明白诈骗分子展现的“专业化”外表正是其内部分工合作为其顺利实施诈骗犯罪所制造的假象。

五是作案方式信息化调查取证难度大。随着网络信息技术的不断发展，各类电子设备不断更新换代早已走进了我们的日常生活，衣食住行几乎都要借助各类电子设备才能完成，而交易过程信息化、数据化导致交易后台数据的不易追查，这也是电信网络诈骗分子利用网络实施贷款诈骗的重要原因之一。贷款诈骗犯罪分子在利用网络实施贷款诈骗犯罪时，借贷双方不进行面对面接触，贷款诈骗犯罪分子借助计算机、电话、手机等媒介，向被害人指定账户，要求贷款人向账户中转入“手续费”“保证金”等诈骗费用，被诈骗资金一旦进入网络转账系统，在短时间内将被诈骗犯罪分子转移。由于网络电子数据的调取、收集、审查本身就需要耗费巨大的人力、物力，外加赃款的快速甚至跨境流动给侦查取证工作带来极大难度，因此大量被诈骗贷款者钱财如泥牛入海，踪迹全无。

防骗锦囊小妙招：贷款诈骗犯罪分子利用网络实施的贷款诈骗犯罪行为的侦查难点在于证据收集难度极大。这也提醒我们在遭遇网络贷款诈骗时，切莫慌了心神，要注重保留证据。在司法实践中，不少被诈骗者在损失大量钱财后才瞬间意识到被诈骗的事实，往往心神不宁地采取删除网络聊天记录或者转账记录的行为，无意识中造成了证据灭失。因此，在意识到被骗后，要平复心绪，截图保留网络聊天记录、转账记录、银行卡卡号甚至诈骗贷款公司网站信息等电子证据，及时报警并提交公安机关，以免造成进一步的证据收集损害后果。

六是作案目标分散广泛社会危害较大。由于电信网络贷款诈骗犯罪分子实施贷款诈骗犯罪的地点分散于国内外不同地区，针对的被害对象更是分散于全国各地甚至境外，这就造成被诈骗人员的不特定性且分布广泛。其通过网络发布的诈骗信息、贷款诈骗链接等针对的是社会的各个阶层，只要是使用电脑、手机或者其他具有接收信息功能的电子设备的人员均是电信网络贷款诈骗的对象。作案目标的广泛化，导致在一地破获的电信网络贷款诈骗犯罪案件中的被害人可能分布于全国任何地区，社会危害性极大，也给案件侦破带来了极大的人力物力投入，并拉长了案件处理的周期，间接提高了被害人被诈骗钱款的追索难度。

防骗锦囊小妙招:针对电信网络贷款诈骗犯罪案件被害人分布分散的特点,建议遭受电信网络贷款诈骗的被害人及时报案。现实中的不少被害人在遭受网络贷款诈骗后,出于羞愧、遮掩甚至息事宁人的心理,甘愿吃亏,他们将造成损失的原因全部归结为自己的疏忽大意,未能及时报警,造成了公安机关案件办理上的疏漏。因此,无论何时何地,只要遭受了电信网络贷款诈骗,就应当及时报案,在公安机关建立报警记录和台账,一旦电信网络贷款诈骗案件被侦破,全部分散的案件信息将被汇总,为严厉打击电信网络贷款诈骗犯罪分子奠定基础。如果遭受诈骗而默不作声,这无异于是对网络贷款诈骗犯罪行为的放纵,自己遭受的财产损失也将永远丧失追回的可能。

典型案例:家住 C 市 B 区的马某某在某街道独资经营了一家五金店铺,专门售卖五金电器等产品,由于五金产品进货、出货资金周转量大,外加当时经济不是很景气,为免货物产品库存积压,店铺关门歇业,准备等待时机重新营业。2022 年 5 月 27 日中午时分,马某某手机上接到了一条包含某网站网址的信息,网址后面的文字描述声称可以办理低息贷款,附带一串类似手机号码的串号。马某某仔细阅读信息后,意识到是贷款类广告信息,想到自己的店铺周转正急需一笔资金,而且广告信息所说的贷款也是银行贷款,利息低,无抵押,即使贷款最终没有办理成功也不会有什么损失,何不一试?随即马某某点击拨通了短信息下方的咨询电话。接听电话的是一名女子,那名女子自称是某某贷款平台的客服人员,在了解到马某某的资金需求后,向马某某推荐了一款专门针对小微企业的贷款业务,并声称该贷款业务是其公司平台与银行合作的重大项目,无须实物抵押,无须查询征信信息,并且为了支持广大小微企业发展,还具备放款迅速、后期利息低等特点。马某某听到所谓客服人员的介绍后,觉得该贷款项目能够实打实解决自己五金店的经营困难,于是彻底放松了警惕。在"客服人员"的精心指挥下,马某某继续点击了信息中的网址链接,下载了该贷款公司的"轻松 E 贷"App,并通过 QQ 添加了"客服"好友。马某某通过 QQ 向其发送了自己的身份证照片及个人身份信息并申请了 10 万元额度的所谓助企贷款。

第二天马某某点开"轻松 E 贷"App 后发现昨天的申请已经通过,账户显示到账 10 万元。马某某立刻绑定银行卡转账,却发现明明显示的 10 万元无法提现。这时,某公司贷款平台"客服"打来电话,询问后得知马某某无法提现,声称该 10 万元贷款是其公司平台向银行紧急申请的额度,系特事特办,需要马某某向其贷款公司平台指定的账户内预先存入 2 万元保证金。另外,由于马某某输入的提现银行卡卡号存在错误,银行支付系统为了保证转账资金的绝对安全,需要马某某另外再转账 3 万元银行卡解冻费、手续费给银行，等待银行将其银行卡解冻后，该 5 万元预先交付的保证金、手续费会连同贷款额度 10 万元，共计 15 万元一并打入马某某的账户，急于获得贷款的马某某立刻将保证金、手续费共计 5 万元一并打入了“客服”提供的某贷款公司平台指定账户。随后马某某发现，保证金、手续费转入指定账户后，10 万元贷款仍旧无法提现，“客服”又以验证马某某的还款能力、刷银行卡流水等理由陆续要求马某某向贷款公司平台指定账户转款 3 万元。待各类手续费、解冻费、保证金全部到位发现所贷款项还是无法提现时，马某某这才意识到问题的严重性，发现自己竟然掉入了电信网络贷款诈骗的陷阱，所谓的“客服”、特事特办、无抵押、低利息贷款等均是电信网络贷款诈骗犯罪分子编造出来的套路。马某某非但贷款没有办理成功，反而又损失了 8 万元，在要求“客服”退款时，马某某发现自己早已被所谓的贷款平台公司“客服”拉入了黑名单……①

（二）“刷单”返利诈骗

1. “刷单”返利诈骗的典型特征

“刷单”返利诈骗也是日常生活中较常见的诈骗形式。犯罪分子利用网络“招募”受骗人，采取虚构高额“返利”回

① 根据网络资料以及实际案件改编。

报、声称操作简单、时间自由等方式制造巨大诱惑骗取被害人钱财,易受骗群体主要集中于学生、“宝妈”、白领和待就业群体等,发案年龄段集中在18岁至40岁的网络频繁使用者中。辨识“刷单”返利诈骗,应重点关注以下几个方面的主要特征:

一是通过网络发布“刷单”兼职招聘信息。“刷单”诈骗犯罪分子为了诱骗受骗人参与所谓“刷单”任务,以招聘工作人员的名义发布信息,一般会通过各类网站、短视频平台、人力资源招聘平台甚至QQ、微信等发布日常兼职信息,招募相关人员参与网络兼职“刷单”,并承诺在相关交易结束后会立即返还其购物费用并获得额外高额提成,一旦受骗人禁不住诱惑,就会被拉入“刷单”做任务的信息聊天群,成为兼职成员。

防骗锦囊小妙招:“刷单”诈骗一般会打着兼职找工作的幌子,使一些刚毕业的学生、待业群体或者急于找工作的人上当受骗。在寻找工作时,切记核实信息来源,对于不明网站、人员混杂的QQ群、微信群内的兼职信息应当注意辨别,不轻易点击相关链接,不轻易相信事少钱多还能“躺平”获得高额回报的“刷单”说辞,提高自身的防诈骗意识,切莫为了急于寻找工作而遭受不必要的损失。

二是以“小额返利”获取信任诱骗大额投资。“刷单”兼职的一般模式就是让受骗人通过网络下单购买相关商品从而产生相应的虚假交易记录，增加所谓的购买“信誉”，当受骗人在诈骗犯罪分子的诱导下开始“刷单”第一笔任务时，为了验证“刷单”任务的所谓真实性，诈骗犯罪分子往往会将受骗人刷单支出的费用全额退还给受骗人，并额外给予其一定的提成或者奖励，目的就是防止受骗人产生怀疑，让受骗人尝到“刷单”兼职的甜头儿，获取被害者信任。当受骗人获得收益，彻底放下戒备想要获取更大收益时，诈骗犯罪分子再以增加“刷单”工作任务量，提高“刷单”金额的方式，诱骗受骗人购买更多、更贵的商品，随着“刷单”任务量和金额的不断提高，诈骗犯罪分子就会以各种理由拒绝退还“刷单”本金，从而占有受骗人资金，实现诈骗犯罪活动。

防骗锦囊小妙招：趋利避害是人之常情，每个人都想在轻松的工作中获得更大、更多的收益。在面对“刷单”兼职的工作任务时，有些被害者常常抱着赌博心态，以为可以在“捞好处”的同时又不陷入诈骗犯罪分子精心布置的陷阱，最后却是“竹篮打水一场空”。所以在面对“刷单”兼职的工作任务时，不要为蝇头小利所迷惑，切记一切“刷单”兼职均是一场骗局，没有任何例外，天上不会掉馅饼。

三是引诱下载 App 实施“刷单 + 诈骗”。随着“刷单”诈骗犯罪分子诈骗花样儿的不断翻新，“刷单”诈骗也出现了一些新变化。例如，诈骗犯罪分子不再仅仅宣扬“刷单”兼职只靠“刷单”做任务获取收益，而是还可以绑定其他“权益”共同获利，也就是“刷单 + 诈骗”形式。诈骗犯罪分子在获取受骗人信任后，会进一步诱骗受骗人下载 App 软件，通过“刷单 + 投资”方式诱惑受骗人在虚假 App 投资平台进行投资，从而实施诈骗。还有些诈骗犯罪分子会在各类网站发布招嫖信息，诱骗受骗人实施“刷单”任务进行诈骗。甚至于有些诈骗犯罪分子还将赌博平台伪装成“刷单”App，采取“刷单 + 赌博”方式骗取受骗人钱财，让受骗人在遭受财产损失的同时陷于犯罪境地。

防骗锦囊小妙招：根据相关规定，正常情况下的商品交易流程是不允许存在“刷单”“刷信誉”等虚假交易的，“刷单”行为损害商品交易信誉，其本身即为违法。所以在面对“刷单”兼职时，应果断采取拒绝、远离态度。另外，从“刷单”过程中的垫资模式来看，由于中间不存在任何保证环节，对方自始至终都不会产生任何损失，受骗人的财物在一开始却处于危险境地。一旦发现那些将“刷单”任务与虚假投资理财、赌博、嫖娼等违法行为结合起来的所谓“工作内容”时，需要提起十二分的警惕，否则不但会造成财物损失，还有可能会身陷囹圄。

四是“刷单”任务设置时限不能中断。受骗人参与“刷单”任务的过程也是被诈骗犯罪分子精心设计过的。在不少“刷单”过程中，为了让受骗人尽可能在短时间内完成较多“工作”任务，“刷单”过程会被设置计时功能，要求受骗人在几分钟至十几分钟的时间内完成任务,限时内完不成任务或者超过规定时限的,则无法提现该笔“刷单”任务的本金或者佣金,从而“名正言顺”占有受骗人钱财。同时,限时任务的设置还有另外一个功能,即判断受骗人参与“刷单”任务的积极性。诈骗犯罪分子通过判断受骗人在规定时间内完成的“刷单”数量判断受骗人参与的积极性,从而为进一步地开展诈骗犯罪活动埋下伏笔。另外,作为受骗人在参与限时“刷单”任务时,常常无法考虑自己行为的可能后果,反应时间过短也是诈骗犯罪分子诈骗成功的一大因素。

防骗锦囊小妙招:在利益的驱使下,不少被害人被利用参与所谓的限时“刷单”任务,限时“刷单”易使人形成瘾癖,类似赌博犯罪行为,能够让人不自觉陷入而无法自拔。因此,在意识到存在限时竞争类的“刷单”任务时,不要有任何怀疑,不要抱有任何侥幸心理,一切“刷单”都是雾里看花,不要贪恋“争分夺秒”获取的蝇头小利。

五是为“刷单”提现设置重重障碍。为“刷单”任务提现设置重重障碍是诈骗犯罪分子的惯用伎俩,也是其最终完成诈骗犯罪占有受骗人钱财的必经程序。受害者在利益诱惑下参与“刷单”兼职,目的就是赚取更多的金钱,但“刷单”任务的完成需要受害者先行垫付资金,在完成“刷单”交易后再由诈骗犯罪分子全额返还垫付资金。为了占有受骗人的钱财,诈骗犯罪分子会在“刷单”任务完成后声称受骗人的垫付资金和佣金已经被锁定，需要缴纳一定的保证金或者继续“刷单”凑够提现金额等方式，要求受骗人继续垫付更多资金。这种“想提现”必须完成更多“刷单”任务或者必须满足“凑单”要求才能提现的障碍设置，正是诈骗犯罪分子占有受骗人财物的前奏。①

防骗锦囊小妙招：对于遭遇被诈骗犯罪分子设置提现障碍的情况时，说明被害人已经深入参与了“刷单”诈骗的骗局中，但是还存在及时止损的可能性。当遇到垫付资金后无法提取本金或者佣金的时候，说明诈骗犯罪分子意图利用贪利心理实施更大的诈骗活动，作为被害人应该意识到，如果继续“刷单”，意图侥幸要回垫付的资金无异于虎口拔牙，所以要及时止损，不可再继续盲目跟进，无论诈骗犯罪分子如何诱骗，都要果断抽身，以免造成更大的财产损失。

六是“刷单”兼职模式不断翻新。传统“刷单”兼职的诈骗模式局限于利用网络虚拟平台商品交易“刷信誉”“刷人气”从而赚取佣金等形式。随着网络短视频平台媒介的发展和短视频主播数量的不断增加，“刷单”诈骗形式也花样儿翻新，出现了给抖音、快手等视频直播软件刷礼物、刷粉丝、攒点击量等新的诈骗方式，但是无论外在形式如何翻新，其本质都是“刷单”形式的诈骗犯罪行为。由于在直播短视

① 在遭遇需要满足一定条件才能够提现的要求时，需要格外关注是否涉及进一步的诈骗行为。

频类网络平台上刷礼物、刷粉丝伴随金钱赠与功能,诈骗犯罪分子会以事先要求受骗人刷礼物等方式预先占有受骗人财物,之后再编造各种理由不予返还,从而达到诈骗的目的。

防骗锦囊小妙招:网络直播短视频打赏、点赞、送礼物等行为伴随财物赠与功能,如果是自愿给予财物的则另当别论,如果遇到声称可以通过刷礼物、点赞、打赏等赚取额外钱财的情况,则需要仔细甄别,提高警惕。在一般情况下,当诈骗犯罪分子要求受骗人预先为主播打赏,给直播视频商城虚拟商品充值或者为商品代垫资金时,要果断对其拒绝,应当意识到这是诈骗犯罪分子的惯用诈骗伎俩,随之而来的就是事后"卡单""操作异常""账户被冻结"的钱财被骗后果。

2. 典型案例

家住 C 市 B 区的张某失业在家,无意间刷到一个抖音博主"LYJ"的加群申请。在与其加为好友后,"LYJ"声称可以协助张某找到短视频的点赞兼职工作,且该工作无投入、成本小、时间灵活,只需要动动手指就能获得佣金和收益,居家也能"办公"。张某和"LYJ"相互加了微信。

在网络主播"LYJ"的要求下,张某按照对方的指示在"LYJ"设立经营的直播账号内购买了 300 元的货物,很快,"LYJ"就通过微信转账向张某支付了购买货物的本金 300 元并且额外支付了 80 元佣金。尝到甜头的张某彻底信服了"刷单"致富的神话,陆陆续续通过相同方式"刷单"几十次,每次任务完成,提现合作都很顺利。

几日后,按照日常做法,张某在网络直播平台下单了几笔交易后,“LYJ”突然提议要求张某刷一个大单,声称加大投入可以获得更大的收益和更多的佣金,还有很多任务类型可以选择。随后“LYJ”发给张某一个图表,上面显示着“公益捐款项目”“商城充值项目”“协助商家垫资转账”“参与主播 HAPPY 夜”等不同价目的“刷单”任务。张某在利益的驱使下,立刻选择了几个项目参与了进去。几笔大额“刷单”任务完成后,张某投入了近 7 万元,正在其等待最终收益时,“LYJ”又发来新消息,声称由于张某投入的资金额度较大,需要其缴纳和投入金额相等的保证金,以保证其投入的资金能够及时提现,不然无法结算投入本金不说,就连佣金也无法结算。于是,张某东拼西凑了 7 余万元立刻充值到了“LYJ”的网络直播平台中。所有的操作步骤已经全部完成,满心期待的张某又接到了“LYJ”发来的信息,称任务没有完成,已经被“卡单”在了平台中,需要再缴纳 7 万元的会员费成为平台会员,才能最终提现所有的款项。张某终于意识到问题的严重性,要求“LYJ”立刻归还所有的本金,“LYJ”以张某的操作出了差错账户被冻结为由,拒绝归还其缴纳的全部费用,待到张某发出要报警的威胁信息后,聊天记录却显示其早已被对方移入了黑名单……①

① 根据网络资料以及实际案件改编。

从上述张某的交易过程来看,其遭遇了披着短视频兼职的典型“刷单”诈骗。所谓的抖音博主“LYJ”打着帮助张某找工作的旗号,拉拢张某进入“刷单”兼职平台,通过给予小恩小惠的手法取得张某的信任,进而要求张某逐步扩大投资的额度,在参与投资额达到一定数量后,再以“卡单”“任务未完成”“操作账户异常”等借口拒不返还相关款项,直至将张某拉黑。

法律小贴士:在司法实践中,面对“刷单”兼职诈骗的定性一般遵循以下原则:(1)借口“刷单”兼职引诱受骗人实际参与复合型的各类诈骗的,以诈骗既遂的主要犯罪事实认定,实际从事何种诈骗即以何种诈骗行为分类。(2)通过以“刷单”兼职为借口,将受骗人实际引诱至网络赌博诈骗平台的,应当以其实际参与的网络赌博行为认定为网络赌博案件。(3)以“刷单”兼职为借口,将受骗人引诱至诈骗类投资理财网站、平台投资诈骗的,应当认定为虚假网络投资理财类诈骗活动。

(三)“杀猪盘”诈骗

“杀猪盘”诈骗也是日常生活和司法实践中经常出现的诈骗类型,该类型诈骗是指诈骗犯罪分子自我包装为某行业成功人士,通过网络交友平台等媒介,假借交朋友为由寻找受骗人,以掌握各类高大上金融等内幕信息为借口,引诱受骗人投入高额资金,从而实施诈骗的行为。自我包装的方式各种各样，有金融行业高管包装、创业成功人士包装以及婚恋“好男人”包装等，诈骗犯罪分子通过外在虚假包装寻找、引诱被害人，骗取其信任，诈骗其钱财。“杀猪盘”诈骗过程主要包括“寻找受害对象”“引诱上钩”“温水煮蛙”“杀人诛心”等步骤。

第一步，“寻找受害对象”。“杀猪盘”诈骗犯罪分子为了达到诈骗的目的，会以各种外在方式对自己进行包装。例如，通过拍摄豪车、豪宅等象征财富的外在物品照片或者金融公司财报、金融交易信息截图等发送朋友圈，制造自身成功人士的形象、人设，再通过征婚网站、交友网络平台，以寻找真爱为由，交往男女朋友，确定婚恋关系。有些诈骗犯罪分子为了表明自己的“真心”，打造其“好男人”形象，在其诈骗真面目暴露之前，还会通过远程方式下单购买贵重礼物、礼品，以取得受骗人的信任。

第二步，“引诱上钩”。引诱受骗人上钩俗称“诱猪”，即诱惑受骗人，这也是各类诈骗中犯罪分子得逞的关键所在。几乎所有的诈骗犯罪活动，都存在引诱环节，“杀猪盘”诈骗也不例外。但由于“杀猪盘”诈骗假借相亲、谈恋爱之名，在欺骗手法上更具迷惑性，也让人更加难以识破。在一般情况下，诈骗犯罪分子在与受骗人经过了一段稳定的“恋爱”关系后，所谓的“正式男女朋友”会以双方共同努力赚钱为由，声称自己掌握了内幕信息或者各类交易漏洞，向其推荐炒股网站、赌博软件或者博彩 App,并作出稳赚不赔的承诺。有时为了消除被害人的顾虑,诈骗犯罪分子还会编造其背后有专业团队加持的谎言,甚至提供炒股、赌博账号或者所谓的“公司”账户让受骗人体验、管理,从而达到诱导“投资”的目的,为接下来的诈骗做好铺垫。

第三步,“温水煮蛙”。在“杀猪盘”诈骗中,受骗人被称为“猪”,实属不雅,但这也从侧面体现出诈骗犯罪分子诈骗手段的恶劣。诈骗犯罪分子的目的就是诈骗受骗人钱财,理所当然会将受骗人作为“猪”来养,所谓“养猪”也可称为“温水煮蛙”,该环节与“刷单”诈骗的返利环节类似,手段为以较大获利机会赢得受害者信任,进而为实施更大规模的诈骗行为埋下伏笔。诈骗犯罪分子在“诱猪”环节让受骗人事先参与炒股、公司经营等活动,当受骗人初步进行少量投资时,诈骗犯罪分子会以较高回报率“返利”给受骗人,并将该种“返利”包装成仰仗“自己掌握了内幕信息或者公司管理权力”而获得的回报,在进一步取得受骗人信任的同时,继续诱骗受骗人加大“投资”力度。大量案例统计结果表明,在上述“投资”过程中,受骗人往往已经深陷其中,外加“寻猪”环节诈骗犯罪分子假扮男女朋友身份的加持,受骗人往往会倾其所有地将大笔钱财投入“杀猪盘”。

第四步,“杀人诛心”。“杀人诛心”即“杀猪”,是诈骗犯罪分子的最终目的所在,也是其获得不义之财的最终步骤。诈骗犯罪分子从一开始的寻找男女朋友、包装假扮成功人士到提供账户介绍投资或者要求协助管理公司等环节,均是为其最终的“杀猪”目的服务的。进入最后的“杀猪”环节,往往预示着受骗人的钱财已经遭受了极大危险,由于受骗人在诈骗犯分子的诓骗下早已将钱财打入了诈骗犯罪分子的账户,从一定意义上来说,此时,诈骗犯罪分子的诈骗行为既遂,进而也表明受骗人已经失去了对自己钱财的掌控权,遭受损失已成必然。当受骗人发现大笔投入的资金无法在相关网站、App 账户内提现时,诈骗犯罪分子也已逃之夭夭。

总之,与“刷单”诈骗犯罪行为广撒网的诈骗方式不同,在“杀猪盘”诈骗犯罪中,诈骗犯罪分子为了提高诈骗犯罪的成功率,都会经过一番精心设置,对于受骗人的选择也具有针对性。正由于诈骗犯罪分子有针对性地寻找受骗人需要花费心思,也造成了该类型诈骗犯罪的“杀人诛心”特点。例如,在假扮男女朋友的“杀猪盘”诈骗里,诈骗犯罪分子会以确立男女朋友关系为借口获得受骗人的信任,而受骗人也往往会以双方具有“感情基础”为纽带相信诈骗犯罪分子的伎俩。一旦男女朋友情感基础的诈骗本质败露,受骗人不但会在情感上遭受欺骗,受到精神层面的打击,还会在财产上产生大量亏空,造成物质上的损失。如果被害对象曾经经历过情伤或者内心极度脆弱,极易诱发其他犯罪,造成的社会危害尤甚。

法律小贴士：针对“杀猪盘”诈骗“杀人诛心”的特点，提出以下几个方面的应对措施。首先，在发现自己遭遇了欺骗感情的“杀猪盘”诈骗时，要第一时间调整好心态。在了解自身已经遭受了情感和财产的双重损失后，一定冷静应对，既然损失已经产生，就不能让损失有进一步扩大的机会。其次，“杀人诛心”式的“杀猪盘”诈骗犯罪分子会精准寻找受骗人，由于其不同于广撒网、浑水摸鱼式的诈骗犯罪方式，因此会留下较充足的一对一证据，给证据收集提供了一定的便利条件。受骗人要树立证据保留、收集意识，一旦遭遇到该种类型的诈骗犯罪，要及时收集相关网站页面、微信聊天记录、犯罪分子个人信息或者通话记录等不同证据并及时报警。最后，在有些“杀猪盘”诈骗中，由于受骗人遭受了精神、物质的双重打击，情绪低落，不愿配合公安机关的侦查工作。要明白的是，虽然被诈骗钱财不一定能够如数追回，但是从打击诈骗犯罪的角度来说，不配合调查或者不愿意报警的行为就是对犯罪行为的放纵。因此，在遭遇“杀猪盘”诈骗后，即使损失不大，建议也要及时固定、收集证据并向公安机关报案。

（四）冒充电商物流客服类诈骗

随着网络电商平台的不断发展，网络购物已经成为大多数人的日常必需。通过网络购买商品具有快捷、方便等特点,极大地方便了我们的生活,但在享受网络购物带来的便利的同时,也要时刻关注网络商品买卖中潜藏的诈骗犯罪行为,尤其是诈骗犯罪分子冒充电商物流客服实施的诈骗犯罪,以免上当受骗,伤害了自己的"钱包"。对于诈骗犯罪分子冒充电商物流客服实施的诈骗犯罪行为,一般包含以下几种类型:

第一类,诈骗方式为冒充网络电商平台客服工作人员(日常生活中常用的网络购物平台主要包括闲鱼、淘宝、天猫、拼多多、京东、小红书等网络平台)实施诈骗。诈骗犯罪分子通过冒充网络购物平台的客服人员,以购买者所购买货物出现问题为由,声称可以进行退款、换货、赔偿等售后服务,借此要求受骗人提供支付银行卡卡号、密码、手机验证码等信息,进而利用上述信息将受骗人银行卡内钱财转走,实施诈骗。

第二类,诈骗方式为冻结、转移资金的诈骗行为。诈骗犯罪分子冒充电商网络平台客服人员,以打电话或者发送信息的方式告知受骗人,因为商品质量低劣等原因,造成交易异常,并被商品质量监管部门查获,需要对受骗人的支付账号采取冻结措施,为了避免交易账号被冻结,需要受骗人将账户内的资金转移到指定的所谓安全账户,从而实施诈骗。

第三类,诈骗方式为取消业务型诈骗行为。在该种类型的诈骗行为中,冒充电商平台客服的诈骗犯罪分子往往会以系统错误、操作失误为借口，声称在未经受骗人授权和同意的情况下，为受骗人开通了会员、授权了代理或者误办了商品分期业务等。为了不影响受骗人的征信或者避免系统乱扣费，以取消相关业务为由，诱导受骗人转账，从而占有受骗人的钱财，实施诈骗。

第四类，诈骗方式为引诱办理贷款增加信用积分的诈骗行为。在诈骗犯罪分子假冒电商平台客服的诈骗类型中，以提高信用积分为由诱惑贷款并实施诈骗的行为危害尤甚。诈骗犯罪分子在声称商品质量存在问题后，以需要给受骗人退款为借口，进而又告知受骗人的信用积分比如支付宝芝麻信用积分或者会员积分过低不能退款。为了保障退款的及时到账，需要受骗人进行贷款以提高其信用积分，由此诱导受骗人在网络贷款平台贷款，并提供转款账户，最终占有受骗人的财产。由于网络平台贷款系利用受骗人个人信息办理，贷款的一切不利后果最终均由受骗人承担，故在造成财物损失的同时，也给受骗人的信用造成损害，破坏征信信誉，影响其正常的贷款权益，简直是得不偿失。

第五类，诈骗方式为编造店铺违规操作信息的诈骗行为。在电商平台类诈骗犯罪行为中，还有一类是针对电商平台业主的诈骗方式，不得不防。诈骗犯罪分子的黑手无处不伸，除坑骗购买货物的消费者外，有些诈骗犯罪行为的对象还专门针对电商平台的业主。例如，诈骗犯罪分子会冒充电商平台管理者的身份,假借管理者对网络平台店铺老板的“店面”进行检查,声称其经营的店铺装潢违规侵权、退款售后服务存在漏洞或者店铺信息不完善等,要求其进行整改,否则将会对其店铺做出“下架”处理。为了不影响生意,受骗人自然不愿被关店,此时诈骗犯罪分子也会趁机“下台阶”,提出如果想要继续经营必须缴纳相应保证金、认证金、经营保障款等条件,许多店铺业主因此上钩被诈骗,缴纳的所谓保证金、认证款也只能是“肉包子打狗,有去无回”了。

第六类,诈骗方式为“唱双簧”诈骗行为。该类诈骗与编造店铺违规操作信息的诈骗行为相类似,诈骗犯罪嫌疑人先冒充消费者,假装购物,再联系店铺业主,声称店铺内商品无法下单或者拍下商品后无法付款等,并要求店铺业主扫描其提供的二维码,联系电商平台客服人员解决问题。一旦受骗人扫描了诈骗犯罪分子提供的二维码,犯罪嫌疑人就会再继续冒充电商客服平台人员,以店铺业主所经营店铺未认证、信誉较低等理由,要求店铺业主按照“经营规定”缴纳认证金、服务费或者保证金等,从而以“演双簧”的方式实施诈骗。在该类诈骗类型中,诈骗犯罪分子的诈骗行为并不高明,在面对消费者投诉或者反映问题时,店铺业主应当通过自己网站的后台联系电商平台客服,而不应随意扫描诈骗犯罪分子提供的二维码。在此类诈骗行为中,不少店铺业主在面对遇到问题的消费者时,由于害怕被投诉,往往容易被所谓的“消费者”牵着鼻子走,这也是电商业主易遭受诈骗的最主要心理因素。因此无论如何都应当通过正规途径要求客服人员介入,以免遭遇“双簧”诈骗。

第七类,诈骗方式为冒充物流客服的诈骗行为。与前述6类诈骗方式不同,在此类诈骗犯罪行为中,诈骗犯罪分子冒充的对象主要为物流客服人员,也就是通过假冒快递公司人员实施诈骗。既然诈骗犯罪分子假冒的是快递公司人员,那么其实施的诈骗行为必定是以消费者的快递包裹为媒介。在一般情况下,诈骗犯罪分子会事先通过非法渠道窃取或者购买大量消费者的网络平台购物信息或者个人信息,之后再冒充货物仓储、快递公司以及货运公司等物流仓储行业的服务人员,谎称被害人的快递包裹丢失、被截获或者其包裹内存在违规物品等,要么承诺给消费者退款、赔偿,要么要求消费者缴纳一定的保证金等,从而诱骗消费者向其转账、汇款,最终占有款项完成诈骗犯罪。在上述诈骗方式中,诈骗犯罪分子虽然事先获取了消费者的个人信息,但是关于账户支付等信息,如银行卡账号、密码、验证码等一般均是在犯罪嫌疑人的诱骗下由消费者亲自提供的。因此,消费者还需注意,在遭遇所谓的理赔、退款、缴纳保证金的要求时,一定要保护好自己涉及金钱的密码账号,不可轻易向陌生人透漏。

防范小贴士:面对种类繁多、层出不穷的网络电商平台诈骗方式,无论是网络电商平台的消费者还是电商平台业主都应提高警惕，做好以下几个方面的防范措施。

1. 保护好自身一切关涉钱财的支付账号，如银行卡账号、支付账号、手机验证码等，该类账号均为个人隐私信息，无论何种“天花乱坠”的理由，切记不要向任何人提供。

2. 网络购物平台种类繁多，鱼龙混杂，作为消费者，为了保障自身的财产安全，需要仔细甄别购物平台的资质，多了解购物平台的评价信息，从正规购物平台下单，即使交易过程中出现问题，也应当在购物平台客户端联络客服人员，并要求客服人员通过购物时的原支付路径退款，切记不要通过其他额外的支付路径办理退款，以免上当受骗。

3. 在网络购物过程中遇到一切问题或者异常情况，切记不要通过私自添加陌生人微信的方式解决问题，而应当在购物平台寻找专门客服人员进行沟通，并保留一切沟通过程的证据材料。

4. 接到私下打来的“退款”“补偿”电话或者发送的类似信息的，均是诈骗，基本没有例外，切记不轻信陌生电话和陌生信息，正规的网络购物平台退款或者退货操作也不需要消费者提供银行卡卡号信息或者验证码信息等，如果遇到索要上述信息的情况，均为诈骗。

总之，在网络购物后遇到的一切异常情况均应寻找平台上的正规客服予以解决，对于陌生人发来的不明链接、信息等要果断拒绝，保护好自己的银行卡账号、支付账号以及验证码等私密信息,对任何人都不能随便提供。

(五)冒充熟人或领导诈骗

在该类诈骗犯罪方式中,诈骗犯罪分子之所以能够通过冒充熟人或者领导成功实施诈骗,原因在于诈骗犯罪分子深谙人情社会之道,利用了熟人之间或者领导、下属之间的人情关系,具体分述如下:

1. 冒充熟人实施诈骗的犯罪行为方式

在冒充熟人的诈骗方式中,诈骗犯罪分子最常冒充的熟人主要是受骗人的亲戚、同事、好友或者子女等。由于该类人员与受骗人的关系密切,诈骗犯罪分子往往利用感情,“撬动”受骗人的感情防线实施诈骗。具体诈骗方式如下:

诈骗犯罪分子冒充亲戚、朋友以遭受日常困难为由实施诈骗,即犯罪嫌疑人常常以遇到交通事故需要救治伤病或者赔偿损失、遭受重病急需用钱实施手术、人在国外求学需要代买机票或者交学费以及违法被公安机关处理需要缴纳取保候审保释金、给上级送礼疏通各种关系等为由,通过随机打电话、发送诈骗短信或者通过网络即时通信工具QQ、微信或者微博等,随机或者有针对性地诱骗、坑蒙受骗人,要求受骗人转账或者汇款,一旦遇到恰好具有上述情形的受骗人且受骗人未尽仔细核实之责时,其诈骗成功的概率极高。

诈骗犯罪分子冒充培训班、兴趣班老师、学校校长、班主任对学生家长实施诈骗,即诈骗犯罪分子以打电话、发短信或者即时通信工具QQ、微信或者微博以及发送电子邮件等方式,向受骗人谎称需要缴纳学费、培训费、伙食生活费等,诓骗受骗人实施转账、汇款行为,从而实施诈骗犯罪。

诈骗犯罪分子冒充商业合作伙伴对企业、公司实施诈骗,即在商业合作交往过程中,诈骗犯罪分子趁机冒充公司、企业的生意合作伙伴,通过发送电子邮件、发信息、打电话或者使用即时通信工具等,以公司企业收款账户号码变更、商品货物垫资、商品毁坏赔偿以及其他商品侵权等为由,要求公司、企业汇款、转账的诈骗方式。

2. 冒充明星、公众人物等实施诈骗的犯罪行为方式

诈骗犯罪分子利用大众的“慕强”心理,冒充明星、网红或者公众人物等实施的诈骗行为,即诈骗犯罪分子抓住大众的“猎奇”“追星”心理,冒充短视频网红、电影明星以及社会各领域知名人物,在受骗人头脑麻痹,陷入认识错误后,编造能够与其崇拜的电影明星、歌唱明星或者网络名人、知名公众人物见面、吃饭、交流以及获得上述公众人物的照片、书籍等谎言,诱骗被害人转账汇款,在受骗人全然不知的情况下实施诈骗。该类诈骗方式针对的对象主要为处于青春期的年轻学生、追星族等,由于明星等公众人物自带“崇拜光环”,社会影响力大,诈骗犯罪分子借助明星的庞大粉丝群体实施诈骗犯罪活动经常造成巨额财产损失,所以在日常生活中要冷静对待明星效应,广大粉丝应甄别自己所追求明星

的个人真实信息，理性追星，在追星过程中切记不要相信各类要求转账、汇款的信息，一旦收到涉及钱财的各类信息，均为诈骗。

3. 冒充领导实施诈骗的犯罪行为方式

商业社会快速发展，每个人获取日常所需都需要寻找一份工作，无论何种工作类型，也无论何种工作性质，其内部组织架构一般均存在领导及下属的层级分工，以维持组织运转。诈骗犯罪分子正是看到了公司架构的逻辑关系，通过向老板或者公司领导手机植入木马等方式获取其手机通信录等信息，在通常情况下，老板或者领导的手机通信录中均会存有下属或者会计、财务等人员的手机号码，诈骗犯罪分子经过初步筛选后，向通信录中的上述人员群发信息，谎称遭遇困难或者公司需要等理由，要求受骗人向特定账户转账或者汇款，一旦遭遇诈骗的受骗人未经核实并轻信上述信息后，极易遭受财产损失。

除上述冒充亲戚、朋友、老师、明星、公众人物、老板、领导等实施诈骗的行为方式外，在司法实践中还存在其他类型的冒充式诈骗行为，如冒充男女朋友、情人、同学等。无论何种冒充方式的诈骗行为，本质上均属于利用熟人、上下级以及其他亲密关系的情感依托或者人身依附关系。在面对冒充式诈骗犯罪行为时，尤其是涉及大额转账、汇款的情形时，受骗人应当第一时间打电话核实，切记确认真实情况后再行转账、汇款，警惕诈骗犯罪分子的“暖心关怀”及“花式借口”。

（六）冒充公检法机关诈骗——出于对公检法机关以及国家机关的信任，从而放松警惕

冒充公检法机关或者政府机关和部门实施诈骗的犯罪行为在司法实践侦破的案件中占有较大比例。由于该类诈骗犯罪行为借助了政府的公信力以及受骗人的惧怕心理，故诈骗得逞的概率较高，在造成受骗人财产损失的同时，也给国家政府机关和部门的公信力带来极大损害。

1. 冒充公检法机关实施诈骗犯罪

公检法机关分别负责刑事犯罪案件的侦破、起诉与判决工作，具有采取刑事强制措施的法定权力，诈骗犯罪分子冒充公检法机关实施诈骗，会给被害人带来较大的心理压力，从而在紧张和无所适从中遭受财产损失。在日常生活中，诈骗犯罪分子常常以受骗人名下的银行卡、医保卡、社保卡等涉及个人身份隐私的卡片信息被冒用、冻结为由，要求受骗人向其指定的安全账户转账、汇款，缴纳保证金，从而实施诈骗，或者谎称因被害人的身份信息、银行卡信息等泄露而被其他犯罪分子利用实施了洗钱、贩毒、诈骗等犯罪行为，需要追究刑事责任，从而要求受骗人将保证金等转入其指定的安全账户中配合进一步调查。在上述诈骗犯罪实施过程中，诈骗犯罪分子往往会几人分饰不同角色，要么冒充公安民警，要么冒充检察院工作人员，相互分工、相互配合，采取展示假通缉令或者法院传票等所谓法律文书的方式，骗取受骗人信任，一旦受骗人不了解真实的公检法工作流程，在急于证明自身清白的心态下，极易掉入诈骗犯罪分子精心布置的陷阱。

2. 冒充其他政府部门或组织实施诈骗犯罪

随着经济社会的不断发展，政府部门提供的公共服务项目也不断增加。例如，在政府补助、税务退缴、助学贷款发放以及残疾人补贴等领域，均存在各类政府部门或组织的参与。诈骗犯罪分子正是看到了其他政府部门经手各类补贴、财物的便利条件，才会假冒税务、教育、民政以及残联、金融机构等部门的政府工作人员，以领取助学款、助学金、退税等为借口，诱骗受骗人转账、汇款。另外，在冒充其他政府部门工作人员实施诈骗的犯罪行为方式中，有些诈骗犯罪分子还会以受骗人的银行卡、社保卡、医保卡或者投资证券等账户涉嫌犯罪或者交易异常被冻结等为借口，引诱受骗人向其提供的所谓安全账户转账、汇款，以实施诈骗。

冒充公检法机关工作人员实施诈骗的方式五花八门，防不胜防，但只要了解了公检法机关及其他政府部门工作程序，想要防范该种诈骗并非难事。一方面，公检法机关的工作具有较强的程序性，无论是涉嫌洗钱犯罪，还是贩毒、走私或者其他类型犯罪的，公检法机关都不会通过网络或者直接打电话等方式办理案件,而是通过线下邮寄相关法律文书方式,所以对于那些通过网络或者发送信息等发出逮捕令、通缉令、警察证件等的行为方式,均属违法程序。同时,在公检法案件办理过程中,不存在所谓的安全账户,需要查扣财产或者缴纳取保候审保证金的,一般会在银行会开设有专门的收款账户,绝不会以保障资金安全等理由要求向所谓的安全账户转账、汇款,现场索要银行卡账号、验证码、支付密码等隐私信息的行为都是诈骗。还有就是公检法机关之间不会相互转接电话,不会在同一个案件办理过程中,几个部门之间通过电话相互发出告知、警告等信息,遭遇上述做法的,均应提高警惕,必要时也可拨打“110”或者“12309”进行咨询。另一方面,在面对所谓的教育部门、社保部门打来的电话时,一定要拨打上述部门的正规电话进行询问,确认自己的社保卡、医保卡是否正常,确认一些教育、残疾人保障项目是否真实存在,切记不可因贪图小便宜而遭受更大财产损失。

防骗小贴士:在不少日常新闻报道中可以发现,许多遭遇冒充公检法诈骗的受骗人在遭受该类诈骗时,非但自身对遭受的诈骗全然不知,而且对身边人甚至公安机关民警的劝阻也充耳不闻,一心想要在银行柜台前给诈骗分子转账。究其原因还在于受骗人对于公检法机关的正常办案程序知之甚少,且对公检法机关存在畏惧心理,又经过了诈骗犯罪分子的哄骗,故而会在诈骗中难以自拔。针对上述原因,在遭受类似诈骗时应坚持以下几个原则:一是多了解公检法机关的正常办案程序。公检法机关在案件办理过程中不会通过打电话、发信息等方式发送法律文书,法律文书需要将纸质件交予相关涉案人员,因此通过线上、微信、短信、QQ 聊天方式发送、展示通缉令、出庭通知书的方式均为诈骗。二是公检法机关是打击犯罪的机关,最终目的为保障公民的合法权利,因此,不要存在无谓的畏惧心理,尤其是在并未实施违法犯罪行为的前提下,切忌仅听骗子的一面之词而认定自己涉嫌犯罪,公检法机关想要认定某个人有罪,是需要证据的,空口无凭的说辞必定是诈骗。三是在遭受骗子的利诱、哄骗、威吓时,不要一时冲动,急于给骗子转账、打款,而要对骗子的话术进行核实,最方便快捷的方式就是及时拨打“110”,把自己的遭遇交予公安民警进行判断,要相信公安民警。同时,对骗子话术中涉及的亲人、朋友都要及时进行联络,核实亲人、朋友的安危,打破骗子的谎言。

(七)虚假投资理财诈骗

投资理财已成为居民日常生活中的重要经济活动,投资获取收益是每个理财投资者的最终追求,但面对五花八门,收益各不相同的理财产品时,作为个体投资者能够防止被诈骗吗?近年来,随着投资理财热的兴起,诈骗犯罪分子早已“潜伏”进入各类投资理财项目中,只等着被害人“自投罗网”呢!

虚假投资理财类型的诈骗犯罪活动之所以能够得逞，关键在于诈骗犯罪分子对理财收益获取的包装。在一般情况下，诈骗犯罪分子会通过日常生活中常用的社交平台软件，如QQ、微信、微博或者其他聊天、信息发布软件，谎称自己能够精准预测股票、期货以及其他投资活动的收益波动，将自己包装成为理财大师、炒股专家、“白富美”、“高富帅”等，诱骗受骗人参与投资理财，再从中收取所谓的服务费、会员费用等，受骗人一开始可能会获取一定的收益，但在后期非但收益全无，就连本金也难以保证安全。而其所参与实施的所谓投资炒股、期货或者其他投资活动的一切交易信息，全都是诈骗犯罪分子伪造的，其可以实时篡改交易信息，展现给受骗人的投资行为均为诈骗手段。

另外，受骗人在参与投资之前，有时会被诈骗犯罪分子拉入投资者的QQ群、微信群，其中的“投资参与者”会不定期在群内发布赚取收益的截图，声称是跟随群内荐股大师、投资大师的投资脚步所赚取的收益，其实整个群内的上百个投资者，均为诈骗犯罪分子所扮演，受骗人在几十人、几百人的蛊惑下，极易轻信从而遭受诈骗。在遭受的财产损失方面，受骗人不但投入的资金安全无法保障，有时还会禁不住诈骗犯罪分子的推销，购买一些“荐股软件”、投资指导书籍以及其他投资平台会员等，而这些交易系统实际上均为诈骗犯罪分子所伪造。

防骗提醒:作为投资者要充分了解“投资有风险,出资需谨慎”的常识。投资获取收益是人之常情,无可厚非,但投资时一定要选择正规的平台,不可轻信网络投资噱头,更不能轻易相信所谓的“炒股大师”“理财大师”等的忽悠。许多受骗人之所以被骗,很大一部分原因在于自身缺乏相应的投资理财知识,需要借助外部“智慧”来获取收益。但要知道,既然明知自身缺乏相应的投资专业知识,在面对需要具有较多专业知识的领域时,自身财产的安全性将会面临极大风险,所希望借助的外部“智慧”往往就是诈骗犯罪分子实施诈骗的绝佳手段。许多受骗人抱持侥幸心理,甚至明知被诈骗,仍幻想有可能“一招制胜”,这种“不死心”的心理状态正好满足了诈骗犯罪分子的需要,钱财损失的扩大也将是不可避免的。因此,要切记不赌气、不逞强、不蛮干、不盲从,在面对不确定的投资理财产品或者宣传时,要多向身边人咨询,多向公安机关、检察机关或者社区帮扶部门咨询,千万不要在不明的情况下,仅听诈骗犯罪分子的“一面甜言”散尽全部资财。应坚持取财有道的基本原则,否则最终将落得个得不偿失的后果。另外,在面对诈骗犯罪分子的诱惑时,心理防线的建设固然重要,但对于诈骗行为的理性判断也是需要广大人民群众不断积累和学习的。从本质上来说,投资理财收益率对于理财公司或者银行来说属于运营成本,也就是投资理财的收益和利息是需要理财公司或者银行支付的债务,只有将吸纳的资金进行再贷款,形成贷款和投资收益间的差额,银行或者理财公司才能产生盈利,才能维持正常运转。因此,正规的理财项目不会设定过高的理财投资收益,否则理财公司或者银行会背负巨额债务甚至破产,正规的理财公司或者银行在其推出的理财项目中也不会推出过高利率的理财产品,这也是利害成本考量的必然逻辑。因此,在面对高得离谱的投资理财项目或者宣传时,涉嫌投资理财诈骗的概率也极高,应当提高警惕,切勿被虚假的高利率外表冲昏头脑。

(八)虚假购物、服务类诈骗

在虚假的购物类诈骗中,还包括另一种虚假服务类诈骗,无论是虚假购物诈骗还是虚假服务诈骗,诈骗犯罪分子均会利用“低价打折”这一让利因素做掩护,进而实施诈骗。

1. 虚假购物类型的诈骗犯罪

购物能够带给人美妙的体验,消费也是人们日常生活中常见的行为方式,但是也会被诈骗犯罪分子“盯住”,不可不防。在一般情况下,诈骗犯罪分子实施诈骗的方式并不高明,但人们往往就是在不经意间遭受了诈骗。鉴于日常网络购物人群规模较大的现实状况,诈骗犯罪分子一般会通过网络社交软件(微商及其他形式)、搜索软件、发送短信网站链接或者电话推销等方式发布“高质量廉价”的商品链接,以优质品牌产品打折优惠、低价走量、海外大品牌产品代购等形式,激发消费者的购物欲望,营造“即买即赚、不买即亏”的购物氛围,进而诱导消费者点击链接或者与诈骗犯罪分子直接联系,一旦受骗人确定了购物意向并支付货款,诈骗犯罪分子即刻就会将受骗人拉黑,导致受骗人既收不到所谓的“廉价大品牌商品”,还会遭受财产上的无谓损失。另外,随着我国经济对外交往的不断深入,不少国家的各类商品通过海关源源不断地进入我国市场,一些诈骗犯罪分子瞄准了这一“商机”,还会以海外代购清关的名义,要求被诈骗的消费者缴纳商品通关关税、通关手续费用、海外代购定金或者其他各种类型的手续费等,许多消费者不了解真实的海关通关规则,以为交钱就能拿到货物,迷迷糊糊掉入诈骗犯罪分子精心设置的圈套,一旦向诈骗犯罪分子提供的账户内转账或者汇款,遭受诈骗便是在所难免的了。

2. 以提供虚假服务为幌子的诈骗类型

通过网络提供的服务内容五花八门,在日常生活中,几乎每个人都会通过网络搜索并寻求服务,有些服务本身需要遵循商业交换规则,涉及费用支付及对价交换等。因此,诈骗犯罪分子盯上了网络服务的“大蛋糕”。与提供商品的虚假购物诈骗方式类似,诈骗犯罪分子也会利用各类网络工具发布提供服务的信息,只是在提供服务的诈骗方式中,诈骗犯罪分子使用的网络工具类型更加丰富,需要服务需求者仔细甄别各种网络服务信息的真假。例如,诈骗犯罪分子会根据网络服务内容的不同分别使用短信、网站、网络社交软件等为不同的对象提供“个性化”服务，包括代为加工类、制作网站、网页、协助创作音乐等，甚至会针对受骗人的不同身份和需求，如学生、债主、明星、家庭主妇、车主等，分别提供考试答案、上门追债、网络黑帖删除、丈夫行踪定位、车辆违章信息删除或者算命封建迷信等服务。由于上述服务的“个性化”“定制化”特征，被害人往往会对诈骗犯罪分子的“承诺”深信不疑，加之有些服务项目还具有“专业化”“技术化”特点，受骗人对之更加难以甄别，甚至不惜出重金以求服务，在诈骗犯罪分子的诱惑和引导下，向其转账、汇款，造成的损失极大。

在提供虚假服务的诈骗方式中，其危害性之所以重于虚假购物诈骗类型的最大原因在于，一些受骗人寻求的服务本身就不合法，至少属于法律规制的“灰色地带”。例如，上门暴力讨债服务、定位追踪服务、提供考试答案的服务或者提供封建迷信算命服务等本身就存在涉嫌违法犯罪的嫌疑，上述服务内容即使是遵循了等价交换原则，也不受法律保护。因此，在遭遇到诈骗犯罪分子设计的上述诈骗套路后，不少受骗人出于保护自身的考虑而选择隐忍，间接助长了诈骗犯罪分子的嚣张气焰。

3. 相关法律对虚假购物、服务类诈骗的规制

面对虚假购物、虚假服务类型诈骗犯罪行为，除受骗人

应当在思想上提高防范外,我国刑事法律对该类型的诈骗方式也有许多规制措施,可以通过解读法律规制方式,对照自身行为,提高防诈骗能力。一是在虚假购物中针对虚假广告行为,我国《刑法》第222条规定了“虚假广告罪”,具体是指广告主、广告经营者、广告发布者违反国家规定,利用广告对商品或者服务做虚假宣传,情节严重的行为。因此,在面对虚假购物广告时,受骗人在无法保留直接诈骗犯罪分子相关身份证据的时候,可以留意广告发布者的信息,以保留相关证据。二是诈骗犯罪分子一般会通过网站或者搜索引擎发布相关虚假购物、服务信息,我国《刑法》第287条之一规定了“非法利用信息网络罪”,其中第1款第1项、第3项规定,利用信息网络设立用于实施诈骗、传授犯罪方法、制作或者销售违禁品、管制物品等违法犯罪活动的网站、通信群组或者为实施诈骗等违法犯罪活动发布信息的,都应当认定为非法利用信息网络罪。因此,根据上述规定,受骗人在下单购物或者寻找网络服务时,一定要关注购物网站的标识信息、资质,仔细甄别其网站性质和贩卖物品的类型,注意保留网站地址、账号等信息。三是在司法实践中,有些受骗人在遭受诈骗后,内心失落,对遭受诈骗的事实采取了“破罐子破摔”的态度,甚至有些受骗人还会被诈骗犯罪分子“洗脑”,反而帮助诈骗犯罪分子洗钱或者贩卖、提供银行卡、手机号等个人信息,进而帮助犯罪分子实施诈骗行为。根据我国

《刑法》第287条之二的规定，明知他人利用信息网络实施犯罪，为其犯罪提供通信传输、支付结算等帮助，情节严重的，构成帮信罪。因此，在遭受诈骗后，应当平和心态，注意保留证据并及时报警，切勿以“赌气”心态让自己遭受更大的损失，甚至陷入犯罪泥潭。

（九）利用征信实施的诈骗

利用征信实施的诈骗行为方式，是指诈骗犯罪分子谎称受骗人征信出现问题或者产生了不良记录，要求受骗人按照其指示进行贷款、汇款、转账等，以验证征信为名实施的诈骗行为。主要包括消除征信污点类诈骗和消除不良“校园贷”记录等类型。

1. 消除征信污点类诈骗行为

征信是信用评价的重要内容，是公民实施贷款、购物等行为产生的信用记录，体现了一个人的信用高低程度，对公民的日常经济活动影响极大。如果征信出现污点或者不良记录，轻则难以办理贷款，重则会被银行等金融机构拉黑，给日常生活带来诸多不便，尤其是对经营生意的个体户或者需要贷款购买房屋的业主来说，良好的征信记录是其获得贷款的最低保障。诈骗犯罪分子正是看到了征信的巨大作用，摸准了受骗人的“命门”，以谎称征信出现问题等方式，利用受骗人的无知实施诈骗。在不少司法实务案例中，诈骗犯罪分子一般会冒充互联网金融借款平台（例如，日常生活中常见的支付宝、借呗、花呗、京东借款以及其他网络融资平台）、银行以及各类贷款金融机构的客服、贷款审核工作人员身份，通过打电话、加微信等方式，谎称受骗人曾经使用的信用卡、网络贷款、支付宝、借呗等存在不良记录，影响了个人征信，需要消除个人征信的污点，否则将会涉嫌违法犯罪，或者声称受骗人曾经存在分期付款购物记录、办理过网贷等，对个人征信造成了不良影响被冻结，可以帮助其消除记录，注销分期账号等，诱骗、引诱被害人向其指定的征信“洗白”账户转账、汇款，从而实施诈骗。在该类诈骗方式中，诈骗犯罪嫌疑人采取的是“广撒网捞鱼式”诈骗行为，诈骗犯罪分子以广泛发布虚假信息或者拨打骚扰电话等形式，利用受骗人对自身征信不良记录的担心，实施诈骗。

2.“校园贷”类型的诈骗行为

学生群体社会经验不足容易成为诈骗犯罪分子的目标，日常生活高发易发的“校园贷”诈骗行为五花八门，存在多种类型。

（1）威胁勒索钱财型诈骗方式

该种类型的诈骗行为较极端，往往涉嫌其他敲诈、勒索犯罪，也比较易于辨识。在一般情况下，在面对需要贷款的学生时，诈骗犯罪分子会冒充正规银行或者金融机构的从业人员，以虚假的贷款流程作为掩护，要求有贷款需求的在校学生提供身份证、学生证甚至视频或者家属电话号码等作为抵押，诈骗犯罪分子将自己所有的资金冒充贷款发放，并收取高额利息，一旦贷款学生无法按时还款，诈骗犯罪分子会以公开其身份证信息、视频或者家属电话号码等实施要挟，甚至采取恐吓、殴打等方式提出更多不合理要求，实施诈骗。

（2）占有手续费型诈骗方式

诈骗手法不断翻新，但诈骗伎俩却是相通的。在占有手续费类型的诈骗中，其诈骗伎俩与网络贷款类似，只是其针对的对象是在校学生。由于在校学生属于刑法重点保护的弱势群体之一，有必要单独阐述其诈骗手法。与网络贷款诈骗方式类似，诈骗犯罪分子结合学生群体接触网络较频繁的特点，会通过互联网平台（如微信、购物网站、QQ 等信息交流平台）发布贷款广告，以免抵押、低手续费、分期时间长、先息后本等为诱饵，诱骗有资金需求的学生向其贷款，一旦有学生上钩，再以学生征信分数低、信誉低等为由，要求贷款学生缴纳贷款保证金、信誉金等费用，一旦学生转账、汇款，收到款项的诈骗分子即刻会将其拉入黑名单。

（3）职业培训型诈骗方式

学生群体正处于学习各类文化知识的阶段，对于各类培训的需求较大。诈骗犯罪分子正是盯上了职业培训这个“香饽饽”，打起了学生培训费的主意。面对在校学生需求较多的考研、公务员、各类职业证书考试的培训项目，一些“职业培训机构”打着举办职业培训班的幌子，与诈骗犯罪分子串通,夸大培训效果,进行虚假宣传,并承诺培训结果达不到预期效果的,可以全额退赔学费等,诱骗有培训需求的学生参加所谓的“培训班”。面对动辄几千元、几万元的培训费用,“培训机构”和诈骗犯罪分子会以垫资等方式帮助学生预先缴纳培训费用,然后要求学生通过网络等途径进行贷款作为返还“垫资”的手段,进而占有贷款,实施诈骗犯罪活动。上述诈骗方式的核心仍然是围绕学生贷款展开的,而作为在校学生,其经济风险的承受能力本来就弱,在遇到要求进行网贷、汇款、转账的要求时,一定要放平心态,仔细辨别,尤其是在遇到提供身份证、征信信息甚至视频录像的要求时,实施诈骗的概率极大。

（十）网络游戏虚假交易诈骗

随着信息网络的迅猛发展,网络游戏在日常娱乐中占有较大比例。据统计,我国网络游戏用户规模已达 5 亿人次,流量巨大,催生出的游戏装备、番外物品交易额规模惊人,也因此产生了借助网络游戏虚拟装备买卖活动实施诈骗的犯罪方式,主要包括游戏点卡充值诈骗、游戏账号、游戏虚拟装备虚假交易以及游戏“外挂”技术出售等类型。

1. 以网游账号和装备交易为幌子的诈骗方式

结合司法实践中遇到的案件类型,在以网游账号和装备为幌子的诈骗方式中,诈骗犯罪分子实施诈骗犯罪活动具体又分为两种形式。一是采取“正常”的交易方式,即诈骗犯罪分子发布买卖网游账号或者游戏装备的广告信息,并架设虚假的游戏装备交易平台,采取低廉价格、夸大宣传等方式诱骗受骗人进入虚假交易平台进行交易,从而实施诈骗犯罪活动。二是采取直接进入游戏玩家账户的方式实施诈骗,即诈骗犯罪分子在前期网络账号和装备的交易中事先获取网络游戏玩家的信任,以给予优惠等为借口,索要到游戏玩家的登录账户,然后进入游戏账号对其账号内的其他游戏玩家实施诈骗。由于网络游戏具有网布式特征,每个账号均与其他游戏玩家形成网络联结,故该种类型的诈骗,会造成诈骗危害的进一步扩散,形成“沦陷一城、打倒一片”的态势。

2. 以游戏点卡或者游戏币充值为幌子的诈骗方式

游戏币和游戏点卡是网络游戏账号中预存的消费点数,是一种为网络游戏提供支撑的虚拟交易货币,需要在网络游戏中进行定期充值。由于游戏点卡或者游戏币具有虚拟财产的性质,能够在市场中自由流通,故成为诈骗犯罪分子觊觎的对象,利用游戏点卡充值实施的诈骗行为已成为诈骗犯罪中较常见的类型之一。在此种类型的诈骗犯罪中,诈骗犯罪分子为了赢得受骗人的信任,会预先制作游戏币、游戏点卡的充值界面截图,并编造各类虚假的优惠信息通过社交平台予以发布,吸引游戏玩家预先付款。由于不存在第三方财产监管平台的介入,预付款会直接进入诈骗犯罪分子的账户,这就为诈骗犯罪分子扣划预付款进而占有充值款项提供了便利,直至完成诈骗。在此过程中,游戏玩家的充值卡或者充值点数都是诈骗犯罪分子虚构的假象,属于虚假宣传,并不能真正为游戏玩家完成充值服务。因此,为了防止遭受游戏点卡的充值诈骗,建议广大游戏玩家一定要到正规的充值平台进行充值,以免遭受财产损失。另外,除游戏装备交易、游戏点卡的诈骗外,在司法实践中还存在以解除游戏防沉迷限制、出售游戏“外挂”、代练以及解除游戏账号冻结等形式的各类诈骗行为,需要广大网络游戏用户提高辨别能力,以防遭受财产损失。

基于日常发生的事实,上述章节全景式总结展现了较常见的十大诈骗套路类型,当然,其并非完全涵盖了所有诈骗的可能表现形式,诈骗表现形式还将随着社会生活实际的发展而变化。但无论何种具体表现形式,电信网络诈骗犯罪分子都需要对诈骗所得的资金进行处理,基于这一共性,也启示司法机关在打击电信网络诈骗时,应强化对诈骗“资金链”的治理。

第七篇

电信网络诈骗的法规解读与治理分析

2022年正值我国《反电信网络诈骗法》颁布并正式施行1周年，该法的制定出台意味着我国反电信网络诈骗的法治迈上了新台阶，针对新型犯罪的治理能力和治理水平都取得了显著的进步。在党的二十大提出的社会主义现代化建设新时期，我们正需要发挥法制的引领、规制、激励等作用。本章承接前述章节电信网络诈骗的电信治理、互联网治理、资金链治理以及典型诈骗套路的识别，从法律的视角解读《反电信网络诈骗法》这一纲领性的法律文件及其搭建起的综合治理结构，并从行政、民事和刑事、司法及责任衔接的角度分析电信网络诈骗的治理体系以及相关法律后果的特征。

一、电信网络诈骗犯罪的法律法规解读

（一）我国电信网络诈骗法规体系梳理

电信网络诈骗的犯罪治理一直是我国刑事犯罪治理、社会治理和金融治理的重点。与电信网络诈骗相关的制度设计、机制配套和法规完善也是政府一直以来的目标。从前述研究可知，从2011年开始，自智能手机、4G通信、大数据、物联网等技术爆发并得到广泛利用之后，电信网络诈骗的案件数量快速增长，政府意识到这类新型犯罪的迅猛态势和监管挑战，开始对电信网络诈骗进行严格的整治与监管。2015年，国务院批复建立了由公安部牵头，工信部、中国人民银行、最高人民法院、最高人民检察院等23个部门和单位组成的“国务院打击治理电信网络新型违法犯罪工作部际联席会议制度”，负责统筹协调全国防范打击电信网络诈骗工作，从顶层设计上明确了电信网络诈骗犯罪的规制主体和范围，制定专项治理目标，统筹部署工作开展。[①] 这一时期我国尚未出台反电信网络诈骗的相关法规，因此公安部门开始以电信网络诈骗新型犯罪开展系列常态治理和专项治理，国

---

① 参见中国信息通讯研究院安全研究所：《新形势下电信网络诈骗治理研究报告》，2020年12月。

务院这一联席会议制度仅是行政机关内部的制度安排,起到沟通、联络、协调和信息共享的作用。我国反电信网络诈骗的法律规范呈现下位法先行的特点,自下至上进行条块式的规范。由于电信网络新型犯罪的线上化、复杂性、跨域性和连通性,需要多部门的综合协同监管,相关监管部门主要是公安部、工信部、国家网信办、最高人民法院以及最高人民检察院。在《反电信网络诈骗法》正式实施前,我国反电信网络诈骗的法律体系主要以部门规章、规范性文件和司法机关制定的司法解释为主,整体位阶较低。

在部门规章和规范性文件层面,工信部主要负责电信网络诈骗犯罪防范中软硬件基础设施的反电信网络诈骗监管,重点是对电信网络诈骗的互联网接入和电信信号接入进行管理,以及互联网和通信运营商运营层面的监管,从源头和前端打击电信网络诈骗的入口和有形、无形的内容载体。例如,持续规范重点电信业务,着力治理境外来源诈骗电话、加强"钓鱼"网站和恶意程序整治。工信部的反电信网络诈骗监管具体表现为2018年工信部出台《关于纵深推进防范打击通讯信息诈骗工作的通知》,明确9项重点任务,提出加强电话用户实人认证,持续巩固电话用户实名登记成效;规范重点电信业务,着力治理境外来源诈骗电话;加强"钓鱼"网站和恶意程序整治,降低网络诈骗威胁风险;开展网上诈骗信息治理,着力压缩诈骗信息传播渠道等。2019年,工信部先后印发《关于进一步做好防范治理电信网络诈骗重点工作的通知》《关于进一步做好电话用户实名登记管理有关工作的通知》等部署文件,强化重点地区治理,落实互联网企业责任。2021 年以来,工信部累计处置涉案域名网址 214 万个,拦截涉诈电话 25.4 亿次、短信 30.5 亿条;建成启用的"12381"涉诈预警劝阻短信系统,精准发现潜在受骗用户并实时发送预警信息 2.92 亿条。

在司法解释层面,2011 年最高人民法院、最高人民检察院发布《关于办理诈骗刑事案件具体应用法律若干问题的解释》,开始加大利用电信网络手段实施诈骗的惩处力度;2016 年最高人民法院、最高人民检察院、公安部联合发布《关于办理电信网络诈骗等刑事案件适用法律若干问题的意见》,2019 年发布《关于办理非法利用信息网、帮助信息网络犯罪活动等刑事案件适用法律若干问题》,完善帮助信息网络犯罪定罪量刑的相关准则,紧接着在 2021 年发布《关于办理电信网络诈骗等刑事案件适用法律若干问题的意见(二)》,以确保法律可应对电信网络诈骗犯罪显现的新特点。① 上述规范性文件构成了电信网络诈骗治理的主要规范。我国针对电信网络诈骗制定的相关法规体系,见表 7-1。

---

① 参见吴沈括、黄诗亮:《〈反电信网络诈骗法〉的治理要旨与合规启示》,载微信公众号"经济犯罪治理"2022 年 9 月 21 日,https://mp.weixin.qq.com/s/0z_KDWKux6cFQzJguEShQw。

表 7-1　我国电信网络诈骗犯罪治理的法律法规梳理

分类	立法名称	实施(施行)时间	发文单位	适用场景/核心内容
法律	《刑法修正案(九)》	2015 年 11 月 1 日	全国人民代表大会常务委员会	明晰帮信罪的处罚准则
	《网络安全法》	2017 年 6 月 1 日	全国人民代表大会常务委员会	建设、运营、维护和使用网络，以及网络安全的监督管理
	《反电信网络诈骗法》	2022 年 12 月 1 日	全国人民代表大会常务委员会	全面和体系化推进电信网络诈骗治理
部门规章和规范性文件	《电信网络新型违法犯罪案件冻结资金返还若干规定》	2016 年 8 月 4 日	原银保监会、公安部	对权属明确、符合返还条件的涉案冻结资金，依法及时返还被骗群众
	《关于加强支付结算管理防范电信网络新型违法犯罪有关事项的通知》	2016 年 9 月 30 日	中国人民银行	从强化账户实名制、阻断诈骗资金转移主要通道、加强个人支付信息安全保护、建立个人账户保护长效机制 4 个方面提出 20 项具体措施，加大防范和打击电信网络诈骗犯罪力度

续表

分类	立法名称	实施(施行)时间	发文单位	适用场景/核心内容
	《关于运用大数据推进防范治理电信网络诈骗长效机制建设工作方案》	2020年7月27日	工信部	方案围绕技术平台、监管能力、工作机制3条主线,提出将充分运用大数据等技术打造信息通信行业反电信网络诈骗大数据技术手段。建立部级互联网反电信网络诈骗大数据统一资源库和部级互联网反电信网络诈骗平台
	《关于进一步做好电话用户实名登记管理有关工作的通知》	2021年5月9日	工信部	强化重点区域大数据反电信网络诈骗治理,对漫游到重点治理地区的诈骗电话号码及时依法依规处置
	《关于组织开展打击治理典型网络诈骗、跨境赌博集中宣传月活动的通知》	2021年10月	中国人民银行、原银保监会、公安部	重点针对"低收入、低学历、低年龄"人群,以"入户、入村、入企、入校"形式深入推进买卖个人身份证件、收款码等的危害性及惩戒措施、账户服务便民惠民政策等系列宣传教育

续表

分类	立法名称	实施(施行)时间	发文单位	适用场景/核心内容
	《关于加强打击治理电信网络诈骗违法犯罪工作的意见》	2022年4月18日	国务院打击治理电信网络新型违法犯罪工作部际联席会议办公室	坚持以习近平新时代中国特色社会主义思想为指导,依法严厉打击电信网络诈骗违法犯罪,构建严密防范体系,加强行业监管源头治理
司法解释	《关于办理诈骗刑事案件具体应用法律若干问题的解释》	2011年4月8日	最高人民法院、最高人民检察院	加大对利用电信网络技术手段实施诈骗行为的惩处力度,明确电信网络诈骗犯罪的定罪处罚标准,同时充分体现依法严惩此类当前发案较多、人民群众反映强烈的新型诈骗犯罪的要求
	《关于办理电信网络诈骗等刑事案件适用法律若干问题的意见》	2016年12月20日	最高人民法院、最高人民检察院、公安部	依法严惩电信网络诈骗犯罪、全面惩处关联犯罪

续表

分类	立法名称	实施(施行)时间	发文单位	适用场景/核心内容
	《关于办理侵犯公民个人信息刑事案件适用法律若干问题的解释》	2017年6月1日	最高人民法院、最高人民检察院	清晰界定“公民个人信息”“提供公民个人信息”“以其他方法非法获取公民个人信息”的行为,以及相关加重情节
	《关于办理扰乱无线电通讯管理秩序等刑事案件适用法律若干问题的解释》	2017年7月1日	最高人民法院、最高人民检察院	明确使用“黑广播”“伪基站”或者实施其他扰乱无线电通信管理秩序的行为类型和加重情节
	《关于办理妨害信用卡管理刑事案件具体应用法律若干问题的解释》	2018年12月1日	最高人民法院、最高人民检察院	进一步明确“恶意透支”“非法占有目的”的认定,明确“有效催收”的条件[1]
	《关于办理非法利用信息网络、帮助信息网络犯罪活动等刑事案件适用法律若干问题的解释》	2019年11月1日	最高人民法院、最高人民检察院	细化明确了帮信罪的定义、范围与惩处方式等内容

续表

分类	立法名称	实施(施行)时间	发文单位	适用场景/核心内容
	《关于审理掩饰、隐瞒犯罪所得、犯罪所得收益刑事案件适用法律若干问题的解释》(2021年修正)	2021年4月15日	最高人民法院	明确该罪“情节严重”的情形,与相关犯罪的共犯关系,在上游犯罪尚未依法裁判,但查证属实的,不影响掩饰、隐瞒犯罪所得、犯罪所得收益罪的认定
	《人民检察院办理网络犯罪案件规定》	2021年1月25日	最高人民检察院	明确和完善网络犯罪案件的管辖、引导取证、电子数据审查、跨区域协作办案和跨境司法协作等规则
	《关于办理电信网络诈骗等刑事案件适用法律若干问题的意见(二)》	2021年6月17日	最高人民法院、最高人民检察院、公安部	明确电信网络诈骗的上下游犯罪的司法处理、认定共同犯罪与主观故意,明确案件管辖、证据的收集和审查判断等事项

〔1〕最高人民法院、最高人民检察院《关于办理妨害信用卡管理刑事案件具体应用法律若干问题的解释》(法释〔2018〕19号)第7条规定,催收应同时符合下列条件:(1)在透支超过规定限额或者规定期限后进行;(2)催收应当采用能够确认持卡人收悉的方式,但持卡人故意逃避催收的除外;(3)两次催收至少间隔30日;(4)符合催收的有关规定或者约定。

(二)《反电信网络诈骗法》的制定背景和目的

2022年9月,《反电信网络诈骗法》经全国人大常委会表决通过并向社会公布,标志着我国在打击电信网络诈骗犯罪领域专门法律的出台。该法律的制定和颁布,是特定社会和技术背景下打击犯罪、维护公民财产安全和社会秩序的一项制度供给。其立法背景是:进入21世纪以来,第四次科技革命犹如洪流潮水一般席卷而来。在将技术"工具化"的趋势下,犯罪分子利用互联网网络和通信设备等在线上"远程"和"无接触式"作案,催生形成了电信网络诈骗这一新型犯罪手段和犯罪模式。随着新兴技术的溢出,电信网络犯罪诈骗窝点从境内转向境外,大量采用新技术手段作案,电话结合网络方式诈骗的趋势越来越明显。[①] 由于犯罪成本更低、迷惑性更强,受骗人数和损失金额更大、执法抓获难度大和"无孔不入"等特性,电信网络诈骗的犯罪群体、犯罪数量和犯罪频率不断上升,而且增长迅速。在刑事犯罪案件中,电信网络诈骗犯罪是占比很大的类型,犯罪分子利用新型电信网络技术手段,利用非法获取的个人信息、网络"黑灰产业"交易等实施诈骗,钻管理漏洞,组织化、链条化运作,跨境跨地域实施,严重干扰了电信网络秩序,破坏社会诚信,影响人民群众安全感和社会和谐稳定,已经成为当前发案最高、损失最大,人民群众反响最强烈的突出犯罪。与此同时,数字化时代传统犯罪全面触网,电信网络诈骗犯罪的技术

---

① 参见艾宇韬、康梦琦:《十八般武器齐上手,这家单位的"反诈天团"很硬核》,载人民网2021年6月17日,http://zj.people.com.cn/n2/2021/0617/c186327-34781455.html。

化、产业化、链条化嬗变致使传统事后回应型治理模式失灵。[①] 这一失灵的现象具体表现在：一是技术方面的失灵。传统以调查物证、人证为核心的犯罪侦查技术和证据收集保存技术体系存在部分失灵，犯罪侦查难度增大。二是信息和资金链条方面的失灵。传统财产类犯罪在信息、人员和资金等链条上相对简单、清晰，电信网络诈骗等的犯罪嫌疑人和犯罪集团往往意图混淆、模糊或抹除信息链、人员链和资金链，达到逃避侦查和法律制裁的目的，通过传统的信息和资金链的追查执法可能部分失灵。三是组织方面的失灵。传统财产类犯罪多以个人单独实施或他人提供帮助为主，而电信网络诈骗犯罪多以团伙形式实施犯罪，通常有较强的组织性和一定的反侦察能力，同时上下游的帮助电信网络诈骗的帮助犯等共犯在诈骗各个环节中发挥同等重要的作用，电信网络诈骗的单个主体和节点逐渐形成分散化、分布式的态势，并表现为向正犯转化的趋势。四是[②]传统反电信网络诈骗执法框架方面的失灵。基于某一区域的刑事侦查、通信数据和银行流水数据面临部分失灵，跨省、跨区域乃至跨境电信网络诈骗突破了单一地方的地理界线，亟待搭建高效协同

① 参见王熠、狄小华：《"反制技术措施"的内涵及法治实现——以〈反电信网络诈骗法〉为例》，载《南京社会科学》2022 年第 10 期。

② 参见巫文勇：《货币数字化场景下洗钱犯罪形态和刑法重构》，载《中国刑事法杂志》2020 年第 3 期。

的反电信网络诈骗预警、执法和风险防控体系。①

综观我国反电信网络诈骗的规制历程，自 20 世纪 90 年代就开始打击电信网络犯罪。电信网络犯罪的规模和足迹逐渐广泛，而我国相关法规体系却处于分散、交织的状态，反电信网络诈骗执法的针对性不强，法律的层级也不是特别高，行政法规、部门规章、规范性文件和部门标准等均有涉及。为了统筹全国反电信网络诈骗的防范和执法活动，提升立法位阶，形成完整的反电信网络诈骗的法律体系，实现前置化的打击和风险预防型的管理，从“事后”“事中”走向“事前”，从“亡羊补牢”逐渐走向“未雨绸缪”。同时，为了将以国务院为主导的反电信网络诈骗新型犯罪防范的联席制度法律化、制度化，推动形成整治反电信网络诈骗风险的长效机制，《反电信网络诈骗法》历经 3 次审稿，从初审稿的 39 条，到二审稿的 46 条，再到正式稿的 50 条，立法机关不断在做更全面的设计，为打击犯罪和综合长远的治理提供了有力支撑。就立法过程而言，《反电信网络诈骗法》的初审稿明确了反电信网络诈骗工作的基本原则，完善了各主体相关基础合规管理制度，构建了初步的法律责任体系；二审稿在总结反电信网络诈骗工作经验基础上，着力加强预防性法律制度构建，强化压实各方面的主体责任和社会责任，并加强隐

① 参见张杰：《东南亚应对新型跨境犯罪的国际执法合作》，载《云南警官学院学报》2022 年第 5 期。

私保护等板块；三审稿则补充了相关反电信网络诈骗的防范制度，提出了“加大对电信网络诈骗违法犯罪人员的惩戒力度”“充实完善宣传教育防范方面的规定”“加强宣传教育和相关信息共享”等建议。① 《反电信网络诈骗法》共七章 50 条，包括总则、电信治理、金融治理、互联网治理、综合措施、法律责任、附则。不同于《刑法》等法律法规，《反电信网络诈骗法》是专门为打击治理电信网络诈骗活动制定的“小切口”法律，一方面，反映出电信网络诈骗对社会产生的巨大危害性，电信网络诈骗是对公民财产安全的侵蚀和减损，严重危害着人民群众获得感、幸福感、安全感；另一方面，表现出党和政府对保障人民财产安全的高度重视，以及打击电信网络犯罪、维护文明安全的社会秩序的实践需求。

（三）《反电信网络诈骗法》的规制重点

《反电信网络诈骗法》的规制采取了明确的组织和内容分工。一方面，在组织结构上，确立了自上而下、纵横深入的电信网络新型犯罪治理体系。首先，联席机制和牵头部门。国务院加快构建“党委领导、政府主导、部门主责、行业监管、有关方面齐抓共管、社会各界广泛参与”的工作格局。明确打击治理电信网络诈骗违法犯罪的思路方向、基本原则、任务目标和关键举措。自 2015 年从国家层面打击电信网

① 参见周杨、梁天翔：《〈反电信网络诈骗法〉要点梳理和解读》，载安全内参网 2022 年 9 月 26 日，https://www.secrss.com/articles/47365。

络诈骗活动以来，陆续组织开展了“云剑”“断卡”“断流”“拔钉”等各类专项打击行动，这些“行动”充分说明反电信网络诈骗是系统性工程，需要整合多方资源，发动多方力量，坚持齐抓共管、群防群治，切实把制度优势转化为社会治理效能。要把反电信网络诈骗工作纳入平安建设考评体系，统筹力量资源，加大保障力度，构建完善职责清晰、协同联动、衔接紧密、运转高效的打击治理体系。① 由公安部牵头打击治理电信网络新型违法犯罪工作。其次，《反电信网络诈骗法》明确反电信网络诈骗监管主体和义务主体，监管主体包括金融管理部门、公安部门、电信主管部门和网信部门，以及人民检察院、人民法院等单位，反电信网络诈骗义务主体包括电信业务经营者、银行业金融机构、非银行支付机构、互联网服务提供者等。

另一方面，在内容上，立法机关穿透电信网络犯罪，抓住其关键链条，在不同的链条明确责任主体，将宏观的电信网络诈骗的治理和保障国家安全、人民财产利益安全的目标分解为中观的金融治理、电信治理和网络治理三大治理过程，每个治理过程分别对应治理主体、治理对象、治理范围、治理手段、治理形式、责任分配、合规管理等内容，从而将电信网络诈骗的资金链、信息链、人员链和经济、社会面与心理面等

---

① 参见《全国打击治理电信网络新型违法犯罪工作电视电话会议召开　深化推进打击治理电信网络诈骗违法犯罪工作　坚决维护人民群众财产安全和合法权益》，载国家移民管理局官网 2022 年 4 月 11 日，https://www.nia.gov.cn/n897453/c1480181/content.html。

多方因素串联起来。具体表现在：

一是金融治理。金融业对经济社会发展的重要作用不言而喻，其承担社会资金存储、融通和转移职能，但这也是被洗钱犯罪分子看中的点。诈骗犯罪的根本目的是非法骗取财物，而资金和财产性利益的转移离不开金融体系中的银行账户和支付结构。对于犯罪分子来说，在被害人财物处于"失控"状态后，往往面临如何安全转移并占用相关财物的问题。大多数诈骗财物和财产性利益属于银行存款、现金、票据等资金，这类非法资金在境内和境外的转移都离不开商业银行的账户和支付系统，当前银行业金融机构、非银行支付机构是联结网络空间与现实空间之间资金交互的唯二合法通道，掌握着涉案资金流动的关键信息。犯罪分子的资金转移模式往往复杂混乱却又层级分明，他们可以通过不同银行卡将资金逐级分解后收拢至特定账户。[①]《反电信网络诈骗法》压实了金融机构主体责任的态度——商业银行、支付机构按照"谁的账户谁负责""谁的商户谁负责""谁的钱包谁负责"，持续落实风险防控责任，断开涉诈资金链条。[②]

二是电信治理。犯罪分子实施电信网络诈骗的基础是公民个人信息，从这个角度来讲，个人信息保护是电信网络诈骗治理的第一环节。电信运营商是大量个人信息的收集

---

① 参见孙少石：《电信网络诈骗协同治理的制度逻辑》，载《治理研究》2020 年第 1 期。

② 参见段思宇：《阻断涉诈资金转移，AI 加固金融机构反诈防线》，载第一财经网 2022 年 6 月 30 日，https://m.yicai.com/news/101461090.html。

者和处理者。《反电信网络诈骗法》强化将帮助电信网络诈骗的行为纳入治理视野——禁止任何单位和个人非法买卖、出租、出借电话卡、物联网卡、电信线路、银行账户、支付账户等,对实施电信网络诈骗活动的有关人员,按照国家有关规定记入其信用记录,并采取限制卡、账户、账号功能和限制入网等惩戒措施。由于远程、非接触式犯罪的特性,构成电信基础设施的电话卡和网络是信息传输、数据分享的重要通道,是电信网络诈骗等"黑产"寻找诈骗对象、与受骗人联系、开展远程诈骗活动的主要渠道,是虚假诈骗信息和犯罪网络的关键中间节点。电信企业要对涉诈异常电话卡、改号电话、GOIP(虚拟拨号设备)等非法设备进行监测处置。主要措施包括:(1)实名制责任,包括要求对电话卡、物联网卡进行实名制,对代理商也进行实名制的管理;(2)二次实名核验,对涉诈高风险电话卡进行二次核验,锁定诈骗分子,保障当事人用卡安全;(3)加强对物联网卡的销售和再销售的规范监管,电信企业要采取技术措施限定物联网卡的开通功能、使用场景和适用设备,建立物联网卡用户的风险评估制度和监测预警机制;(4)大力打击改号软件,当前市场上存在大量改号软件,能够实现冒充亲友、银行、公检法甚至境外的电话,动摇电信系统的基础,具有较大的欺骗性危害;(5)要求电信服务提供商在未尽到安全保障义务的情况下,对电信消费者受到的损失应当承担民事赔偿责任。

三是互联网治理。互联网企业通常是互联网服务提供商,通过集成不同服务类型和服务主体,形成具有综合效应、规模效应和网络效应的科技平台企业。互联网平台具有技术属性和公共平台属性,对在平台内开展经营活动的商业主体具有审核、许可、监督、“下架”等权力,是数字时代贯穿社会各层级、连接不同主体的数字基础设施。《反电信网络诈骗法》第四章明确指出了互联网治理在反电信网络诈骗治理中的重要性。首先明确了互联网用户的实名制管理和了解你的客户(KYC)是用户获取互联网服务的基础。列举必须实名验证的4种互联网场景及12种互联网服务,将实名制延伸至网络空间的每一角落。[①] 通过网络实名制,能够有效识别互联网中的节点风险、内容风险和连接风险,个体身份的明确能大大提升反电信网络诈骗治理的能力,但也存在个人信息保护的风险。该法第22条要求互联网服务提供者应当对监测识别的涉诈异常账号进行核验识别,并提出了5种处置措施,包括限期改正、限制功能、暂停使用、关闭账号、禁止重新注册。该法第23条要求移动互联网应用程序的开发者和设立者应当履行申请许可和备案审查的义务,在许可和备案之外,还采取了两条措施,分别是要求为应用程序提供封装、分发服务的开发者和运营者登记核验真实身份信

① 参见单勇:《数字社会走向前端防范的犯罪治理转型——以〈中华人民共和国反电信网络诈骗法(草案)〉为中心》,载《上海师范大学学报(哲学社会科学版)》2022年第3期。

息,要求公安、电信、网信等部门加强对分发平台以外途径下载传播的涉诈应用程序重点监测和及时处置,加强应用程序层面涉诈工具的监控管理。该法第 24 条是对域名解析、域名跳转服务的监控,从互联网协议层面核验其真实性和准确性,规范和溯源域名的跳转服务。该条内容体现了从互联网协议层面的全面监管,对于跳转至虚假网站、赌博网站、“刷单”、“跑分”等网站的域名开展实时的监测和打击。该法第 25 条列举出个人和单位通过互联网提供电信网络诈骗的帮助行为,以及互联网服务提供者对 14 种网络活动需要履行的注意义务。该法第 26 条明确了互联网服务提供者对公安、金融、电信、网信等部门的技术支持和协助义务。规定了互联网企业要对涉诈互联网账号、App、网络黑灰产业进行监测处置,要按照国家规定,履行合理注意义务,防范其相关业务被用于实施电信网络诈骗等。此外,互联网企业自身也需要履行好合规和安全的义务。《网络安全审查办法》规定,电信和网络运营商、服务商还需要对关键信息基础设施运营者采购网络产品和服务、网络平台运营者开展数据处理活动,以及移动终端的软件开发商履行网络安全审查的协助义务,保证相关软件的合规性和减少电信网络诈骗漏洞。需强调的是,《反电信网络诈骗法》构建的系统性“网络实名适用场景”比《网络安全法》有关规定更加全面具体,更系统性地整合了《互联网直播服务管理规定》《互联网广告管理暂行办法》《关于防止未成年人沉迷网络游戏的通知》《网络交易监督管理办法》等相关规定中的实名制要求，有助于积极推动落实实名管理的重要保障机制。[①]

（四）《反电信网络诈骗法》制定的影响

作为一部综合性、针对性的专门法，《反电信网络诈骗法》必将对社会和经济发展带来长远持久的正向影响。一是充分发挥电信网络诈骗“看门人”预防性治理的角色。赋予电信、互联网、银行等机构单位“反电信网络诈骗看门人”的主体地位，要求这类具有“准公共性”的平台履行社会责任。在数字经济时代的背景下，电信、互联网和银行等大型（超大型）平台承担维护网络市场秩序以及保障用户权益的公共职能，同时对其内的经营者具有强大的支配力和影响力，[②]这一基于私权力的支配力和影响力从内在和外在方面要求关键基础设施服务的建设者、提供者履行反电信网络诈骗的监督义务，明确监督管理责任。有学者也将数字时代电信、互联网、银行等电信网络诈骗“看门人”称作“数字看门人”，[③]意为其是掌控大数据、人工智能、云计算等较强数字技术能力

---

① 参见北京师范大学法学院课题组：《2022年电信网络诈骗治理报告：以短视频平台为样本的研究》，载微信公众号“数字治理全球洞察”2022年12月1日，https://mp.weixin.qq.com/s/KDILj35bIuQHqS1lWhXGvg。

② 参见刘权：《网络平台的公共性及其实现——以电商平台的法律规制为视角》，载《法学研究》2020年第2期。

③ 参见单勇：《数字看门人与超大平台的犯罪治理》，载《法律科学（西北政法大学学报）》2022年第2期。

的市场公共主体,较传统的“看门人”具有更强的数字化的分析力、渗透力、管控力,既是数字经济时代兼具公共属性与私权力属性的重要市场参与者,也是维护社会公共秩序、保障消费者合法权益的重要抓手。同时,注重前端防范和源头管控,注重反制技术措施。前端防范表现在将上游的帮助行为纳入治理过程中,不再是专注下游的打击和事后的反应和追回,立足抓早抓小,以事后处罚转向事前预防为导向的犯罪治理。①

二是贯穿国家、社会和个人的全面综合治理体系。从国家、社会、个人不同的维度建立起一套综合治理的体系。从管辖上,《反电信网络诈骗法》确定了从属地管辖、属人管辖和保护管辖等针对境内外的全面管辖原则。从规制范围上,《反电信网络诈骗法》涉及金融、通信、互联网领域,也覆盖个人信息保护等这些领域,呈现多领域规制的特征,具有综合性和跨界性。从规制手段的综合性来看,《反电信网络诈骗法》提出了不少制度性防范措施。例如,该法规定有关行业企业对本领域新出现的电信网络诈骗手段应及时提醒用户,要求新闻媒体、互联网信息服务等单位应面向社会开展反电信网络诈骗宣传教育,互联网企业移送监测发现的嫌疑线索,等等。打击治理电信网络诈骗违法犯罪不能完全单纯靠对犯罪人员的打击,尤其是单纯地提高量刑,还要试图搭

① 参见单勇:《数字社会走向前端防范的犯罪治理转型——以〈中华人民共和国反电信网络诈骗法(草案)〉为中心》,载《上海师范大学学报(哲学社会科学版)》2022 年第 3 期。

建一个综合的社会机制以此来提升犯罪的成本、降低犯罪的效益。“对前往电信网络诈骗活动严重地区的人员，出境活动存在重大涉电信网络诈骗活动嫌疑的，移民管理机构可以决定不准其出境。”尤其是该法第 31 条特别规定，“因从事电信网络诈骗活动或者关联犯罪受过刑事处罚的人员，可以按照国家有关规定记入信用记录”等。通过综合搭建社会信用体系、基层治理体系和平台责任体系，将反电信网络诈骗相关活动紧紧纳入法治的轨道，从短期和长期两个维度提升打击电信网络诈骗的广度和力度。

三是快速精准、可操作性强。相比其他常规法律，《反电信网络诈骗法》的最明显的特征体现在“小切口”，定位精准、可操作性强，是一部能够立即指导各方主体落实电信网络诈骗风险治理的法律，能够解决当前迫切的治理需求。从组织上看，《反电信网络诈骗法》明确由公安部门牵头反电信网络诈骗执法治理系统，转变了公安机关在事中和事后打击和追溯的滞后性，确立了金融、电信和网络相关主体协同执法的格局，能够大大提升反电信网络诈骗治理的效率，降低组织内部的摩擦成本。从内容上看，《反电信网络诈骗法》对电信网络诈骗犯罪上下游各环节的规制得十分细致，大到中央和地方政府、公安等监管部门、司法机构、市场主体各自的职责明确和责任分配，小到用户识别、实名制、域名管理、移动应用程序管理以及社会宣传等，规制都十分清晰，贯彻了责任落实到环节、到机构、到个人的要求,为相关治理主体提供了明确细致的法律依据和行为依据。顶层设计的完善,能够有效统筹各个领域的反电信网络诈骗制度,减少制度摩擦,发挥反电信网络诈骗的最大效用。从技术上看,《反电信网络诈骗法》进一步明确了反制技术措施在电信网络诈骗治理中的合法性,能有效弥补警务资源不足的短板,从基于设备限控技术的源头、交易监测技术的资金流、算法决策的信息流反制,到行业内部对反制技术的合规管理,技术嵌入刑事执法的警务治理等,该法明确了技术手段在打击犯罪过程中的重要作用。在可预见的未来,我国行业内反电信网络诈骗技术的创新和落地速度将进一步加快,反制技术措施在不同层级的治理主体之间的渗透程度也将明显提升。需要注意的是,在"技术反电信网络诈骗"环节中,也需要对技术的安全性、价值与合规性进行综合评估和监督,促使反制技术措施"技术向善",产生更多正向福利。

二、电信网络诈骗中市场主体的责任承担

当下,我国在反电信网络诈骗法律体系中,引入了第三方市场主体履行反电信网络诈骗的监测、识别、处置、汇报等监管主体责任。电信、金融、网络等市场主体是数字经济时

代的“看门人”，履行市场参与、公共监督等义务。[①] 在这个过程中，第三方主体既是市场主体，也是准监管主体，在行使私权力和公权力的过程中可能涉及行政、民事和刑事责任的承担。随着平台参与责任的深入，第三方主体参与反电信网络诈骗治理的权责界限需要进一步明确，如此才能更好发挥平台的责任。充分发挥反电信网络诈骗“看门人”对数字经济的带动和促进作用，从法律责任的承担上看，除相关刑事责任由《刑法》进行规制外，《反电信网络诈骗法》也规定了相关治理主体的行政责任和其他责任，并且在行政责任外，还规定了需要对被害人的损失承担相应的民事责任。

（一）行政责任

电信、金融、网络属于国家许可的行业，本身构成了国家和市场的关键基础设施。[②] 这些基础设施平台如果未遵守相关法律规定，将会影响市场秩序，产生较大的社会危害性，有必要明确其规范执法层面的行政责任。《反电信网络诈骗法》第 39 条规定了电信业务经营者需要承担行政责任的几种情形，包括：（1）未落实国家有关规定确定的反电信网络诈骗内部控制机制的；（2）未履行电话卡、物联网卡实名

---

① 参见单勇：《数字看门人与超大平台的犯罪治理》，载《法律科学（西北政法大学学报）》2022 年第 2 期。

② 国务院《关键信息基础设施安全保护条例》（国务院令第 745 号）第 2 条规定，关键信息基础设施，是指公共通信和信息服务、能源、交通、水利、金融、公共服务、电子政务、国防科技工业等重要行业和领域的，以及其他一旦遭到破坏、丧失功能或者数据泄露，可能严重危害国家安全、国计民生、公共利益的重要网络设施、信息系统等。

制登记职责的;(3)未履行对电话卡、物联网卡的监测识别、监测预警和相关处置职责的;(4)未对物联网卡用户进行风险评估,或者未限定物联网卡的开通功能、使用场景和适用设备的;(5)未采取措施对改号电话、虚假主叫或者具有相应功能的非法设备进行监测处置的。行政责任的承担方式为由有关主管部门责令暂停相关业务、停业整顿、吊销相关业务许可证或者吊销营业执照,以及对其直接负责的主管人员和其他直接责任人员处以罚款。[①] 该法第40条规定了银行业金融机构和非银支付机构承担行政责任的情形,包括:(1)未落实国家有关规定确定的反电信网络诈骗内部控制机制的;(2)未履行尽职调查义务和有关风险管理措施的;(3)未履行对异常账户、可疑交易的风险监测和相关处置义务的;(4)未按照规定完整、准确传输有关交易信息的。突出了金融机构相关交易数据的合规收集、处理和传输责任。该法第41条规定了电信业务经营者和互联网服务提供商的承担行政责任的情形,即未尽到《反电信网络诈骗法》第四章第21条至第26条规定的实名制责任、核验责任、监测识别和处置责任,以及未依法提供技术支持协助,或者未按规定移送有关违法犯罪线索、风险信息的责任的情形。

(二)民事责任

金融、电信和互联网服务提供商承担民事责任的依据在

---

① 参见《反电信网络诈骗法》第39条。

于，这些主体作为公共产品和准公共产品的提供者，本身在参与市场资源配置的同时，也有形塑市场规则和结构的能力。在一定的市场范围和深度中，具有准公共性质的企业兼具生产、销售、管理监督等综合职责，从成本收益分析的角度看，将金融、电信、互联网服务提供商以最低成本避免事故的人来承担事故的成本，实现分配正义与矫正正义的平衡融合。① 网络服务提供者侵权责任形态表现为替代责任、单方责任、共同责任。金融机构、互联网服务提供者和电信运营商由于掌控互联网的基础设施，如域名、算力等，承担其在经营和能力范围内的合理注意义务。《反电信网络诈骗法》规定，网络服务提供者的告知义务、通知内容、形式，以及补充各方处理通知的具体程序和方式等来填补反电信网络诈骗中的规则空白。

"看门人"的侵权责任构成要件仍受到传统侵权责任构成要件的制约，适用违法行为、损害事实、因果关系、过错的四要件。例如，第三方平台没有按照规定进行实名制，或对用户个人信息的收集和管理控制不合规，导致数据被盗窃、内部泄露，以及出现过度收集和超过授权范围使用等情形，金融机构、网络平台和电信运营商由于掌握较大的私权力，同时肩负社会责任，其应履行过错责任、无过错责任还是过错推定责任，应当进行类型化的细分。在电信网络诈骗犯罪

① 参见孔峻峰：《网络服务提供者数字侵权责任研究》，江西财经大学 2022 年博士学位论文，第 76 页。

治理领域，更倾向于要求数字“看门人”履行过错责任和推定的过错责任，其中过错推定原则适用于法律和司法解释对网络服务提供者数字侵权规定了“知道”“应当知道”“有合理理由知道”的场合，即在合理注意义务范围内的承担过错，与相关黑产集团或犯罪嫌疑人承担连带责任。该民事责任分配的主要目的在于，由于电信网络诈骗犯罪具有隐蔽性强、对象分散性、难追溯等特性，在不能明确定位诈骗资金或诈骗资金不足以弥补受骗人损失时，电信、金融、网络运营商和服务提供商可以履行一定范围内的补充责任，或通过“部分连带责任”的新形式，[①]对通知之后损失扩大部分与网络用户承担连带责任，以大力保护人民群众的财产安全。

（三）刑事责任

《反电信网络诈骗法》基于利益衡量和后果考量观念强化了金融机构、电信运营商、网络服务提供者的刑事法义务。在实践中，刑事司法机构在追赃止损方面严重受限于人力、物力、技术、机制以及其他负向因素的影响，而金融机构等责任主体掌握着主要的支付系统基础设施、基础电信设置和主流互联网技术，这些机构卷入刑事犯罪的风险逐渐升高。[②]学界对金融机构、电信运营商和网络服务提供者承担责任的

① 参见杨立新：《网络平台提供者的附条件不真正连带责任与部分连带责任》，载《法律科学（西北政法大学学报）》2015 年第 1 期。

② 参见王洁：《司法管控电信网络诈骗犯罪的实效考察》，载《中国刑事法杂志》2020 年第 1 期。

来源有“危险源的开启与控制”“看门人”“网络服务提供者中心主义”的不同理论争议,其中“网络服务提供者中心主义”占据主导地位,该理论是指通过对互联网平台、金融机构和电信运营商的规制来间接控制相关用户。[①] 已有研究大多是关于网络服务提供者的认定标准,根据信息发布的主体和网络活动的来源不同,以及自己作为信息发布主体和为他人发布信息提供服务的区别,学者分别提出了网络连线服务商(IAP)和网络内容提供服务商(ICP)的二分法,网络平台提供者(IPP)、网络内容提供者(ICP)、接入服务提供者(IAP)的三分法标准,以及衍生的四分法主体类型(内容提供者、接入服务提供者、缓存服务提供者、存储服务提供者)。根据金融机构、电信运营商和网络服务提供商的不同行为模式和在犯罪中发挥的作用不同,其刑事义务责任大致可分为3种类型:共同犯罪责任模式、帮助行为正犯化责任模式以及拒不履行监管义务的不作为责任模式。其中,共同犯罪是电信运营商、互联网服务提供商等主体明知犯罪嫌疑人要实施电信网络诈骗犯罪,仍提供网络接入和通信服务的,构成帮助犯罪,但此种模式的犯罪评价通常存在中立行为的出罪事由和滞后性。帮助行为正犯化责任模式表现为帮信罪的设立,将网络和线上空间中的帮助行为纳入刑法予

---

① 参见杨新绿:《论网络服务提供者的刑事责任》,中南财经政法大学2018年博士学位论文,第128~140页。

以规制，这是当前电信网络诈骗链条中重要治理环节。金融机构、电信运营商和网络服务提供商对自己管理和控制的平台场所出现的违法犯罪行为有监测识别、报告和处置的义务，若未履行义务而造成的危害后果需独立承担刑事责任，无须满足帮助犯罪的构成要件。《反电信网络诈骗法》在提出金融机构、电信运营商和互联网服务提供商等主体责任的同时，也将这些主体视为独立的责任主体，意在以“刑事合规”的理念督促上述责任主体自我管理、自我纠正和自我提升。出租、出借电信网络设备，非定向拨号、短信息群发等技术的开发者，透传网络线路的特有使用者，其违法出售、开通透传网络线路，对犯罪行为人利用其提供的服务、技术持放任、纵容态度，未进行依法履行相应的监管义务，直接或间接地造成了电信用户的损失，应当承担相应的刑事责任。① 通过对不作为义务的惩罚，能有效激励相关责任主体的积极性，提升市场机制的有效性。

（四）合规制度建设

《反电信网络诈骗法》赋予数字“看门人”监督和管理的严格责任，第 6 条规定电信业务经营者、银行业金融机构、非银行支付机构、互联网服务提供者承担风险防控责任，应建立反电信网络诈骗内部控制机制和安全责任制度，以此来提

① 参见李银娇：《我国电信网络诈骗犯罪中电信运营商的刑事责任》，四川省社会科学院 2017 年硕士学位论文，第 34 页。

高相关市场主体反电信网络诈骗等新型犯罪的治理能力和治理水平。[①]

建立内部控制机制成为金融、电信和网络运营商及服务提供商的法定监管义务。作为企业内部的合规性管理评价指标和“倡导性规范”，内控机制作为企业的“软法”，是市场主体更好履行反电信网络诈骗义务及降低自身电信网络诈骗风险的内部支撑。继《反洗钱法》施行后，有了建立反洗钱内部控制机制的规定。合规体系应包含：首先，在理念层面，将电信网络诈骗风险摆在企业安全经营和健康盈利的前提位置，将主体责任视为企业履行环境、社会和公司治理(Environment, Social and Governance, ESG)责任的重要途径，在企业生产经营的各个环节融入反电信网络诈骗理念，以及在提供的金融产品、电信服务和网络服务中及时体现出来。例如，在用户协议中明确告知用户实名制的正当性、合法使用产品或服务的义务等，营造良好营商环境和社会诚信体系。其次，加强新业务涉诈风险安全评估规范并细化经营行为，加强对被服务方的审查；增强企业人员法律意识，设置专门刑事合规部门；建立完整风险管理体系，加强不定期筛选和评估；实现建立业务服务的事前事中监督管理机制、风险预警机制及风险信息共享机制。在具体可操作措施上，对金融机构来说，银行业金融机构仍需进一步完善相关机制：

① 参见《反电信网络诈骗法》第6条。

一是建立跨机构开户数量核验机制和风险信息共享机制，增加更多维度的风险标签共享和使用，提升联防联控效果；二是借助外部共享数据，进一步完善异常账户、可疑交易等大数据风控模型，持续提升检测效果；三是配合公安部门建立完善电信网络诈骗涉案资金即时查询、紧急止付、快速冻结、及时解冻和资金返还制度、程序和救济措施。[①] 对互联网企业来说，要进一步明确部门责任，健全工作机制，打造管理闭环，扎实落实账户管理要求，健全完善依法关停违规账户工作机制；要进一步积极防范诈骗风险，建立完善诈骗风险巡查预警和快速响应处置机制，并按要求将防范治理电信网络诈骗工作责任落实情况纳入本企业电信业务经营年报。[②] 对电信运营商来说，要切实加强自查自纠，全面排查清理本企业平台，补齐补强管理薄弱环节，坚决杜绝诈骗信息传播扩散；对本企业平台出售的商品进行全面排查，一律关停或下架违规买卖的电话卡、充值卡、物联网卡等；[③]实现民事、行政与刑事方面的全面合规；安全责任制度要求压实企业的监管主体责任，根据谁开发产品、提供服务谁负责的原则，划定各自公共职能内的责任界限。

---

① 参见苏洁：《金融反电信网络诈骗有法可依》，载中国银行保险报网 2022 年 9 月 19 日，http://www.cbimc.cn/content/2022-09/19/content_468059.html。

② 参见《当电信网络诈骗用上 AI、大数据 我们该怎么办?》，载新浪网 2019 年 7 月 11 日，https://tech.sina.com.cn/t/2019-07-11/doc-ihytcerm2772069.shtml。

③ 参见《重点互联网企业签订防范治理电信网络诈骗责任书》，载中国政府网 2019 年 7 月 11 日，https://www.gov.cn/xinwen/2019-07/11/content_5408164.htm。

除企业内部建立安全合规制度外，检察院行政公益诉讼也是重要的合规监督路径。《反电信网络诈骗法》第47条明确提出，人民检察院在履行反电信网络诈骗职责中，对于侵害国家利益和社会公共利益的行为，可以依法向人民法院提起公益诉讼。检察机构可以依法督促各级政府及公安、金融、电信、网信、市场监管等有关部门加强监管职能，促进电信业务经营者、银行业金融机构、非银行支付机构、互联网服务提供者加强行业自律、企业合规。在实践中，在最高人民检察院发布的“魏某双等60人诈骗案”中，针对犯罪分子以投资虚拟货币等为名搭建虚假交易平台跨境实施的电信网络诈骗，检察机关与公安机关、地方金融监管部门召开联席会议并会签协作文件，构建了打击治理虚假金融投资诈骗犯罪8项机制，重点包括线索移送、信息共享、共同普法等，旨在提升依法打击电信网络诈骗的实际效果。在“罗某杰诈骗案”中，针对犯罪分子利用虚拟货币为境外电信网络诈骗团伙跨境转移资金的情形，检察机关与外汇监管部门等金融监管机构召开联席会，并出具检察建议，联合加强金融情报分析、反洗钱监管，构建信息共享和协同封堵机制。[①] 由此看出，检察机关的外部监督能够有效促进责任主体的内部合规与监管职责的履行，提升犯罪打击和治理水平。

---

① 参见邱景辉：《反电信网络诈骗，检察公益诉讼大有可为》，载《检察日报》2022年9月15日，第5版。

三、电信网络诈骗相关犯罪分析

(一)帮信罪的结构和入罪特征

帮信罪是电信网络诈骗“第一大”犯罪,是指明知他人利用信息网络实施犯罪,为其犯罪提供互联网接入、服务器托管、网络存储、通信传输等技术支持,或者提供广告推广、支付结算等帮助,情节严重的行为。[①] 帮信罪增设 7 年来,该罪的适用案件数量一直较少,在 2018 年以前,全国适用该罪名判决的案件不足百件,2019 年检察机关办理的帮信罪案件也不超 500 件。[②] 根据最高人民检察院的统计,2021 年起诉帮信罪的犯罪嫌疑人近 13 万人,而从 2015 年《刑法》增设帮信罪到 2020 年 10 月“断卡”行动前,检察机关共以帮信罪起诉 6000 余人,同比上升超过 9 倍,位居各类刑事犯罪的第三位(前两位分别为危险驾驶罪、盗窃罪),成为电信网络诈骗犯罪链条上的第一大罪名,几乎涉及了电信网络诈骗犯罪链条中的信息获取、技术支持、场所提供、支付结算、推广引流等各个环节。自“断卡”行动以来,检察机关在 2022 年

① 参见《刑法修正案(九)》第 29 条。

② 参见郭洪平:《“帮信罪”:一年增长 21 倍,已成电信网络诈骗“第一罪”》,载《检察日报》2022 年 5 月 17 日,第 5 版。

上半年起诉帮信罪6.4万人,有力地促进对电信网络犯罪源头的打击治理。

2022年上半年,检察机关以帮信罪起诉的人员涉及全国各个省份,特别是在电信网络诈骗高发重点地区,以帮信罪起诉人数也相对较多。帮信罪主要呈现以下特征:(1)从人员年龄来看,低龄化现象突出。30岁以下的占64.8%,18~22岁的占23.7%;(2)从职业分布来看,低学历、低收入的犯罪嫌疑人群体占多数,初中以下学历占66.3%,无固定职业的占52.4%,犯罪行为主要表现为非法买卖“两卡”,电话卡、银行卡的违法使用是帮信罪的主要犯罪手段;①(3)无业人员多,初犯多。从全国范围来看,涉嫌帮信罪的人员大部分是初犯,且没有前科的占到90%;(4)串案并案多发。以贩卖银行卡为例,行为人贩卖的银行卡往往被用于向全国各地不特定的多名受骗人实施诈骗,串并案件数量较多,涉案地区广、人数多,为案件的侦破及受骗人经济损失的挽回带来较大困难。②

根据数据统计,在电信网络诈骗中,3类涉及帮信罪的行为比较突出,分别是:为诈骗团伙提供收发短信的“验证码”服务的;为诈骗团伙非法获取并提供批量社交媒体账

---

① 参见陈超明:《“帮信罪”已成我国第三大罪名,呈现低龄化、大量学生涉案特征!》,载知乎专栏2022年8月2日,https://zhuanlan.zhihu.com/p/549192734。

② 参见郭洪平:《“帮信罪”:一年增长21倍,已成电信网络诈骗“第一罪”》,载《检察日报》2022年5月17日,第5版。

号、解封"封禁"账号的,比如帮助陌生人解封微信号、QQ账号等从中谋取利益;帮助上游诈骗团伙提供收付二维码"跑分"洗钱的。由此可看出,导致帮信罪发生居高不下的原因,除了国家大力打击电信网络诈骗等犯罪,持续推进"断卡""剑网"等常态化执法,诈骗分子"贪图小利""不知不懂""心存侥幸"等心理状态也是其卷入帮信罪的主要原因。

根据《刑法》第287条之二的规定,"明知"成为区分罪与非罪、此罪与彼罪的重要标准。2019年最高人民法院、最高人民检察院《关于办理非法利用信息网络、帮助信息网络犯罪活动等刑事案件适用法律若干问题的解释》(法释〔2019〕15号)第11条规定的7种情形对"明知"进行了认定,这7种情形是:经监管部门告知后仍然实施有关行为的;接到举报后不履行法定管理职责的;交易价格或者方式明显异常的;提供专门用于违法犯罪的程序、工具或者其他技术支持、帮助的;频繁采用隐蔽上网、加密通信、销毁数据等措施或者使用虚假身份,逃避监管或者规避调查的;为他人逃避监管或者规避调查提供技术支持、帮助的;其他足以认定行为人明知的情形。[①] 相关司法解释虽然采用列举方式对"明知"进行了部分界定,但在刑事司法实践中,尤其涉及新

① 参见最高人民法院、最高人民检察院《关于办理非法利用信息网络、帮助信息网络犯罪活动等刑事案件适用法律若干问题的解释》(法释〔2019〕15号)第11条。

型产品、新型业态的数字金融领域，对行为人利用虚拟货币、数字人民币等开展境内外、跨地区的犯罪活动，难免会产生认知上的障碍，导致“明知”的界线常处于模糊状态，无形中给予了司法机关较大的裁量执法权。根据学者的研究，在实务中对帮信罪“明知”的认定存在分歧，可分为“扩张论”“限缩论”“折中论”3 种观点。“扩张论”认为，只要帮助者认识到他人将要实施违法行为，或者客观上与他人实施的网络犯罪行为及其结果之间具有因果性，主观上对此存在认识，而且行为本身违反相关禁止性规定的，[①]均构成明知。实践中大量执法机关在执法时均采用对“明知”判定标准扩张的观点，该标准具有较大的裁量空间。

帮信罪一般处 3 年以下有期徒刑或者拘役，并处或者单处罚金，相较其他财产类犯罪，属于处罚较轻的犯罪。该罪的入罪特征为：一是主张将中立帮助行为提升为正犯处罚，即帮助犯的正犯化；二是突出“作为”特征，从“作为”的方向证明网络中立帮助行为的入罪逻辑；三是以“情节严重”作为要求行为人承担刑事责任的标准。在上述入罪特征下，可以具体区分一些入罪情节，如互联网接入、服务器托管、网络存储、通信传输、其他技术支持、广告推广、支付结算等帮助

① 参见陈洪兵：《帮助信息网络犯罪活动罪的“口袋化”纠偏》，载《湖南大学学报（社会科学版）》2022 年第 2 期。

行为。[①] 近年来,我国刑事立法出现了对技术平台“中立”和“帮助”行为的区别认识,即不是倾向从具有业务性、中立性、非针对特定对象性、非追求犯罪目的性、反复性、持续性、主要用于正当用途的中立行为认定帮助行为,而是倾向评价相关主体是否违反法律法规,[②]除要求行为人主观上明知外,帮助行为客观上也构成违反相关禁止性规定的事实。

(二)电信网络犯罪纳入诈骗罪的结构和入罪特征

根据最高人民法院、最高人民检察院和公安部出台的电信网络诈骗犯罪的司法解释,无论在认定电信网络诈骗犯罪的数额起点上,抑或是在是否适用加重法定刑、刑罚执行方式的选择等问题上,对电信网络诈骗犯罪均要严于对普通诈骗犯罪的处理。现阶段,虽然在立法层面仍将电信网络诈骗犯罪置于诈骗罪之中,但是在犯罪结构和特征上,电信网络诈骗犯罪存在本质不同,具体表现为:一是非接触式的犯罪特征使电信网络诈骗犯罪表现了与普通诈骗犯罪不同的特征,即行为人无须与受骗人现实接触就可以实现侵财目的,而且对受骗人造成的损害往往无可逆转,由此受骗人的应受保护性也相应增强,对其需要区别于普通诈骗进行特别评价。二是从法益侵犯来看,电信网络诈骗犯罪侵犯的不仅仅

---

① 参见李宁:《帮助信息网络犯罪活动罪司法适用研究》,兰州大学2019年硕士学位论文,第45~50页。

② 参见陈洪兵:《帮助信息网络犯罪活动罪的“口袋化”纠偏》,载《湖南大学学报(社会科学版)》2022年第2期。

局限于公司财物的所有权，应该也包含电信、网络和金融安全秩序的法益、社会信用体系的秩序法益，以及部分司法秩序的法益。从电信网络犯罪的立法需求、实践现状和规范体系来看，电信网络安全已经超越一般的财产类犯罪安全。习近平总书记于 2021 年 4 月 10 日对打击治理电信网络诈骗犯罪工作作出了重要指示，要坚持以人民为中心，统筹发展和安全……坚决遏制此类犯罪多发高发态势，为建设更高水平的平安中国、法治中国作出新的更大的贡献。① 可以看出，打击电信网络诈骗犯罪，关乎人民群众财产安全与合法权益，也关乎平安中国的建设，是保护国家安全的重要内涵之一。打击电信网络诈骗犯罪的责任主体不再只是政府及网络安全公司，所有参与到电信网络中的每个人都必须承担维护秩序的义务。② 通过电脑、手机等终端设备接入网络，制作、发布应用程序软件的形式已经渗透到每个公民的日常生活中，在网络技术特征下的法益侵犯更加具有紧迫性和重要性。三是电信网络诈骗犯罪对象/受害主体的不特定性带来了更多的不确定性和社会危害性，诈骗对象由传统的单一特定对象转变为不特定的群体，且群体之间存在较大的地

---

① 参见《习近平对打击治理电信网络诈骗犯罪工作作出重要指示强调　坚持以人民为中心　全面落实打防管控措施　坚决遏制电信网络诈骗犯罪多发高发态势　李克强作出批示》，载新华网 2021 年 4 月 9 日，http://www.xinhuanet.com/politics/leaders/2021-04/09/c_1127313085.htm。

② 参见刘权：《论互联网平台的主体责任》，载《华东政法大学学报》2022 年第 5 期。

域、行业甚至年龄差异,具有更大的社会危害性。[①] 因此,相关司法解释对电信网络诈骗犯罪加重了处罚,尤其是对"养老诈骗"、青少年诈骗、残疾人诈骗,科以更严格的处罚。

(三)掩饰隐瞒犯罪所得罪的结构和入罪特征

在电信网络诈骗犯罪中,掩饰隐瞒犯罪所得、犯罪所得收益罪是在数量上仅次于帮信罪的犯罪。《刑法》第 312 条将明知是犯罪所得及其产生的收益而予以窝藏、转移、收购、代为销售或者以其他方法掩饰、隐瞒的,定义为掩饰隐瞒犯罪所得、犯罪所得收益罪。其中该罪侵犯的法益是妨害正常的司法活动秩序。最高人民法院 2021 年 4 月修正的《审理掩饰、隐瞒犯罪所得、犯罪所得收益刑事案件适用法律若干问题的解释》第 3 条规定,掩饰、隐瞒犯罪所得及其产生的收益价值总额达到 10 万元以上的,属于情节严重,应当在 3 年至 7 年有期徒刑量刑。在实践中,掩饰隐瞒犯罪所得罪常与洗钱罪形成竞合,且最终由于保护法益、行为不法内涵及法定刑较轻通常被洗钱罪所吸收。在实践中,当犯罪嫌疑人涉及买卖银行账户或支付渠道、提供支付帮助或资金隐匿的渠道,且数额等情节达不到洗钱犯罪的标准时,通常以掩饰隐瞒犯罪所得、犯罪所得收益罪定罪。根据中国裁判文书网以"掩饰隐瞒犯罪所得"为关键词的检索,发现该罪 2014 ~ 2019

① 参见祝天剑:《以实质性判断界分电信网络诈骗犯罪》,载《检察日报》2022 年 7 月 6 日,第 3 版。

年在数量上达到了巅峰，年均近 2 万例案件，但从 2020 年以后呈现明显幅度的减少，减少幅度在 40% 以上，这表明电信网络等诈骗活动中大部分掩饰隐瞒犯罪所得、犯罪所得收益的行为均被洗钱罪和帮信罪所吸收，掩饰隐瞒犯罪所得、犯罪所得收益罪所保护的法益和处罚对象将更加精准。例如，在"葛某华、许某鹏、杨某林、陈某杨掩饰隐瞒犯罪所得罪案"中，被告人许某鹏、杨某林明知经手资金系网络诈骗或网络赌博的犯罪资金，仍根据被告人葛某华的指使，将到账的同一笔资金分多次转到指定的银行账户，并收取被告人葛某华支付的转账金额 1% 的提成。被告人陈某杨明知被告人许某鹏、杨某林等使用银行卡可能用于违法犯罪活动，仍将自己办理的 4 张银行卡绑定相应的手机卡、U 盾给他人使用，并收取每月 200 元的"好处费"。[①] 这一案例表明，被告人明知他人资金来源非法，仍为其提供转账、银行卡账号密码等帮助，是较上游犯罪量刑较轻的罪行。公安机关、检察院和法院在侦查和审理掩饰隐瞒犯罪所得罪的过程中，应结合具体案件中被告人的主观故意、犯罪对象、上游犯罪证据链成立、上下游量刑平衡等因素综合考量，若出现掩饰隐瞒犯罪所得和上游犯罪指向的系同一笔财物的情况下，对掩饰隐瞒犯罪所得罪的行为人的量刑原则上要比上游犯

---

① 参见姚梦莹：《收购银行卡并帮忙转账构成掩饰、隐瞒犯罪所得罪》，载《人民司法》2021 年第 35 期。

罪人的量刑要轻一些，适当拉开档次，从而实现罪责刑相适应。①

（四）侵犯公民个人信息罪的结构和入罪特征

本罪的规制重点是电信网络犯罪链条中的“料农”，是指“料农”通过黑客软件窃取、利用系统漏洞窃取、向他人购买和交换等方式，租赁、收购电话卡、银行卡以及出售/购买个人征信信息、身份信息、行踪信息、网购订单信息、财产等信息的非法活动。该罪的犯罪主体为自然人，部分案件涉及利用职务之便实施犯罪，比如，利用自身作为银行职员、电信运营机构或互联网平台职员，可接触公民个人信息之便，非法将公民个人信息提供或出售给他人。《刑法修正案（九）》将出售、非法提供公民个人信息罪和非法获取公民个人信息罪合二为一，明确公民个人信息的法益保护应然价值和规范价值，②能够有效保护公民个人信息，从上游治理的角度阻断电信网络诈骗犯罪。根据相关司法解释，电信网络诈骗中的“料农”大多满足“非法获取、出售或者提供公民个人信息，情节严重”或“情节特别严重”的情形，形成与帮信罪、诈骗罪的竞合关系，可数罪并罚。

2021 年 11 月 1 日正式施行的《个人信息保护法》在“知

---

① 参见张志远：《掩饰、隐瞒犯罪所得罪中“情节严重”的认定》，载《人民法院报》2022 年 9 月 29 日，第 6 版。

② 参见于冲：《侵犯公民个人信息罪中“公民个人信息”的法益属性与入罪边界》，载《政治与法律》2018 年第 4 期。

情—同意”个人信息处理规则下明确了个人信息处理者、国家机关的个人信息处理行为,以及侵害公民个人信息时在民事领域适用过错推定原则。从个人信息保护的角度来看,该罪侵犯的是公民的对个人信息的“知情同意”权,即未经个人同意和授权,通过不法手段获取公民个人信息的行为,对公民个人和社会产生较严重的危害。伴随大数据技术的广泛应用,泄露个人信息的犯罪主体已经呈现从国家机关或者数据核心部门的工作人员向大众演化的趋势,为打击治理增加了难度。[①] 根据相关研究报告可知,82.5%的用户遭遇过个人信息泄露事件,12.9%的用户遭遇了10次以上的个人信息泄露,尤其是在购房、购车、装修、培训报名、电商购物等方面不堪广告电话之扰,[②]信息“鸿沟”、信息“茧房”充斥人们的生活。当前个人信息刑事保护存在诸多困境和壁垒,一方面,个人信息在刑法层面界定不清,尤其对敏感个人信息存在着概念缺失、界定标准无法满足实践需要、层级保护无法应对时代变化等问题,可在侵犯公民个人信息罪中增加敏感个人信息特殊保护的内容,将非法获取、出售或者提供公民敏感个人信息行为的起刑点设定为“50条以上”,保持侵犯公民敏感个人信息“情节特别严重”较“情节严重”10倍

① 参见《我国个人信息及网络安全现状》,载华律网2022年11月28日,https://www.66law.cn/laws/261896.aspx。

② 参见微众银行:《ESG丨个人信息保护专题研究报告》,载第一财经网2022年7月10日,https://m.yicai.com/news/101469601.html。

以上的认定标准;[①]另一方面,当前侵害公民个人信息罪的主观层面仅明确了犯罪的主观明知层面,即对行踪轨迹信息以外的其他公民个人信息要证明行为人在主观上是明知的,未对过失犯罪进行规定,例如,未履行或疏忽大意未履行作为义务,包括负有法律明文规定的作为义务、相关职业要求的作为义务、先行行为引起的积极作为义务的相关主体。[②]因此,可在侵犯公民个人信息罪的主观层面增加对过失犯罪的规定,以加强对电信运营商、互联网服务提供商和金融机构的刑法规制。

四、电信网络诈骗的综合治理分析

(一)电信网络诈骗犯罪的管辖

在电信网络诈骗的实际侦查办理中,由于案情复杂、涉及人员众多、犯罪链条长,公安部门的人力和财力资源又有限,会出现管辖不明确、难以形成合力的局面,[③]为公安、检

---

① 即认定侵犯公民敏感个人信息构成"情节严重"的起刑点为"50 条以上",侵犯公民一般个人信息构成"情节严重"的起刑点是"5000 条以上",侵犯公民敏感个人信息构成"情节特别严重"的起刑点是"500 条以上",而认定侵犯公民一般个人信息构成"情节特别严重"的起刑点则是"50,000 条以上"。参见刘宪权:《敏感个人信息的刑法特殊保护研究》,载《法学评论》2022 年第 3 期。

② 参见王圆圆:《加强公民个人信息刑法保护对策的思考》,载《成都大学学报(社会科学版)》2022 年第 4 期。

③ 王绍禹:《电信网络诈骗疑难案件管辖问题探讨》,载《中国高新区》2018 年第 4 期。

察机关和法院的司法管辖带来难题。同时随着犯罪手段迭代更新,网络犯罪越发显现出跨地域性特征,与犯罪相关的人员以及相关的资源(虚拟身份、网站、银行账户等)常常分布在不同地方。并且在司法实务中,受骗人的报案地往往是案情的第一发现地,这对犯罪证据的搜集和受骗人的安抚具有重要的作用。《刑事诉讼法》规定了刑事司法管辖的几种模式,分别是级别管辖、地域管辖、共同管辖以及管辖异议中的指定管辖,其中,地域管辖又包括居住地管辖和犯罪地管辖。2016 年的《关于办理电信网络诈骗等刑事案件适用法律若干问题的意见》进一步将"犯罪发生地"扩展为受骗人被骗时所在地,以及诈骗所得财物的实际取得地、藏匿地、转移地、使用地、销售地等,并明确了有争议的若干指定管辖的情形,以及发现地、报案地优先立案,然后再根据案情发展协商或指定管辖的原则。因此,如果遭遇电信网络诈骗,受骗人宜第一时间向当地公安机关报案,并尽快进入立案程序,以便帮助公安机关留存和收集第一手证据资料。

随着电信网络诈骗跨境趋势的加强,传统的属地管辖面临诸多挑战。基于属人管辖和保护管辖的原则,我国公安机关可从技术手段和制度完善方面搭建。从信息技术手段方面,加强大数据、人工智能等技术在反电信网络诈骗领域的应用,打造如东南亚反电信网络诈骗的大数据侦查和风险监测平台;从制度完善方面,完善与相关国家的反电信网络诈骗双边和多边合作协议和签订打击电信网络诈骗行动的谅解备忘录,将联合开展专项行动常态化,加强电信网络诈骗的跨境管辖能力。在侦查实践中,以公安部门为核心的反电信网络诈骗体系在横向上发展出“多地共管”“人案关联”的“大侦查管辖”格局,在纵向上建立起侦查管辖决定审判管辖的“侦查管辖中心”模式。[①] 不断完善侦查的横向和纵向管辖机制,有利于提升电信网络诈骗犯罪的侦查和诉讼效率,有效保障公民财产安全。

(二)电信网络诈骗的行刑衔接

构建顺畅的行政执法与刑事司法衔接机制是我国全面深化改革的重要内容,也是推进国家治理体系和治理能力现代化的重要方面。根据《反电信网络诈骗法》第38条的规定,组织、策划、实施、参与电信网络诈骗活动或者为电信网络诈骗活动提供帮助,构成犯罪的,依法追究刑事责任,尚不构成犯罪的,依法给予治安管理处罚,该条规定为电信网络诈骗治理中行政与刑事责任的衔接提供了有力的法律支撑。[②] 行刑衔接案件中,判断违法行为涉嫌犯罪还是涉嫌行政违法是正确适用法律的关键,也是检察机关依法履行监督职责的前提,尤其是《反电信网络诈骗法》进一步细化明确

---

① 参见陈如超:《电信网络诈骗犯罪侦查管辖制度的反思与调整》,载《浙江工商大学学报》2022年第5期。

② 参见李怀胜:《网络犯罪案件的行刑衔接机制研究——以反电信网络诈骗等网信监管为样本》,载《中国刑事法杂志》2022年第4期。

了电信、金融、互联网行业的电信网络诈骗治理责任边界，为判断违法性质提供了更清晰的标准。电信、金融和互联网服务提供商在经营活动中，能够接触大量的业务和数据，并对基于相关平台等基础设施开展的业务进行干预监督等"准行政执法"，因此应及时将日常运营中的执法和监测线索向公安、检察院等负责刑事案件的部门报告和共享。公安和检察部门可在电信、金融和互联网服务提供商内部设置反电信网络诈骗数据业务对接部门，派驻联络人员，与第三方平台企业共同致力提升打击电信网络诈骗犯罪活动效率。具体而言，一是加强检察部门与行政机关、公安机关的协作配合和监督制约，在行政执法过程中发现的涉嫌犯罪的案件依法及时移送。对于不构成犯罪但构成行政违法的，或者构成犯罪但情节轻微的诈骗分子，在作出不起诉决定的同时，人民检察院应当提出检察意见并移送行政机关作出行政处罚，确保罚当其罪。二是积极推进信息共享平台建设，推动涉诈领域行政执法信息在刑事司法中的共享，通过信息联系分析、交叉比对，捕捉关联案件线索，实现犯罪打击的广度和深度，推动人员交流、办案协作、证据移送等制度的建设。三是依据《反电信网络诈骗法》的综合治理理念，推动行政机关、公安机关和检察机关围绕社会治理、网络治理的突出问题，积极发挥专项治理工作、检察建议和公益诉讼等机制的功能，实现源头治理、综合治理。[①]

（三）电信网络诈骗的民刑衔接

在电信网络诈骗中，对犯罪嫌疑人科以刑事责任是继行政责任和民事责任后对电信网络诈骗违法犯罪行为治理的兜底方式。就相关诈骗活动对社会和公民个人财产的危害性来说，刑事责任无疑是危害程度最重的，也是公安等执法机关着力打击治理的对象。然而，在电信网络诈骗的刑事治理中，往往重视刑事追责，而对民事救济，受骗人则缺乏充足的证据支持和手段渠道，导致电信网络诈骗的受骗人不能及时获得充分救济，且不能通过刑事追缴、退赔途径解决。民事责任和刑事责任的衔接，是法秩序统一的内在要求，也是维护公民财产安全、社会安全和国家安全的要求。其中，民事责任与刑事责任之间的程序关系包括“先刑后民”“先民后刑”“刑民分立”等模式，具体又可分为刑事附带民事诉讼、民事诉讼中止的先决方式、民事诉讼转为刑事案件处理以及民刑独立并行处理的几种情形。[②]

以电信网络诈骗环节中的“卡农”为例，当前电信网络诈骗司法治理中常常出现受骗人起诉“卡农”索赔的，目前的大多数司法判例认为这不符合人民法院受理民事诉讼的

---

① 郑雪：《专访最高检第四检察厅负责人：电诈治理关键在于标本兼治　重点在于个人信息保护》，载人民号 2022 年 12 月 7 日，https://mp.pdnews.cn/Pc/ArtInfoApi/article?id=32769857。

② 参见时延安：《刑民交叉案件的处理：类型与规则》，载《交大法学》2022 年第 5 期。

范围,进而裁定驳回起诉。例如,在广东省佛山市顺德区人民法院审理的一起帮信罪的案件中,原告以被告向诈骗分子提供银行卡,造成己方损失,且被告已经被以帮信罪定罪处罚为由,起诉“卡农”索赔,未能且已不能通过刑事追缴、退赔途径解决。法院认为,在刑事犯罪中,被告人占有及处置受骗人的财产的,应予以追缴或责令退赔,不能通过民事诉讼途径解决。原告起诉不符合法律、司法解释的规定,应予以驳回。在“卡农”已被以帮助信息网络活动罪定罪处罚的情况下,受骗人起诉“卡农”索赔的,其诉讼请求依据的基础事实是“卡农”为他人实施信息网络犯罪提供银行卡帮助,给受骗人造成了损失。该基础事实已经相关刑事裁判文书确定,不能依赖于其他刑事案件的认定和处理结果。[①] 根据《民法典》第178条第1款的规定,“二人以上依法承担连带责任的,权利人有权请求部分或者全部连带责任人承担责任”。该案告诉我们,电信网络诈骗的民刑衔接是综合治理的重要内容,为统一法秩序和最大程度上保护受骗人的利益,法院可发挥能动性,积极保障受骗人的民事权益和诉求,例如,可以在明确刑事案件基本审理结果的同时提起附带民事诉讼,或将民事与刑事诉讼单独审

① 参见广东省佛山市顺德区人民法院(2021)粤0606民初36040号民事裁定书。

理。[①] 同时,执法机关可预设赃款退赔的民事救济渠道,积极实现民事追偿的前置化和独立性。

① 参见邓世运:《电信网络诈骗中的被害人,可否要求"卡农"承担赔偿责任?》,载今日头条2022年8月25日,https://www.toutiao.com/article/7135815955149586982/?tttid=362460。

第八篇

如何防范电信网络诈骗

近30年来，电信网络诈骗犯罪不断增加，其防范和打击难度也与日俱增，如何有效防范和打击电信网络诈骗犯罪，已成为我们需要思考和解决的重要问题，这不仅关乎个人财产的安全，更影响社会秩序的稳定。面对电信网络诈骗的严峻形势，需要从国家、社会、个人3个层面共同应对，从国家层面需要夯实法律基础，提升执法能力，提高技术反制能力，完善协同治理机制；从社会层面需要加强社会宣传，联合相关企业打击电信网络诈骗产业生态，构建社区共同体的防诈反诈防线；从个人层面需要增强风险意识、隐私意识、参与意识，以此切实提升防范和打击电信网络诈骗犯罪的成果，从根本上降低居民的受骗风险，守住居民的钱袋子。

一、国家层面

（一）完善法律法规，夯实法治基础

电信网络诈骗已成为目前发案量最高、损失最大、群众反映最强烈的突出犯罪，对于电信网络诈骗的治理，需要进一步完善法律制度基础，通过司法实践坚决打击电信网络诈骗，维护人民群众基本利益。

根据诈骗罪来对电信网络诈骗犯罪进行量刑，在司法实践上已经不利于罪刑的判定，很容易造成罪刑失衡的不良后果。因此，有必要在刑法中对电信网络犯罪的概念进行明确界定，并对其刑罚后果单独予以规定。2021 年 9 月 2 日《反电信网络诈骗法》被表决通过，该法案的出台，不仅明确界定了电信网络诈骗的定义，还界定了电信业务经营者、金融机构、互联网服务提供者等主体责任，为数字社会背景下实施“平安中国”战略奠定了法律基础。《反电信网络诈骗法》的出台无疑是为我国电信网络诈骗犯罪的法治制度建设做出了开创性的探索，但是我国目前针对电信网络诈骗犯罪的法律体制建设依然有待进一步完善，主要可以从以下三个方面进行完善。

第一，明确主从犯的认定标准。在电信网络诈骗犯罪的

司法实践中，由于诈骗数额难以精准衡量，往往无法通过犯罪数额来区分犯罪过程的主犯和从犯，因此可以通过犯罪嫌疑人在犯罪过程的具体行为来区分主从犯。[①] 首先，可以根据犯罪嫌疑人在犯罪过程中发挥的作用来判定，例如，在诈骗过程中是否发挥主要作用，有没有发挥教唆、纠集、指挥、领导等作用，是否在话务组、办卡组、转账组、取款组等各环节担当领导职务，以此来判定其是否为主犯。其次，可以根据犯罪嫌疑人在诈骗组织中的分工来区分是主犯还是从犯。在参与电信网络诈骗的过程中，被他人纠集或者诱导参与诈骗，或者被强迫、威胁参与诈骗行为的，在整个电信网络诈骗过程中始终处于被领导的地位的，以及在不法利益的分配中不具有决定权甚至只能获得较少部分报酬的犯罪嫌疑人，在电信网络诈骗的司法认定中应认定其为从犯。[②]

第二，将电信网络诈骗相关案件定性正确。电信网络诈骗犯罪存在上下游关联犯罪，因此在司法实践中对电信网络诈骗犯罪的伴生犯罪的界定存在困难，主要体现在对接受雇用并实施转移赃款和取款行为的犯罪嫌疑人应界定为诈骗罪共犯。对于帮助诈骗分子转移赃款的犯罪嫌疑人，对其案件的界定首先需要明确其主观故意，对于犯罪嫌疑人明知诈

① 参见李睿懿、王珂：《惩治电信网络诈骗犯罪的主要法律适用疑难问题》，载《法律适用》2017 年第 9 期。

② 参见殷会鹏：《电信网络诈骗犯罪的司法认定研究》，载《淮北师范大学学报（哲学社会科学版）》2020 年第 4 期。

骗分子在实施诈骗犯罪活动而提供信用卡帮助的，应以诈骗犯罪追究其刑事责任；[①]对于无法认定犯罪嫌疑人在主观上是否明知诈骗分子实施诈骗的，应当以妨害信用卡管理罪追究其刑事责任。

第三，明确既遂和未遂判定标准。由于对电信网络诈骗的取证难度大，在电信网络诈骗的司法实践中，往往无法清晰界定犯罪嫌疑人成功进行诈骗的次数和数额（既遂部分）以及未成功进行诈骗的次数和数额（未遂部分）。在具体的司法实践中，可以分情况讨论，一种情况是，犯罪嫌疑人既遂部分和未遂部分达到同一量刑幅度的，可以既遂部分为基础，从重进行处罚；另一种情况是，犯罪嫌疑人的既遂部分和未遂部分分别达到不同量刑幅度的，基于法律的警示作用，可以依照处罚较重的部分进行处罚。根据比较结果可见，如果既遂部分对应的量刑幅度较重，或者既遂、未遂所对应的量刑幅度相同的，以既遂部分所对应的量刑幅度为基础酌情从重处罚；[②]反之，如果未遂部分对应的量刑幅度较重，则以未遂部分的量刑幅度为基础，酌情从重处罚。

（二）提升执法能力，形成打防合力

面对以电信网络诈骗为代表的新型网络犯罪的迅速发

① 参见吴成杰、陈雯：《电信网络诈骗案件中的疑难问题探讨》，载《法律适用》2017 年第 21 期。

② 参见吴成杰、陈雯：《电信网络诈骗案件中的疑难问题探讨》，载《法律适用》2017 年第 21 期。

展蔓延，诈骗分子借助通信工具和现代网银技术实施诈骗活动，给受骗人造成了严重的经济损失，人民群众对此反映强烈。党中央、国务院高度重视，多部门联手行动、多措并举，予以重拳打击整治。公安部多次召开专题研究，部署全国公安机关分别开展"长城""云剑""断卡""断流"等打击电信网络诈骗犯罪的专项行动，严厉打击这类新型网络诈骗犯罪，加强国际执法合作，强力缉捕在逃人员，这些行动坚决遏制了电信网络犯罪的上升势头，极大地消除了社会治安隐患，为人民群众创造良好的社会治安环境。

自2016年以来，我国发生系列电信网络诈骗案件，涉案数额巨大，影响恶劣。我国警方经过侦查，发现诈骗窝点位于西班牙马德里、巴塞罗那等地，于是向西班牙提出刑事司法协助请求。2016年12月13日，中西两国警方联合开展"长城"行动，捣毁13个电信网络诈骗窝点，查明诈骗金额1600多万欧元。[①] 2017年，西班牙司法机关判决将所有犯罪嫌疑人引渡回中国，我国民警最终于2019年将电信网络诈骗犯罪嫌疑人全部押解回国。历时近3年的中国、西班牙警方联合打击跨境电信网络诈骗犯罪的"长城"行动取得了重大战果，这也是我国首次从欧洲大规模押回电信网络诈骗犯罪嫌疑人。这次行动是和西方合作打击电信网络诈骗犯罪的成功案例，为国

① 参见成岚：《中西警方共同举行"长城行动"证据移交仪式》，载新华网2018年6月2日，http://www.xinhuanet.com/world/2018-06/02/c_1122927474.htm。

际执法工作特别是跨国打击电信网络诈骗树立了典范。

2019 年 6 月，公安部成立了“云剑”行动领导小组，各地公安机关按照公安部的统一部署，全力以赴、攻坚克难，“云剑”行动取得了显著成效。截至 2019 年 12 月，全国破获电信网络诈骗案件 11.8 万起，同比上升 62.7%；抓获犯罪嫌疑人 9.9 万名，同比上升 135.6%；组织 13 个省份公安机关多次赴柬埔寨、菲律宾、老挝等国家开展警务执法合作，捣毁了一大批诈骗窝点，先后 14 次将 2553 名电信网络诈骗犯罪嫌疑人押解回国；破获套路贷犯罪案件 5.8 万起，打掉团伙 4205 个，抓获犯罪嫌疑人 4.1 万人，查缴涉案资金 577 亿元，据监测，套路贷网络平台下降了 77%；共打掉民族资产解冻类诈骗[1]团伙 576 个，抓获犯罪嫌疑人 8982 人；追逃工作取得 8 年来最好成绩，共抓获逃犯 24.3 万名，其中公安部 A 级通缉令逃犯 96 名。开展“云剑”行动，带动了社会治安大局的持续稳定，2019 年 1 ~ 11 月全国刑事案件立案数下降 3.9%，严重暴力犯罪案件数下降 10.4%。[2] 公安部在“云剑”行动中，坚持立足境内，严格落实侦查打击、预警劝阻、重点整治等举措，极大地震慑了境外电信网络诈骗犯罪集

① 民族资产解冻诈骗：一些不法分子打着国家、民族旗号，谎称中华民族在大陆和海外遗留了巨大财富和资产，并宣称该“民族资产”被冻结，国家现委托一些民间组织或企业对这些海外“民族资产”进行解冻，通过诱骗受骗人缴纳启动资金、会员报名费或者投资入股等实施诈骗。

② 参见《公安部“云剑”行动成效明显　抓获电信网络诈骗犯罪嫌疑人 9.9 万名　破案 11.8 万起》，载公安部官网 2019 年 12 月 25 日，https://www.mps.gov.cn/n2253534/n2253535/c6840206/content.html。

团，全面提升了打击治理电信网络诈骗犯罪的能力，坚决遏制了电信网络诈骗案件的高发反弹势头。

自2020年10月全国“断卡”行动开展以来，公安机关联合各部门高位推动，密切协作，重点打击“两卡”收购贩卖人员、网络招募“卡农”和“跑分客”中介人员、与境外犯罪团伙直接勾连人员和行业内部工作人员，紧盯贩卡网络，深挖幕后“金主”，斩断犯罪链条，不断掀起打击治理新高潮，坚持摧网络、打团伙、断通道，侦查打击、行业治理和重点整治同步推进。2021年5~7月，公安机关通报首批依法关停的涉案电话卡6055张，处置涉案关联互联网账号18,552个，组织对1536.17万张“睡眠卡”等高风险电话卡进行了二次实名认证和处置，有力地打击了各类违规办卡、“养卡屯号”行为。从公安机关通报的情况来看，近期全国电信网络诈骗犯罪立案数据环比下降了14.3%。[①] 该项行动有效地挤压了“两卡”犯罪的生存空间，有效地遏制了电信网络诈骗案件快速上升的势头。

为深入贯彻落实习近平总书记关于打击治理新型电信网络诈骗犯罪的重要指示批示精神，公安部严厉打击组织招募赴境外实施电信网络诈骗的犯罪活动，有效切断境外电信网络诈骗窝点招募人员的链条，全力挤压电信网络诈骗犯罪

---

① 参见《全国“断卡”行动推进会召开　部署深入推进打击整治非法开办贩卖电话卡银行卡违法犯罪攻坚战》，载公安部官网2021年10月11日，https://www.mps.gov.cn/n2255079/n4876594/n5104076/n5104077/c8161824/content.html。

的生存空间。2021 年 5 月 21 日,公安部结合党史学习教育和公安队伍教育整顿,扎实开展了“我为群众办实事”的实践活动,部署全国公安机关开展“断流”专案行动,紧盯目标任务,精心组织、周密部署,挂图作战、合成攻坚,迅速开展落地核查和收网抓捕行动,通过斩链条、断通道,挖“金主”、打“蛇头”,向招募人员赴境外实施电信网络诈骗犯罪发起凌厉攻势。截至 2021 年 10 月,全国公安机关共打掉“3 人以上结伙”非法出境团伙 9419 个;破获刑事案件 4160 起;抓获犯罪嫌疑人 33,860 名,其中,组织招募者 931 名,运送接应者等黑灰产人员 913 名,非法出境人员 32,016 名;串并破获电信网络诈骗案件 1021 起,挖出境外电信网络诈骗窝点 100 个、金主 82 名。[①] “断流”行动从偷渡人员和境内相关犯罪链条入手,以摸清、锁定境外电信网络诈骗窝点和“金主”为目标,全力开展“定人、定位、定案”的“三定”侦查行动。该行动的开展,深挖了境外电信网络诈骗窝点和人员,有效摧毁了诈骗组织招募人员的通道,有利于从根源上铲除电信网络诈骗的滋生土壤,全力挤压电信网络诈骗犯罪的生存空间。

由于电信网络诈骗已经进入 3.0 阶段,诈骗分子往往在境外通过电信网络技术对国内受骗人进行诈骗,电信网络诈骗犯罪的治理需要跨越不同国家和地区,这导致电信网络诈

① 参见《公安部新闻发布会通报公安机关打击电信网络诈骗犯罪之“断流”专案行动成效》,载公安部官网 2021 年 10 月 26 日,https://www.mps.gov.cn/n2253534/n2253535/c8185300/content.html。

骗陷入打击和抓捕上的困境,核心犯罪团伙往往并未全部落网,案件的侦破面临着“除恶难尽”的执法困境。如何进一步提高公安机关的综合执法能力,最大限度地化解案件的侦破难题,是目前亟待解决的现实问题。

第一,做好前期准备。首先,需要尽可能多地收集资料,多渠道地获取案件相关线索。一方面,需要关注涉案人员的关系网络,在对之前打击活动中抓获的话务人员,要通过询问工作,找出邀请他们参加犯罪团伙的介绍人,逐步追查到犯罪团伙的组织者。而且电信网络诈骗团伙往往与其他犯罪团伙有过合作关系,也可以通过取款组找出与其有合作关系的多个诈骗团伙。此外,很多诈骗分子往往有累计前科,需要对其进行重点关注,避免其再次加入电信网络诈骗的犯罪团伙中。另一方面,需要重点关注出国劳务公司、电信服务提供商、涉案金融机构等主体,这些企业涉及电信网络诈骗的人员组织、服务器技术提供、资金转移等相关操作和信息,需要通过这些企业获得电信网络诈骗犯罪团伙的相关信息。其次,培养、选择高标准的作战人员。选择一些有丰富跨境案件侦办经验的中年干警作为工作组的核心领导,并且配备擅长外派地区语言的干警,负责日常的语言交流,还需要配备技术侦查部门的民警,负责计算机、手机、服务器等电子设备中电子证据的现场取证工作。最后,在开展抓捕之前,开展相关的培训工作。针对前往国家的法律制度和风俗习惯进行培训,告诫执法人员在当地行动时要尊重当地民俗习惯和法律法规,保护好自身安全,在与当地执法部门进行充分接洽之后再进行行动。

第二,联合抓捕行动。到达目的地之后,首先要与当地中国大使馆取得联系,并与当地国家或地区的警务联络官进行接洽,沟通案情情报线索,及时修正侦察方案。如果有机会,可以与当地华人商会或者侨商取得联系,获得当地华人的支持,以便寻找诈骗窝点诈骗分子在当地的活动状况等信息。在进行抓捕行动前充分获得犯罪窝点位置、掌握窝点内部大概人员数量等情况,与当地执法机关统一行动,如果同时侦办多个诈骗窝点,各工作小组也需要及时做好沟通,争取在同一时间开展抓捕活动,避免出现其他窝点探查到同伴被捕后转移窝点或销毁证据的情况。

第三,获取充足案件证据。在电信网络诈骗犯罪的司法实践过程中,对此类犯罪破案往往涉及网络追踪和跨境抓捕等复杂过程,涉案证据也大多都是电子证据,而该类证据又很容易被隐藏和销毁,这导致法院在认定案件过程中,证据和事实往往不能完全呈现,使对犯罪嫌疑人的量刑往往存在证据不足导致的刑罚过轻问题,这不利于电信网络诈骗的惩治。因此,为了更准确地认定电信网络诈骗类犯罪事实,提高涉案证据的证明力,需要公安机关在侦查阶段注重保障证据的完整性和有效性,这就要求公安机关从以下两个方面着手：一方面，在侦查过程中要注重电子证据的收集和保存，保证证据的完整性和有效性。电子证据在电信网络诈骗犯罪中具有至关重要的证明作用，完整的电子证据有利于准确、规范认定诈骗分子的诈骗手段、情节，正确地适用法律判定标准。[①] 在对电信网络诈骗犯罪的侦查中，应该派遣专业的证据收集人员负责收集和储存涉案电子证据，使证据能够在取证程序中发挥应有的效力和作用。另一方面，需要提高公安机关的技术取证和侦查能力，以应对不断更新升级的电信网络诈骗技术手段，保障获取证据过程的有效性。近年来的电信网络诈骗犯罪诈骗技术的科技含量不断提高，诈骗分子通过 VOIP 网络电话、任意改号和语音修改软件等智能化犯罪工具虚构事实实施诈骗，或者利用伪基站、木马链接获取受骗人信息进而获取受骗人财产，高科技作案工具使诈骗信息泛滥，案件数量逐年上升。[②] 此外，电信网络诈骗组织的核心成员、负责人以及专业技术人员等的反侦查能力较强，往往通过特有的电信和数字技术转移赃款、隐藏销毁相关证据等方式应对公安机关侦查人员的侦查行为。在司法实践中，很多基层公安机关面对电信诈骗犯罪案件，缺乏相应的高科技手段和较高的侦办案件水平，传统的侦查手段显得苍

---

① 参见殷会鹏：《电信网络诈骗犯罪的司法认定研究》，载《淮北师范大学学报（哲学社会科学版）》2020 年第 4 期。

② 参见殷会鹏：《电信网络诈骗犯罪的司法认定研究》，载《淮北师范大学学报（哲学社会科学版）》2020 年第 4 期。

白无力,严重影响了对电信网络诈骗犯罪的侦破效率。[①] 因此,需要公安机关有选择地培养、建立专业的打击电信网络诈骗的队伍,利用新的科技手段,对电信诈骗案件中收集的信息进行分析、侦破,形成专用侦查系统,及时发现并处置大型、跨国电信诈骗犯罪活动,对性质恶劣、影响范围广的案件,进行专案攻克。

电信网络诈骗犯罪的证据存在电子化程度高、类型较复杂以及言词证据作用突出、间接证据数目较庞大等特点。公安机关对电信网络诈骗的证据收集和保存主要体现在三个方面,资金链、信息链和人员链。[②] 资金链主要分为 3 个环节,即收款、转移和变现。在收款环节,公安机关通过收取诈骗资金的不同层级的银行卡梳理资金链条,来区分涉案资金、赃款和合法资金;在转移环节,针对当前存在由"传统洗钱团伙通过洗钱产业链'洗白'"向"跑分平台拆分交易"以及"虚拟货币转移赃款"扩展变化的趋势,打通与支付机构的信息渠道,收集三方、四方支付、"跑分"商家、虚拟货币场外承兑商信息;在变现环节,加强对虚拟货币交易平台、赌博、"地下钱庄"等的"套现"、跨境"对敲"转移资金渠道的侦查,搜集不同链路资金的来源和流向。同时,针对犯罪行

① 参见殷会鹏:《电信网络诈骗犯罪的司法认定研究》,载《淮北师范大学学报(哲学社会科学版)》2020 年第 4 期。

② 参见智嘉译:《电信网络诈骗案件中的证据问题研究》,载《法律适用》2022 年第 9 期。

为人可能使用大量银行卡转移诈骗资金，转账层级较多、速度较快以及多个账户循环使用的情况，公安机关应充分利用预警技术、反制技术等技术手段，在正当程序保证下穿透可疑账户，在实名制的辅助下解决网络虚拟空间“人机同一”的证明问题，[①]避免“一刀切”地对“多手账户”的流水化查封冻结。在信息链和人员链方面，“沉默的受骗人”作为与诈骗犯罪嫌疑人、被告人首先接触的对象，在面对电信网络诈骗等威胁时，要尽量克服恐惧、紧张的心理，提高反电信网络诈骗意识和能力，积极收集和保存表明犯罪行为人身份、地位及作用的证据、有关诈骗工具及手段的证据，以及有关银行账户交易记录、第三方支付结算交易记录及其他关联账户交易记录等电子证据等，并在诈骗发生后的第一时间向公安机关报案，据实充分提供陈述等言词证据，去丰富公安机关的证据链条，帮助公安机关尽快形成资金、人员和信息的证据链条。公安机关与电信运营商之间应打通反电信网络诈骗信息协作渠道，通过追踪通信记录、电话卡信息来佐证人员流和信息流，在犯罪组织、受骗人、犯罪事实之间形成强关联性的证据体系。

第四，完善追赃返赃机制。电信网络诈骗的资金转移模式分为 3 个环节，即收款、转移和变现。在收款环节，犯罪分

① 参见曹晓宝:《电信网络诈骗案件的取证策略与证据体系构建》，载《中国刑警学院学报》2018 年第 2 期。

子常常通过买卖、租借银行卡收取诈骗资金,让受骗人将资金转入相关银行卡账户;在转移环节,诈骗分子通过跑分平台拆分交易以及通过虚拟货币转移赃款;在变现环节,包括出境刷卡取现、构造虚假交易以及"地下钱庄"等,最终实现账款在境外转移。这需要公安机关建立完善的电信网络诈骗涉案资金即时查询、紧急止付、快速冻结、及时解冻和资金返还制度,加强国际合作,打击跨境电信诈骗,积极开展境外追逃追赃工作,[①]与银行等相关金融机构配合,监测识别异常账户和可疑交易,防范电信网络诈骗分子借此洗钱。此外,还要加强挽损工作,查明涉案资金来源、数额,及时返还受骗人,保障受骗人的合法财产减少损失。

电信网络诈骗的止付主要涉及资金链条前端的追溯,由公安部门、电信、网信、金融机构对可疑账户、人员、域名或号码进行实时监测和信息共享,并由银行业金融机构和非银行支付机构实施具体止付措施,具体表现在以下三方面。一是建立快速灵敏的冻结和紧急止付机制。其中,公安部门的止付措施主要是对银行账户的冻结,即公安机关依照法律规定对特定银行账户实施冻结措施,并由银行业金融机构协助执行资金。银行业金融机构和非银行支付机构的止付措施主要包括:(1)全面推行个人账户分类管理制度,即同一个人

① 参见郝家英:《电信网络诈骗犯罪跨境追赃与国际刑事司法合作》,载《北京警察学院学报》2021年第2期。

在同一家银行只能开立一个Ⅰ类银行结算账户，在同一家支付机构只能开立一个Ⅲ类支付账户。(2)采取ATM延时转账措施，自2016年12月1日起，除向本人同行账户转账外，个人ATM转账24小时后到账，个人在24小时内可以向银行申请撤销转账。在电信网络诈骗中有近一半受骗人是通过自助柜员机(ATM)向诈骗账户转账的。(3)加强异常开户行为审核，对“严重违法失信企业”、注册地址或经营地址不存在的单位以及有明显理由怀疑开户用于违法犯罪活动的申请予以拒绝，对开户之日起6个月以内无交易记录的账户暂停银行账户非柜面业务、支付账户所有业务。(4)加强非柜面转账管理，对单位、个人非柜面转账日累计分别超过100万元、30万元的进行大额交易提醒等，建立资金“防火墙”机制。(5)加强POS机等银行卡受理终端管理，禁止网上买卖POS机(包括MPOS)、刷卡器等，防止非法改装终端流入市场，防范信息泄露、资金被盗、非实名特约商户入网等风险。(6)建立健全黑名单管理机制，包括将出租、出售银行账户或支付账户，以及假冒开户或者虚构代理关系开户的单位和个人列入支付结算黑名单、特约商户信息管理系统和黑名单管理机制。(7)建设电信网络诈骗涉案资金查控平台，针对诈骗分子利用三方和四方支付、跑分平台、数字货币、贸易对冲等转账速度快、隐蔽性强的多种方式，在接口处实施嵌入式监测识别与处置，应当是公安部门、金融机构与金融监管机构的发力点。①

二是依法及时返还被骗资金,冻结公安机关对依法冻结的涉案资金,应当以转账时间戳(银行电子系统记载的时间点)为标记,核查各级转账资金走向,一一对应还原资金流向,制作《电信网络新型违法犯罪案件涉案资金流向表》。② 并且明确了冻结资金应当及时溯源返还,返还情形包括:(1)冻结账户内仅有单笔汇(存)款记录,可直接溯源受骗人的,直接返还受骗人;(2)冻结账户内有多笔汇(存)款记录,按照时间戳记载可以直接溯源受骗人的,直接返还受骗人;(3)冻结账户内有多笔汇(存)款记录,按照时间戳记载无法直接溯源受骗人的,按照受骗人被骗(盗)金额占冻结在案资金总额的比例返还。

三是在管辖上,《反电信网络诈骗法》第3条第2款基于保护管辖原则,规定了"境外的组织、个人针对中华人民共和国境内实施电信网络诈骗活动的,或者为他人实施针对境内的电信网络诈骗活动提供产品、服务等帮助的,依照本法有关规定处理和追究责任",要求完善跨境合作机制,最大限度地追回涉案资金。③ 同时,应加强国际执法司法合作,

---

① 参见中国人民银行:《中国人民银行对十二届全国人大五次会议第6288号建议的答复》,载中国人民银行官网2017年12月29日,http://www.pbc.gov.cn/zhengwugongkai/4081330/4081344/4081419/4081727/4084284/2017122910404060503.pdf。

② 参见原银监会、公安部《关于印发电信网络新型违法犯罪案件冻结资金返还若干规定的通知》(银监发〔2016〕41号)第7条、第8条。

③ 参见张维炜:《追赃挽损、完善救济!聚焦反诈立法热点》,载中国人大网2022年7月22日,http://www.npc.gov.cn/npc/kgfb/202207/3bd67623acc343dc9c92886308769be9.shtml。

积极推动涉诈在逃人员通缉、引渡、遣返工作。

（三）建设数据平台，提高反制能力

诈骗分子变换多种诈骗形式，使用多种技术手段，大大增加了反电信诈骗的难度，令受骗人防不胜防，不少受骗人的大量钱款被骗甚至家破人亡，而且，此类犯罪还威胁网络安全生态，危及正常的电子商务、移动支付、知识产权及社交活动等，给经济社会生活秩序带来严重冲击。面对诈骗分子“与时俱进”的技术、骗术，我们必须“道高一丈”，一方面，我们需要提高信息识别、技术反制能力，提高技术预警效能，及时防范和提醒，将电信网络诈骗扼杀在摇篮里；另一方面，我们需要建立关于电信网络诈骗的信息大数据平台，提高对电信网络诈骗的技术治理能力。大数据是一种新技术、新思维、新方法，具有数量大、类型杂、速度快、价值低等特点。利用大数据技术，不仅能够加强公安机关对犯罪态势的感知、认知、预测和预警，而且还降低了犯罪预防的成本，拓展了犯罪预防的深度和广度。①

1. 完善电信网络诈骗信息大数据治理平台建设

回应危机的思考应置于对国家能力的分析框架下，国家和社会的互动关系成为国家能力改善的理论基础，以超大平台和综治平台为代表的数字平台成为国家渗透、汲取乃至控

① 参见刘钊、林晞楠、李昂霖：《人工智能在犯罪预防中的应用及前景分析》，载《中国人民公安大学学报（社会科学版）》2018 年第 4 期。

制数字社会的信息枢纽和组织载体。“基于平台的治理”不仅囊括了以数据控制为手段的技术安排，还包括了以社会整合为目标的组织安排，更孕育出了以预防型法为依托的制度安排。[①] 电信网络诈骗的治理，需要推进信息通信行业反诈大数据技术平台建设，汇聚公安、电信、金融、互联网等各方的反电信网络诈骗数据，进行数据研判和深度挖掘，以此持续提升大数据技术管控水平。2020 年工信部印发了《关于运用大数据推进防范治理电信网络诈骗长效机制建设工作方案》，充分运用大数据等新一代信息技术来强化电信网络诈骗精准治理、有效治理，加快健全完善行业防范治理长效机制。该方案提出 3 项工作要求：一是建设完善行业互联网反电信网络诈骗数据统一资源库和互联网反电信网络诈骗平台，加大数据汇聚范围，具备线索发现、追踪溯源等能力，实现对涉诈 IP、域名、App 的有效研判和处置。二是开展省级反电信诈骗大数据平台建设试点，提升属地反电信诈骗大数据运用能力，逐步在全国范围内推进反电信诈骗大数据平台建设。[②] 三是开展反电信诈骗大数据技术标准研究，研究制定电信网络诈骗治理标准体系架构，推进技术标准出台。

---

① 参见单勇：《数字社会走向前端防范的犯罪治理转型——以〈中华人民共和国反电信网络诈骗法（草案）〉为中心》，载《上海师范大学学报（哲学社会科学版）》2022 年第 3 期。

② 参见张扬、邓志源：《电信网络诈骗犯罪态势分析与体系化应对》，载《湖北警官学院学报》2021 年第 6 期。

公安机关需要全面整合社会信息资源，建立数据共享机制，打破数据壁垒，上下联动，左右贯通，形成“打、防、管、控”一体化的工作格局。[①] 经过国家政策的引导，目前国内存在4类反诈骗中心（平台），一是各地公安机关建立的反诈骗中心；二是公安机关与网络安全服务提供商联合成立的反诈骗联盟/平台，例如，北京市公安局网安总队和奇虎360发起的猎网联盟、网络安全反诈骗联盟、天下无贼——反信息诈骗联盟；三是行业反诈骗中心，例如，工信部“12321”网络不良与垃圾信息举报受理中心、银联卡反欺诈服务中心；四是企业自身的反诈骗中心，例如，腾讯公司针对本公司QQ、微信等业务设立的“110反诈骗中心”。[②]

大数据的核心在于数据，大数据的价值在于分析。鉴于电信网络诈骗犯罪在全国范围内蔓延的现状，如何把各个地区、各个机构掌握的大数据平台进行有益的整合和分析，成为提升诈骗数据价值的关键环节。一方面，诈骗数据的跨地区共享有利于侦查机关获取个案情报线索，提升案件侦破效能；另一方面，通过对一段时期内各个地区电信网络诈骗犯罪发案情况的整体分析，有利于在全局推演出此类犯罪在接下来一段时期内的发展态势。近年，我国从公安部到区市公

---

① 参见韩胜兵：《电信诈骗犯罪的起源、特点及防治》，载《中国刑警学院学报》2013年第2期。

② 参见高媛：《以电信诈骗为例浅谈网络犯罪的治理和打击》，载《网络安全技术与应用》2016年第11期。

安机关整合刑侦、技侦、网侦、图侦等警种实行的三级反电信网络诈骗“合成侦查”探索就是以大数据互联共享为技术支撑,将分散的信息化系统通过警种“合成”,围绕信息流、资金流、人员流,通过进阶分析、自动匹配“110”警情数据,为新型犯罪提供精准的后台服务和有力的信息支撑。[①] 经过多年来的应用实践,各个平台积累大量的案件情报信息,已经成为我国警方侦办此类案件的重要抓手,在案件串并以及涉案银行账号的紧急止付方面发挥了重要作用。上海、北京、天津等地公安机关也协调各方资源,建立起了地区级别的反网络诈骗犯罪中心。各地的公安机关在侦办此类案件时积累了丰富的案情信息和情报信息线索。

2. 提高信息识别、技术反制能力

面对涉及信息链、资金链、技术链、人员链等各环节,基于大数据、人工智能乃至心理学的电信网络诈骗的发展,传统的反电信诈骗侦查和识别手段需要与时俱进。自 2016 年起,中国人民银行会同公安部组织银行和支付机构联合搭建了电信网络新型违法犯罪交易风险事件管理平台,实现公安机关通过管理平台对涉案银行账户和支付账户的查询、止付

① 参见张淑平、郭亦农:《大数据与电信网络诈骗之跨境治理》,载《净月学刊》2018 年第 3 期。

和冻结。[①] 根据不同的技术应用，可将其分为大数据防电信网络诈骗预警、智能合约跟踪识别以及隐私计算保护公民个人信息等数据技术。在大数据反电信网络诈骗预警和劝阻方面，《反电信网络诈骗法》第 34 条明确规定，公安机关应当会同金融、电信、网信部门组织银行业金融机构、非银行支付机构、电信业务经营者、互联网服务提供者等建立预警劝阻系统，对预警发现的潜在被害人，根据情况及时采取相应劝阻措施。例如，工商银行研发并投产的“外部欺诈风险信息系统”，是运用风险信息大数据进行电信网络诈骗防控的代表。该系统收录了来自本行内、金融同业以及司法行政部门提供的各类风险客户和账户信息，经过分类评级后的信息按照不同的业务需求分别在银行核心系统以及个人金融、信贷、授信、银行卡等业务领域投入使用，为相关业务审核和办理提供预警和控制支持。[②] 又如，浙江绍兴移动联合公安机关自主研发电信网络诈骗大数据分析模型，在数据脱敏处理的基础上精准归纳涉诈号码 8 类行为特征，设置八大涉诈预警口径，输出高危号码，及时阻断诈骗行为发生。该模型已

① 参见中国人民银行：《中国人民银行对十二届全国人大五次会议第 6288 号建议的答复》，载中国人民银行官网 2017 年 12 月 29 日，http://www.pbc.gov.cn/zhengwugongkai/4081330/4081344/4081419/4081727/4084284/2017122910404060503.pdf。

② 参见蒋浩、易月：《交通银行首家成功对接期货互联网开户云平台》，载《金融经济》2015 年第 17 期。

识别6000多个网络诈骗潜在受骗人，准确率超过40%。[①]在金融科技、电信科技与网络技术的综合助力下，截至2022年上半年，相关部门成功拦截诈骗电话高达19.5亿次，短信21.4亿条，紧急止付涉案资金3291亿元。[②]

面对犯罪嫌疑人采用理财产品、虚拟货币、数字人民币等新产品和新工具进行更加隐秘的诈骗和资金转移活动，人工智能和算法等技术在追踪、标记和分析资金转移链条上具有比较优势。国有银行和浦发、招商银行等股份制银行金融科技部门或金融科技子公司均在探索AI技术在反电信网络诈骗中的识别应用。首先，通过不断的机器学习，依托"黑账户"和"灰账户"的行为特点辨别潜在的异常账户；[③]其次，银行搭建涉诈防控核心知识体系，包括便于直接匹配筛查的名单及准入评估机制、典型案件提取的强特征规则，以及针对不同场景、弱变量、弱特征的AI模型和用于团伙挖掘、溯源分析等知识图谱，建立账户、交易、设备、网络以及位置等多维的数据网络；最后，通过无监督学习为代表的AI技术进行一定弥补。[④]

---

① 参见艾宇韬、康梦琦：《十八般武器齐上手，这家单位的"反诈天团"很硬核》，载人民网2021年6月17日，http://zj.people.com.cn/n2/2021/0617/c186327-34781455.html。

② 参见《国新办就打击治理电信网络诈骗犯罪工作进展情况举行发布会》，载中国网2022年4月14日，http://www.china.com.cn/zhibo/content_78161580.htm。

③ 参见段思宇：《阻断涉诈资金转移AI加固金融机构反诈防线》，载第一财经网2022年6月30日，https://www.yicai.com/news/101461090.html。

④ 参见苏洁：《科技反制金融诈骗》，载《中国银行保险报》2022年4月25日，第7版。

针对电信网络诈骗犯罪团伙采取的传统电话、平台通信、网络电话和短信犯罪技术等多种资讯手段和犯罪手法，需要以通信和网络通信的信息流为调查切入口，依据各类诈骗案件的作案技术原理和技术应用特点，采取对应的侦查和技术反制措施，通过从大数据系统中打捞、监测与追踪涉案信息数据，形成打击电信网络诈骗犯罪特有的多种信息调查途径。[①] 公安机关需要将大数据分析和智能预警算法相结合，进一步提高现有系统的预警和分析能力，提高系统研判的及时性和准确性，推动涵盖虚拟拨号设备识别、诈骗电话拦截与预警、"钓鱼"网页研判、仿冒 App 下载链接研判、诈骗团伙关联挖掘、疑似涉诈转账识别与拦截功能的关键技术研发，为事前预警、事中拦截、事后处置提供技术支撑。具体来说，公安部门需要提高发现和打击"伪基站"技术以及封堵"钓鱼"网站的能力。

在发现与打击"伪基站"技术的方面：一是发现"伪基站"技术。通信运营商应根据掌握的通信网络频率配置、站点位置和其他网络规划数据，利用运营商网络信令监测工具发现疑似"伪基站"，确定区域，实时更新其位置信息，并采用现场排查工具配合精确定位，准确认定"伪基站"位置。[②]

---

① 参见谢玲：《电信网络诈骗犯罪信息调查研究》，载《中国人民公安大学学报（自然科学版）》2020 年第 3 期。

② 参见郝文江、徐丽萍、姜劲蕾：《电信网络诈骗犯罪治理技术研究》，载《信息网络安全》2016 年第 9 期。

二是“伪基站”取证技术。通信运营商一旦发现区域移动网络出现信号异常,经分析研判可能是“伪基站”犯罪时,应立即向公安机关和无线电管理部门报告,通过“伪基站”发射频率进行测向、定位,并通过运动跟踪和定点测控等技术对“伪基站”信号进行取证,固定相关证据以便举证。[①]

在封堵“钓鱼”网站技术方面:一是积极发现和举报“钓鱼”网站。用户疑似接收到“钓鱼”网站链接时,可通过中国互联网络信息中心官方网站查询真实域名,也可以通过登录工信部 ICP/IP 地址/域名信息备案管理系统,获得网站的真实信息,如果发现“钓鱼”网站应及时向中国互联网违法和不良信息举报中心举报。[②] 二是提高“钓鱼”网站识别技术。国内主要浏览器生产商应主动配合主管部门,加大“钓鱼”网站识别技术研发力度,帮助用户判断网站真实性,封堵和拦截“钓鱼”网站,并建立黑名单制度,将“钓鱼”网站列入黑名单数据库不予显示。三是配备必要的拦截设备。三大通信运营商、即时通信工具和社交网络厂商应配置必要的路由器,发现并拦截网站页面中危险的 HTML 代码,实现自我学习,进行自动判断,以此拦截大多数“钓鱼”网站。

---

① 参见郝文江、徐丽萍、姜劲蕾:《电信网络诈骗犯罪治理技术研究》,载《信息网络安全》2016 年第 9 期。

② 参见郝文江、徐丽萍、姜劲蕾:《电信网络诈骗犯罪治理技术研究》,载《信息网络安全》2016 年第 9 期。

(四)完善协同治理,加强联防联控

由于电信网络诈骗案件涉及金融、电信、互联网等多个行业和部门,因此对电信网络诈骗社会乱象的治理,需要形成和完善以政府、执法、司法部门为核心,电信网络业务经营者、银行业金融机构、互联网服务提供者相配合的协同治理机制。① 地方各级人民政府应组织、领导本行政区域开展反电信网络诈骗工作,确定反电信网络诈骗的目标任务和工作机制,积极运用行政法规打击网络诈骗的生态链,摧毁电信网络诈骗的生态环境,开展行业治理和生态治理等综合治理活动。公安机关作为打击电信网络诈骗的主体部门,需要牵头负责反电信网络诈骗工作,要始终将电信网络诈骗犯罪作为重点打击对象,开展专项打击活动,对诈骗团伙和诈骗窝点重拳出击,对高发地区挂牌整治,打击切断电信网络诈骗链条,压缩电信网络诈骗生存空间。② 人民法院、人民检察院发挥审判、检察职能作用,依法防范、惩治电信网络诈骗活动。电信业务经营者、银行业金融机构、非银行支付机构、互联网服务提供者承担风险防控责任,建立反电信网络诈骗内部控制机制和安全责任制度,加强新业务涉诈风险安全评

① 参见王世卿、杨富云:《新技术条件下我国跨境有组织经济犯罪研究——以电信网络诈骗和银行卡犯罪为视角》,载《中国人民公安大学学报(社会科学版)》2012 年第 4 期。

② 参见张明旺:《社会治理视域下新型电信网络诈骗共治路径》,载《四川警察学院学报》2021 年第 1 期。

估。各部门之间的协同治理表现在如下几方面：

一是执法部门与政府部门、司法部门的协同治理。各级人民政府和有关部门应当加强反电信网络诈骗宣传，普及相关法律等知识，提高公众对各类电信网络诈骗方式的防骗意识和识骗能力。政府部门和有关单位在反电信网络诈骗工作中应当与执法部门、司法部门密切协作，实现跨行业、跨地域协同配合、快速联动，加强专业队伍建设，有效打击治理电信网络诈骗活动。公安机关在打击治理电信网络诈骗活动时，需要加强与检察院、法院等相关执法部门的协同配合。在打击治理过程中，邀请检察机关提前介入，全程跟踪指导重要电信网络诈骗案件的专项行动，协调法院提高电信网络诈骗审理的效率；在执行法律条款过程中遇到问题要及时与相关部门沟通，积极完善相关法律法规，弥补现有的法律漏洞，为有效打击电信网络诈骗犯罪做好坚实的法律保障。

二是执法部门与电信运营商、金融机构的协同治理。电信运营商和银行等金融机构是诈骗分子实施电信网络诈骗过程中的两大工具，分别涉及诈骗过程通信联系和资金转移的过程，公安机关在打击治理电信网络诈骗活动时，既需要通过电信方式对诈骗分子进行识别和防范，搜寻诈骗分子的线索，也需要通过监控资金流的方式查找并追回受骗人资金。因此，电信运营商和银行需要为公安机关的打击治理电信网络诈骗工作开辟便利通道，在保障用户信息安全的情况下,尽可能地为公安机关共享办案所需要的数据。[①] 电信业务经营者、互联网服务提供者应当采取技术措施,及时识别、阻断可能应用于电信网络诈骗的非法设备、软件接入网络,并向公安机关和相关行业主管部门报告。公安机关应定期与电信部门、银行机构在发案情况、发展态势、技术治理、防范预防等方面开展电信网络诈骗案件的探讨研究,三方在技术、信息、数据等方面进行合作共享,提升电话快速拦截、涉案资金查询和冻结止付、信息流和资金流查询、案件串并研讨等能力,防止电信网络诈骗的发生以及提高破案可能性并追回涉案资金,提高电信网络诈骗治理的工作效能。

三是执法部门与互联网服务提供者的协同治理。随着互联网成为整个社会的数字基础设施,电话卡、金融账户、支付账户均依附网络空间,电信网络诈骗等各种网络犯罪也寄生于网络生态系统之中。在此背景下,互联网服务提供者应当根据公安机关、电信主管部门要求,对涉案电话卡、涉诈异常电话卡所关联注册的有关互联网账号进行核验,根据风险情况,采取限期改正、限制功能、暂停使用、关闭账号、禁止重新注册等处置措施。公安机关办理电信网络诈骗案件依法调取证据的,互联网服务提供者应当及时提供技术支持和协助。互联网服务提供者依照《反电信网络诈骗法》规定对有

① 参见张明旺:《社会治理视域下新型电信网络诈骗共治路径》,载《四川警察学院学报》2021 年第 1 期。

关涉诈信息、活动进行监测时，发现涉诈违法犯罪线索、风险信息的，应当依照国家有关规定，根据涉诈风险类型、程度情况移送公安、金融、电信、网信等部门。

二、社会层面

（一）创新内容形式，提升宣传效果

随着专项行动的不断深入，电信网络诈骗防范宣传体系不断完善，全民反诈防骗的社会氛围不断浓厚。公安部会同中宣部、中央网信办、国家广电总局、教育部等部门连续多年开展“反诈集中宣传月”“诚信建设万里行”“守护青春”等主题宣传教育活动，借力互联网企业和社会媒体平台，针对高发的诈骗案件类型，发布权威防范提醒，举办大量形式多样的线上线下公益宣传活动，全面推行新防“五入”，即“入户、入校园、入企业、入场所、入群”，有效地提高了防范宣传的触达率，营造了浓厚的全民反电信网络诈骗氛围。[①] 此外，中宣部、公安部联合工信部、中国人民银行等有关行业主管部门，对金融机构、电信业务经营者、互联网服务提供者的

① 参见《公安部新闻发布会通报公安机关打击电信网络诈骗犯罪之“断流”专案行动成效》，载公安部官网 2020 年 1 月 18 日，https://app.mps.gov.cn/gdnps/pc/content.jsp?id=7478923。

从业人员及服务对象开展反电信网络诈骗宣传;联合教育部启动“反电信诈骗宣传进校园”活动,在全国高校推广建立校园反电信网络诈骗中心,组建大学生反电信网络诈骗志愿者队伍,开展反电信网络诈骗知识进教材、进课堂及反电信网络诈骗知识竞赛等教育宣传活动;联合全国老龄工作委员会开展“老年人防诈宣传”系列活动,编制《老年人防骗手册》,组织开展全国老年人反电信网络诈骗知识竞赛等,持续掀起反电信网络诈骗宣传教育热潮。

目前,关于电信网络诈骗的宣传虽然范围广泛,形式多样,但是没有引起大众的注意,并未做到真正的“入脑、入心”,这导致宣传效果不尽如人意,大众对于电信诈骗的防范意识和辨别能力并没有得到很好的提高。比如,大众在看到宣传知识的时候,往往并不认真,或者认为宣传的案例和诈骗手法与自己无关,不会发生在自己身上,很多受骗人甚至身处诈骗骗局而不自知。从总体上来看,目前关于电信网络诈骗的宣传存在以下问题:一是宣传对象不够精准;二是宣传模式和套路较固定,形式也大多单调乏味,语言生硬呆板不接地气;三是宣传场合和时机不合适。这些问题使电信网络诈骗的宣传很难引起人们的兴趣,导致了宣传效果不佳。因此,如何在现有宣传模式的基础上,根据宣传对象特征进行分类宣传,创新宣传内容和形式,改善宣传的场合和时机,使宣传内容深入人心,是目前急需解决的问题。

首先,根据宣传对象特征将其分类,进行不同诈骗类型的精准宣传。目前的宣传预防电信网络诈骗的途径主要是线下宣传和实体宣传,宣传对象也大多数是针对所有群体的宣传,仅有少数宣传会针对特定的宣传对象,如学生和老人等。[①] 而目前诈骗分子在进行诈骗过程中已经使用了大数据算法技术,会根据不同类型的对象进行相应类型的诈骗话术,例如,针对老人实施保健品诈骗,针对女性实施“杀猪盘”诈骗,针对具有金融投资经验的人实施投资诈骗等,这极大地提高了诈骗分子成功的可能性。但是,目前关于防诈反骗的宣传却没有精准区分宣传对象,依然是进行全范围的宣传,这会导致宣传效果不佳。因此,我们在继续开展反电信网络诈骗宣传时,需要将潜在的受害群体进行分类,根据年龄、性别、职业等特征进行分类,需要向不同类型的重点人群有针对性地宣传相应的诈骗类型防范知识,例如,年轻人容易有贷款需求来进行消费,或者有情感需求的单身女性会在平台交友,老年人比较关注个人身体健康等,需要有针对性地分别向其宣传关于贷款诈骗、“杀猪盘”、保健品诈骗的相关诈骗类型,提高其防骗意识。此外,在具体的宣传方式上也可以进一步精准,如像老年人这部分群体,不经常使用手机,则需要更多通过线下的方式,以社区为单位进行精准

① 参见张芷、陈峰:《电信网络诈骗防范宣传对策研究——基于被害人特征的实证分析》,载《广西警察学院学报》2021 年第 2 期。

宣传,而针对年轻人这部分经常上网的群体,则可以平台为单位,根据用户的上网痕迹筛选重点对象,向其推送特定类型的防范电信网络诈骗的信息,提高线上的宣传效率。

其次,创新宣传内容和形式,提高宣传吸引力。第一,在宣传形式上,创新有趣的形式,提高形式吸引力。近年来,宣传防范效果不佳的原因之一在于宣传方式乏善可陈,主要通过海报展板、宣传册、显示屏等线下进行宣传的方式,很难吸引社会大众尤其是年轻群体的注意力,而线上宣传的各种推文和相关短视频也缺乏创意,导致线上宣传也难以突出,没有亮点和吸引力。因此,在信息时代,在宣传形式上,要以线上宣传为主、线下宣传为辅。在线上宣传上,要结合不同上网群体的特点,在流量大的平台上选用网民喜闻乐见的形式进行宣传,比如,制作有趣的防诈宣传短视频和互动式小游戏,邀请一些形象较正面的公众人物拍摄反电信网络诈骗微电影,将一些“网红”歌曲或视频片段改编为反电信网络诈骗歌曲或短视频等,并发布在微信、微博、抖音、快手等社交平台、短视频平台上。[①] 此类方式相较传统的线下宣传更能吸引眼球,获得流量,从而易于在短时间内获得尽可能多的关注量和点赞量,实现反电信网络诈骗宣传“从网民中来,

① 参见张芷、陈峰:《电信网络诈骗防范宣传对策研究——基于被害人特征的实证分析》,载《广西警察学院学报》2021 年第 2 期。

到网民中去”的目的。[①] 此外还可制作相关的网上平台如论坛等,供网民,尤其是电信网络诈骗受骗人交流被害经历及相关的防诈知识,并借助平台对受骗人和潜在受骗人提供法律咨询服务和心理疏导服务。线下宣传则可采用有奖知识问答、节目表演等形式,并邀请“网红”民警、正能量明星和知名人物等助阵,营造宣传声势和宣传氛围,使反电信网络诈骗宣传不再“入眼不走心”、被习惯性忽略。[②] 第二,在宣传内容上,应注重实际内容,以详细剖析发案量较高或当下较猖獗的电信网络诈骗手法套路,并提出简明可行的防范对策为主。宣传视频应尽可能包含具体犯罪情节和剧本,而不只是几句单调的宣传口号。由于受骗人损失金额在 3000 元以下的报案较少,在宣传时应强调“不论损失金额多少都应报案”的理念,虽然短时间内可能会导致案件数量有所增加,但报案越多越有利于公安机关发现并掌握案件线索,从而提高案件侦破的可能性。经研究发现,在受骗过程及转账途径中微信、QQ、支付宝等平台的占比较大。因此,应在此类平台上多普及涉及资金转移操作的相关知识,提高人们在使用移动支付进行转账时的防范意识和技能。[③]

---

① 参见葛悦炜:《电信网络诈骗防范宣传策略研究——基于电信网络诈骗被害人角度》,载《公安学刊(浙江警察学院学报)》2018 年第 4 期。

② 参见张芷、陈峰:《电信网络诈骗防范宣传对策研究——基于被害人特征的实证分析》,载《广西警察学院学报》2021 年第 2 期。

③ 参见张芷、陈峰:《电信网络诈骗防范宣传对策研究——基于被害人特征的实证分析》,载《广西警察学院学报》2021 年第 2 期。

最后，改善宣传场合和时机，提高电信网络诈骗相关知识知晓度。目前，线下宣传多在特定场所，例如，在社区宣传栏和银行等地点，通过宣传单、海报、横幅的方式进行宣传，而该类宣传方式往往容易被忽视和丢弃；线上的宣传方式也需要用户主动关注才能获得相关信息，个体如果没有相应阅读需求，互联网平台系统就不会主动推送相关宣传信息。经研究发现，人们只有在空闲或无聊时才会仔细阅读反电信网络诈骗宣传的内容，①因此，电信网络诈骗防范宣传应更多出现在个体短暂的等待间隙或碎片化时间中，比如，在地铁站、公交站、电梯内外、公共卫生间等场所张贴宣传海报，而且内容也应以图片为主，配以简洁醒目的文字，让人能在短时间内识别海报内容并在大脑中形成印象；线上也鼓励流量平台主动推送相关反电信网络诈骗平台和反电信网络诈骗宣传工作者，播放防诈宣传推文和相关短视频，增加反电信网络诈骗宣传类内容的推送频率，以此提高社会群体阅读相关信息的可能性，改变"入眼不走心"的现状，从而提高相关诈骗手法的知晓度，提高社会反电信网络诈骗的预防意识。②

强化反电信网络诈骗宣传教育，形成全民反电信网络诈

① 参见张芷、陈峰：《电信网络诈骗防范宣传对策研究——基于被害人特征的实证分析》，载《广西警察学院学报》2021年第2期。

② 参见张芷、陈峰：《电信网络诈骗防范宣传对策研究——基于被害人特征的实证分析》，载《广西警察学院学报》2021年第2期。

骗活动,需对特定群体、特殊人群进行保护具体表现在:建立县、乡、村三级反电信网络诈骗常识线上传播路线,通过云广播、微信公众号、社保、医疗、商超、交通、商旅等方式将信息嵌入日常生活场景中,充分利用遍布基层的物流服务、金融服务和电子商务等生活服务平台搭载反电信网络诈骗宣传信息;在各小学和中学设置宣传反电信网络诈骗安全知识的课程,举办反电信网络诈骗知识竞赛,设置宣传栏,大力推进国家反诈中心 App 推广工作,打造无骗样板村(社区)等;推进反电信网络诈骗宣传教育内容形象化、情景颗粒化、形式多元化,使其成为基层反电信网络诈骗治理的核心驱动。只有提高基层人民群众的反电信网络诈骗意识和识别诈骗活动的能力,才能更好守住自己的钱袋子,维护金融和社会秩序的安全稳定。

(二)走向前端防范,重塑产业生态

面对电信网络诈骗等新型诈骗,仅仅依靠公安机关事后回应式的犯罪打击,或者是司法机关通过刑法进行刑事治理,根本无法达到对电信网络诈骗进行有效治理,也只能治标不治本。要想有效治理电信网络诈骗,较关键的一步是打击该犯罪滋生的生存环境,增加单位犯罪主体,[①]从而对整个电信网络诈骗犯罪及其网络“黑灰产业”进行打击,破坏

① 参见叶威:《“电信网络诈骗罪”的立法问题研究》,载《产业创新研究》2019 年第 9 期。

该产业的生存环境,达到目标责任落实到不同的社会主体,包括电信网络业务经营者、金融机构和互联网服务提供者。治理电信网络诈骗社会乱象,需要汇集政府部门、公安、金融、网络、通信、互联网企业、社会公众等多方力量,构建“多位一体”的共同治理模式,发挥各自优势,及时预警、处置、化解诈骗风险。① 因此,在实施有效打击电信网络诈骗的战略时,亟须摆脱公安部门单打独斗的困局,走出单纯依靠事后治理和依赖刑事规制的误区,需要推进从事后回应向事前防范的转变,②打击电信网络诈骗“黑灰产业链”的生存环境,以此有效进行对电信网络诈骗的综合治理。

电话卡和物联网卡以及相应的设备和软件是诈骗分子实施电信网络诈骗犯罪的必备工具,因此,落实电信服务提供商的主体责任变得很有必要。首先,落实电话卡的实名制。需要落实电话卡用户的实名制,尤其是要落实代理商的监管责任,基础电信企业和移动通信转售企业应当承担对代理商落实电话用户实名制管理责任,要在协议中明确代理商实名制登记的责任和有关违约处置措施。办理电话卡也不得超出国家有关规定限制的数量,对未按规定核验或者核验未通过的,电信业务经营者可以限制、暂停有关电话卡功能。

---

① 参见张明旺:《社会治理视域下新型电信网络诈骗共治路径》,载《四川警察学院学报》2021 年第 1 期。

② 参见单勇:《数字社会走向前端防范的犯罪治理转型——以〈中华人民共和国反电信网络诈骗法(草案)〉为中心》,载《上海师范大学学报(哲学社会科学版)》2022 年第 3 期。

其次,需要落实对物联网卡的监督治理。建立物联网卡用户风险评估制度,对评估未通过的,不得向其销售物联网卡;严格登记物联网卡用户身份信息;采取有效技术措施限定物联网卡开通功能、使用场景和适用设备。[①] 对物联网卡的使用建立监测预警机制,对存在异常使用情形的,应当采取暂停服务、重新核验身份和使用场景或者其他合同约定的处置措施。最后,对可能涉及电信网络诈骗的软件和设备进行严格监督管理。《反电信网络诈骗法》第14条对涉及可能应用于电信网络诈骗的设备和软件进行严格的规定,要求任何单位和个人不得非法制造、买卖、提供或者使用下列设备、软件,其中包括电话卡批量插入设备,具有改变主叫号码、虚拟拨号、互联网电话违规接入公用电信网络等功能的设备、软件,批量账号、网络地址自动切换系统,批量接收提供短信验证、语音验证的平台等。该法条同时还要求电信业务经营者、互联网服务提供者应当采取技术措施,及时识别、阻断前款规定的非法设备、软件接入网络,并向公安机关和相关行业主管部门报告。

电信网络诈骗的赃款转移和变现离不开金融账户的资金链通道,银行业金融机构和非银行支付机构所经营的资金支付和流通渠道组成了电信网络诈骗犯罪变现的资金链条。

---

① 参见贵重、何鹏、何瑛等:《网信安全政策法律动态观察》,载《电信工程技术与标准化》2021年第12期。

银行业金融机构、非银行支付机构为客户开立银行账户、支付账户及提供支付结算服务，在与客户业务关系存续期间，应当建立客户尽职调查制度，依法识别受益所有人，并采取相应风险管理措施，防范银行账户、支付账户等被用于电信网络诈骗活动。首先，对银行卡的开卡数量进行监督。对经识别存在异常开户情形的，银行业金融机构、非银行支付机构有权加强核查或者拒绝开户。其次，建立信息共享机制。建立开立企业账户异常情形的风险防控机制，金融、电信、市场监管、税务等有关部门建立开立企业账户相关信息共享查询系统，提供联网核查服务。最后，加强交易检测机制。对银行账户、支付账户及支付结算服务加强监测，建立完善符合电信网络诈骗活动特征的异常账户和可疑交易的监测机制。对监测识别的异常账户和可疑交易，应当根据风险情况，采取核实交易情况、重新核验身份、延迟支付结算、限制或者中止有关业务等必要的防范措施。

随着互联网成为整个社会的数字基础设施，电话卡、金融账户、支付账户均依附网络空间，电信网络诈骗等各种网络犯罪也寄生于网络生态系统之中。互联网服务提供者所经营的平台生态系统及网络空间构成了电信网络诈骗犯罪的发生空间和具体情境，电信业务经营者和金融机构、支付机构更是离不开互联网服务提供者所提供的数字基础设施。因此，对互联网的治理对电信网络诈骗的治理更具有基础性。对互联的治理重点体现在：第一，需要加强对互联网账号的监管治理。对涉案电话卡、涉诈异常电话卡所关联注册的有关互联网账号进行核验，根据风险情况，采取限期改正、限制功能、暂停使用、关闭账号、禁止重新注册等处置措施。第二，加强对互联网平台软件的监管治理。为应用程序提供封装、分发服务的，应当登记并核验应用程序开发运营者的真实身份信息，核验应用程序的功能、用途。第三，对互联网服务进行监督管理。提供域名解析、域名跳转、网址链接转换服务的，应当按照国家有关规定，核验域名注册、解析信息和互联网协议地址的真实性、准确性，规范域名跳转，记录并留存所提供相应服务的日志信息，支持实现对解析、跳转、转换记录的溯源。

（三）共同防诈反诈，构建社区防线

近年来，公安机关在打击电信网络诈骗有关犯罪活动中，开展了多次专项行动，对电信网络诈骗犯罪保持高压态势，全国性、地方性的专项行动从没间断，但是电信网络诈骗的案件数量依然很多，其中社区预防的薄弱是一个重要的原因。[①] 打击治理电信网络诈骗违法犯罪是一个复杂的社会治理问题，涉及金融、电信、互联网等多个行业领域，政府相关部门、金融机构、电信运营商、互联网企业这些主体在电信

① 参见李若菊、王会玲：《论电信诈骗的社区预防》，载《政法学刊》2010 年第 5 期。

网络诈骗的治理过程中具有天生的资源、技术和平台的优势,然而在实际治理过程中,这些主体的优势却没有得到完全的发挥,原因在于电信网络诈骗治理的“最后一公里”并没有被解决,而这“最后一公里”就是需要社区主体的参与。[①] 其中,县域乡镇是电信网络诈骗治理体系中的基层治理单元,也是电信网络诈骗风险地域性的起源地,因而基层治理无疑是前端预防和风险防控中非常重要的一环。

不同于传统的基层治理模式,反电信网络诈骗的基层治理具有以下特点:一是自主性和灵活性,能够根据电信网络诈骗的风险轻重缓和临时性、差异性灵活地调整组织结构、调配治理资源和选择相应的治理方式和治理时机;二是开放性、整体主义,电信网络诈骗治理是综合性的工作,涉及各种人员、行业、经济发展状况、集群行为等不同的环境因素,需要社区网格进行全盘考虑和统筹兼顾;三是人格化的特征,聚焦社区、村落的宣传教育等“群众工作”,广泛涉及人与人之间的交互与关系处理。社区在电信网络诈骗的治理过程中是非常关键的一部分,因为社区是居民自治组织,在收集和宣传信息方面上具有天生优势,并且能够达到更好的效果。因此,需要将社区作为一个平台,与其他机构相结合,构建以社区为基础的反电信网络诈骗防线。

实行村社管控责任,将涉诈重点人员的管控纳入村社基

---

① 参见李若菊、王会玲:《论电信诈骗的社区预防》,载《政法学刊》2010 年第 5 期。

层治理指标,发挥好基层组织和群防群治作用。村民委员会、居民委员会与当地派出所、电信网点、银行网点等合作,村干部、社区工作人员织牢反电信网络诈骗“红色网格”,定期摸排网格区域内的电信网络诈骗和黑灰产业风险点,全面掌握乡镇、社区涉诈重点人员,分类建立基础信息库,协助公安机关提供电信网络诈骗的发现和救济渠道,帮助公安机关及时锁定电信网络诈骗受骗人进行的紧急支付,同时帮助受骗人克服恐惧心理,及时保存证据,以便向公安机关或银行业金融机构寻求帮助。通过公安机关的讲座和实际行动,可以使居民意识到电信网络诈骗的危害,同时增强了居民识别和预防电信网络诈骗的能力,保护居民的人身财产安全。

社区与银行机构合作,加强居民金融信息防范意识。银行机构可以派遣专业人员为居民讲解金融知识以及消费者权益保护知识,传递金融温度,讲解个人信息保护问题。具体内容如下:一是结合实际发生的电信网络诈骗案例,向居民细致讲解网络贷款诈骗、虚假投资理财诈骗等一系列电信网络诈骗的特点、作案手段和防范要点。二是告知大家不要向陌生人透露自己及家人的身份信息、银行卡密码等重要内容,不轻信他人,不贪图小利,不出售、转让、出租、出借或购买银行卡支付账户等。为银行卡、网上银行、手机银行设置复杂程度较高的密码,不向任何人透露或转发短信验证码及其他形式动态密码。接到熟人发送的转账请求,或询问银行卡密码等重要信息时，要通过电话核实确认，避免在与移动支付软件绑定的银行卡中存放过多资金以便分散和锁定风险。三是告诉大家不轻信陌生人的电话和短信，引导大家下载安装国家反诈中心 App，并叮嘱大家如有疑问或发觉被骗一定要及时拨打“110”向警方求助。通过类似的宣传可以进一步强化居民的防范意识，提升居民的金融知识水平和金融信息防护意识，构筑居民坚实的思想防线，有效提高群众对电信网络诈骗中资金方面的防范、鉴别和自我保护能力，切实提升居民的知晓率，为创建平安和谐社区提供有力保障。

社区与公安机关合作，提升居民识骗防骗能力。近年来，公安机关积极建设覆盖全社会的反电信网络诈骗宣传体系，组织开展反电信网络诈骗宣传进社区、进农村、进家庭、进学校、进企业的活动，提高群众识骗防骗意识和能力。2021 年，公安机关共开展主题宣传 1.5 万场次，发送公益短信 36.2 亿条，国家反诈中心 App 累计向群众预警 2.3 亿次，受理群众举报线索 1110 万条，[①]通过警民携手，让电信网络诈骗无所遁形。在进社区反电信网络诈骗宣传活动中，社区内的志愿者定期对老年人进行反电信网络诈骗宣传培训，为他们讲解有关电信网络诈骗案件具体情况，从什么是电信网

---

① 参见孙静波：《国家反诈中心去年拦截诈骗电话 15.5 亿次　止付资金超三千亿元》，载中国新闻网 2022 年 3 月 5 日，https://www.chinanews.com/sh/2022/03-05/9693378.shtml。

络诈骗、常见诈骗手段以及如何预防电信网络诈骗等方面入手,通过具体案例为居民举行一场生动实用的反电信网络诈骗知识讲座。通过反电信网络诈骗宣传培训,告诫居民一定要保持清醒头脑,不要贪图小利,不轻信他人谎言,牢记世上没有免费的午餐。同时,公安机关及时立案,及时发现、铲除犯罪窝点,建立线索推送、举报的丰富渠道,清除本地涉诈“黑灰”产业。

社区与法院、检察院合作,增强居民反电信网络诈骗法律意识。法院、检察院是维护平安稳定的主力军,要充分发挥自身职能作用,坚持齐抓共管,强化措施落实,纵深推进打击治理电信网络新型违法犯罪工作,重点从“合、打、堵、管、防”五个方面全面发力,共同构建电信网络诈骗综合治理体系,坚决遏制此类犯罪的高发态势,创造平安稳定的社会治安环境。在此背景下,法院、检察院等政法机关可以加强与社区配合,开展“防范电信网络诈骗普法进社区”行动,通过与街道普法联动,可以在社区、街镇养老院等老年活动场所,聚焦社区留守老人、孤寡老人等群体,针对性地开展防范养老诈骗普法宣传。在普法联动合作中,首先,社区和法院、检察院通过线下发放宣传册、检察官说法、法律咨询等宣传服务形式,线上通过新媒体平台推送漫画、短视频等作品,向广大老年群体普及相关防范知识,提升识骗防骗意识。其次,设立“法院开放日”“法庭开放日”等,增设社区法官工作站,让群众走进法院、法庭，参与和监督与电信网络诈骗相关的司法工作。努力拓展“刑事审判—流动课堂”的宣传形式，开展《反有组织犯罪法》线上线下交互普法宣传，对电信网络诈骗防范等内容以案例形式进行细致讲解，普及网络宣传成果，并根据特殊时间节点，比如，在“6·26国际禁毒日”等积极开展庭审直播、集中宣判等教育宣传形式，不断传播公正司法、一心为民的正能量。同时，严格基层执法，填补执法漏洞，充分贯彻落实党委领导、政府主导、部门主责、行业监管、有关方面齐抓共管、社会各界广泛参与的工作格局。发挥地方反电信网络诈骗联系办公室/反电信网络诈骗领导小组的统筹协调中枢职能，优化基层反电信网络诈骗资源配置，细化责任清单，明确具体目标，压实工作职责，优化反电信网络诈骗工作考核，完善执法程序，对违规办理相关事项以及责任落实不力、履职不到位等失职、渎职问题建立问责制。① 通过相关普法宣传和普法实践，可以使人民群众进一步了解到各种电信网络诈骗的方式及危害，提高了人民群众对电信网络诈骗的防范和应对能力，使人民群众在权益受到侵害时能够拿起法律武器维护自身合法权益，为社区法治建设营造良好的氛围。

---

① 参见梅江镇：《梅江镇打击治理电信网络新型违法犯罪工作暨全新防诈骗“走心”提升工程实施方案》，载兰溪市人民政府官网2022年5月11日，http://www.lanxi.gov.cn/art/2022/10/19/art_1229432350_1788232.html。

三、个人层面

（一）增强风险意识，不贪不信不转

随着电信网络诈骗的诈骗话术和类型的增多，受骗人往往难以清楚地分辨诈骗，但是所有的电信网络诈骗都离不开一个“核心”，那就是需要转账。诈骗分子无论通过何种话术迷惑或者引诱受骗人，最终目的都是需要诱导受骗人进行转账。诈骗分子在具体的诈骗过程中往往使用以下三方面的话术：第一，使用“免费”为噱头，如在一些购物诈骗中，诈骗分子在出售“保健食品”“食品”的过程中往往假借赠送产品、免费旅游、免费义诊等手段促销，利用老年人占便宜的心理，以“免费牌”吸引老年人，待时机成熟后再诱骗老年人缴纳会费，购买高价产品，使其落入陷阱。第二，借助所谓的专家夸大功效。诈骗分子往往通过假扮医生、专家、教授等，以介绍健康、养生知识等形式变相营销老年人医疗、药品、保健食品，夸大功效，虚称高治愈率或者有效率，利用“药托”“产品托”等方式捏造事实，制造噱头，夸大效果。第三，以“高额回报”为噱头。在“投资理财”骗局中，受骗人以老年人居多，诈骗分子通过赠送小礼物等，吸引老年人，接着以推介会、知识讲座等方式，利用老年人信息闭塞的特点骗取其信

任,以高额回报、增值率引诱老年人进入传销套路或吸引老年人购买高价昂贵商品,最后进行部分返利后潜逃。

因此,笔者建议居民:第一,不轻信。不要轻信来历不明的电话和手机短信,要及时挂掉电话,不回复手机短信,不给不法分子进一步布设圈套的机会。不要轻易相信他人的话术,天上没有掉下的馅饼,世上没有包治百病的药品,遇到问题多与家人沟通。谨慎接听陌生号码和境外来电,如果接到自称是银行保险、购物网站要求根据提示进行转账汇款的电话,不要随意听信、冲动转账,可以询问家人或直接拨打“110”报警。不随意根据传单、电视广告指引参加线下“养生讲座”“健康体检”“拍卖换购”“抽奖兑换”“旅游参观”等可疑活动。

第二,不透露。巩固自己的心理防线,不要因贪小利而受诈骗分子或违法短信的诱惑。无论什么情况,都不轻易向对方透露自己及家人的身份信息、存款、银行卡等情况。如有疑问,可拨打“110”求助咨询,或向亲戚、朋友、同事核实。[①] 不随意填写调查问卷,不点击陌生链接,不对陌生人谈及真实个人信息和家庭情况,包括姓名、年龄、电话住址、银行账户、家庭成员等。

第三,不转账。学习了解银行卡常识,保证自己的银行

---

① 参见魏凤娇、王慧、顾洪杰:《防范和打击电信网络诈骗研究》,载《现代商贸工业》2021 年第 9 期。

卡内资金安全，决不向陌生人汇款、转账；单位财务人员和经常有资金往来的人群等，在汇款、转账前，要再三核实对方的账户，不要让诈骗分子得逞。不要相信“保本高息”“高价拍卖”等投资承诺，不参加“0 元购”“全额返利”等购物活动，切忌“捡漏”“占便宜”心态，摒弃“托关系”“走后门”风气，守好自己的“钱袋子”。不要轻易付款转账，在作出任何款项支付决策之前都要“三思而后行”，一定要告知家人并听取他们的意见。万一上当受骗或听到亲戚朋友被骗，一定要及时拨打“110”报警电话或向“12337”全国扫黑办智能化举报平台反映，并提供诈骗分子的账号和联系电话等详细情况，不要等待、拖延，以防错过公安机关侦查抓捕和追赃挽损的黄金时间。

（二）提高隐私意识，防止信息泄露

个人信息泄露问题严重是导致电信网络诈骗犯罪高发的主要原因之一，超过七成的电信网络诈骗犯罪与个人的信息泄露有关，被泄露的个人信息已经成为电信网络诈骗犯罪的作案工具，并影响着电信网络诈骗犯罪的实施过程。在反电信网络诈骗治理过程中，隐私和个人信息的保护也被提到了重要的位置。在反电信网络诈骗的治理中，各主体之间信息独立，且不同主体之间信息共享协同，数据信息合规管理制度尚未健全，难以形成闭环管理，用户个人信息遭泄露的潜在风险较大。[①] 在《数据安全法》《网络安全法》《个人信息保护法》出台后，我国初步形成了包含企业和政府在内的数据合规体系，针对反电信网络诈骗治理过程中庞大的信息协同和共享需求，隐私计算技术成为银行、网络服务提供商等责任主体重点发展的技术手段，在保护数据本身不对外泄露的前提下，实现数据分析计算的技术集合，达到对数据“可用、不可见”的目的。在实现数据价值的转化和释放的同时，也能更高效地保障公民个人的信息权利。例如，在实践中，某地监管机构与市场责任主体共同搭建的反电信网络诈骗联防联控服务平台，以隐私计算技术为依托，助力银行加大对信用卡、储蓄卡“一人多卡”的查询和整顿工作；打通银行反洗钱监测中心、支付机构、通信运营商、公安等外部数据，打破“孤岛式”的反电信网络诈骗监测，升级平台的网络信息捕获能力。[②]

鉴于我国个人信息泄露的现状，需要国家通过法律法规对个人信息进行保护。在现有法律中，《个人信息保护法》已经出台，并且明确规定，个人信息处理者只有在个人知情同意以及信息用于共用的几种情况才有权利处理个人信息，并且在转移这些个人信息时需要告知个人。该法案的出台，

---

① 参见段思宇：《阻断涉诈资金转移，AI 加固金融机构反诈防线》，载第一财经网 2022 年 6 月 30 日，https://www.yicai.com/news/101461090.html。

② 参见《反诈骗要卷起来！隐私计算助攻反诈行动把握主动权》，载 InfoQ 写作社区 2022 年 9 月 21 日，https://xie.infoq.cn/article/8d1f896bfa36e2bcfeef40f53。

有利于加大泄露个人信息的违法成本,加大对故意泄露个人信息或者收集个人信息用于犯罪的惩处力度。在个人信息的处理过程中,电信业务服务经营者、金融机构、互联网服务提供者分别掌握着个人的电话卡、银行卡、互联网使用信息等敏感信息,这些信息很有可能被诈骗分子用来实施诈骗,因此,对这些机构的监管也非常有必要。据此,《反电信网络诈骗法》明确强调:

个人信息处理者应当依照《个人信息保护法》等法律规定,规范个人信息处理,加强个人信息保护,建立个人信息被用于电信网络诈骗的防范机制。履行个人信息保护职责的部门、单位对可能被电信网络诈骗分子利用的物流信息、交易信息、贷款信息、医疗信息、婚介信息等实施重点保护。公安机关办理电信网络诈骗案件,应当同时查证犯罪所利用的个人信息来源,依法追究相关人员和单位的责任。

个人是保护个人信息的关键一环,需要进一步提高个人信息保护意识。保护个人信息,要进行自我学习,增强个人信息保护意识,提升防范个人信息泄露的能力。要对接触到社会风险提前预警,了解通常发生电信网络诈骗的一些套路,做好相应的防范。① 要清楚地识别哪些个人信息无关紧要,哪些个人信息可以适度公开,个人信息泄露后会导致什

① 参见宋丽敏、何秀美、齐艳玉:《基于个人信息保护的高校电信网络诈骗治理研究》,载《教育教学论坛》2020 年第 41 期。

么样的不良后果。个人也要关注时事新闻,关注媒体的宣传,不断增强自身的防范意识,有针对性地对个人信息进行保护。同时,对官方机构发布的各种遭受电信网络诈骗的事后补救措施进行了解,以备不时之需。如果个人信息暴露了,在遭受电信网络诈骗的情况下,要灵活运用各种补救措施,以将损失降到最低。① 提高保护个人信息安全的意识,避免轻信或轻易将身份证号、手机号码、银行卡号、家庭住址等重要的个人信息提供给无关人员,不在网络上随便公开自己的行踪日程以及诸如上述个人信息。

保护个人信息需要个人具体做到以下10点:(1)不轻易点击社交软件中不明来源的链接。(2)不扫描没有安全保障的二维码。(3)不在陌生链接中填写个人信息。(4)在公共场合不随意连接Wi-Fi,更不连接公共Wi-Fi进行付款操作,最好使用自己的手机流量。(5)不将不同账号的密码设置为同一个,不同平台设置不同的高保密强度密码。网银、网购的支付密码最好定期更换。(6)不轻易设置“免密支付”功能,若开通免密支付,最好将银行卡设定日限额或单次支付限额,一旦出现意外可避免损失扩大。(7)不安装来路不明的软件,要认真阅读服务协议、用户隐私政策等说明,谨慎授权。(8)淘汰掉的电子产品信息销毁要彻底,防

① 参见宋丽敏、何秀美、齐艳玉:《基于个人信息保护的高校电信网络诈骗治理研究》,载《教育教学论坛》2020年第41期。

止诈骗分子恢复数据。(9)处理快递单、车票、账单等信息时,最好先抹掉个人信息部分再丢弃。(10)不在社交软件上泄露过多个人信息,发布照片时尽量模糊含有个人信息或标注的真实身份信息,在公开网站平台填写信息时,避免使用真名或姓名拼写。①

(三)提高参与意识,明确法律后果

在面对电信网络诈骗时,我们普通公民首先要做的是不参与电信网络诈骗违法犯罪行为。目前很多年轻人被电信网络诈骗的高利润冲昏头脑,不知不觉中被诈骗分子利用,有意识或者无意识地参与到电信网络诈骗过程中。因此,有必要梳理电信网络诈骗及其相关犯罪的内涵,帮助公民明白电信网络诈骗相关犯罪后果。

根据我国《刑法》及相关司法解释的规定,无讼研究院整理了电信网络诈骗犯罪活动中常见的可能涉及的10个罪名,以供读者鉴别并避免参与犯罪过程具体为:②(1)诈骗罪。以非法占有为目的,用虚构事实或者隐瞒真相的方法,骗取数额较大的公私财物的行为,构成诈骗罪。(2)招摇撞骗罪。诈骗团伙冒充国家机关工作人员从事诈骗活动,但没

---

① 参见重庆广电:《如何保护个人信息?重庆警方提供小妙招》,载微信公众号"630很有料"2022年10月19日,https://mp.weixin.qq.com/s/XeQnAbvqgkPceuSV4dwAlA。

② 参见张敏:《细数电信网络诈骗的十宗罪》,载微信公众号"无讼研究院"2022年11月13日,https://mp.weixin.qq.com/s/LZ4PcuiZV-_TCsgVmg_b2A。

有骗到钱财,或骗得的钱财尚未达到诈骗罪立案标准的,构成招摇撞骗罪。(3)非法利用信息网络罪。诈骗团伙往往通过互联网设立“钓鱼”网站,发布虚假的借款、融资、交易信息等,实施诈骗活动,该行为构成非法利用信息网络罪。(4)帮信罪。对于诈骗团伙非法利用信息网络准备实施诈骗时,为这些诈骗团伙提供信息网络技术支持的或提供广告等信息网络服务的,构成帮信罪。(5)拒不履行信息网络安全管理义务罪。网络服务提供商在不知情的情况下为诈骗团伙非法利用信息网络提供服务的,虽可能不构成帮信罪,但如果存在不履行网络安全管理义务,经监管部门责令整改后仍未改进的,构成拒不履行信息网络安全管理义务罪。(6)扰乱无线电通讯管理秩序罪。诈骗团伙还往往通过“伪基站”向广大人民群众群发诈骗信息,通过广撒网的方式获取被骗目标,构成扰乱无线电通信管理秩序罪。(7)侵犯公民个人信息罪。诈骗团伙往往从社会上大肆购买公民个人信息以便于其实施电信网络诈骗活动,买卖公民个人信息的双方均可能构成侵犯公民个人信息罪。(8)洗钱罪。受骗人被诈骗后,追回资金非常困难,很大一部分原因就在于有专门所谓的“地下钱庄”可以在第一时间帮助诈骗团伙将诈骗赃款进行分散转移,等受骗人意识到被骗报警时,警方通过锁定账户的方式已无法冻结到资金。为诈骗团伙提供资金转移服务的,构成洗钱罪。(9)掩饰、隐瞒犯罪所得、犯罪所得收益罪。帮助诈骗团伙转移诈骗所得的赃款赃物，如果该等赃款赃物并非因洗钱罪所规定的毒品、走私、贪污贿赂、金融诈骗等7类重罪的犯罪结果所形成，则提供帮助的人构成掩饰、隐瞒犯罪所得、犯罪所得收益罪。（10）妨害信用卡管理罪。在实务中，电信网络诈骗团伙还存在大量以代办大额信用卡、信用卡提额、信用卡逾期等实施诈骗活动的情况，在实施犯罪活动过程中，犯罪团伙有自行或通过他人伪造信用卡、买卖伪造信用卡、非法持有他人信用卡等情况，参与该行为的构成妨害信用卡管理罪。

除了解电信网络诈骗后果外，不参加诈骗犯罪相关过程，民众还要主动积极配合电信网络诈骗防治工作。民众可以积极配合政府及相关机构做好电话卡、银行卡实名制等工作；下载使用反电信网络诈骗的相关手机安全软件，对于接到的诈骗电话和诈骗短信积极举报；对于官方发布的紧急通知可以积极转发到社交平台让更多的人知道。居民要认真学习最新的防范电信网络诈骗的知识，和亲戚朋友相互探讨防诈反诈经验，养成良好的手机使用习惯，不贪小便宜。倡导居民个人合理使用电话标注手段。如果我们在接听手机时，识别到对方为诈骗或骚扰电话后均如实进行标注，这将有利于建立准确的诈骗电话号码数据库，帮助未接过该电话的他人识别诈骗来电，进而真正达成防诈反诈、共建共治共享的协同治理格局。